I0403549

Texte détérioré — reliure défectueuse

NF Z 43-120-11

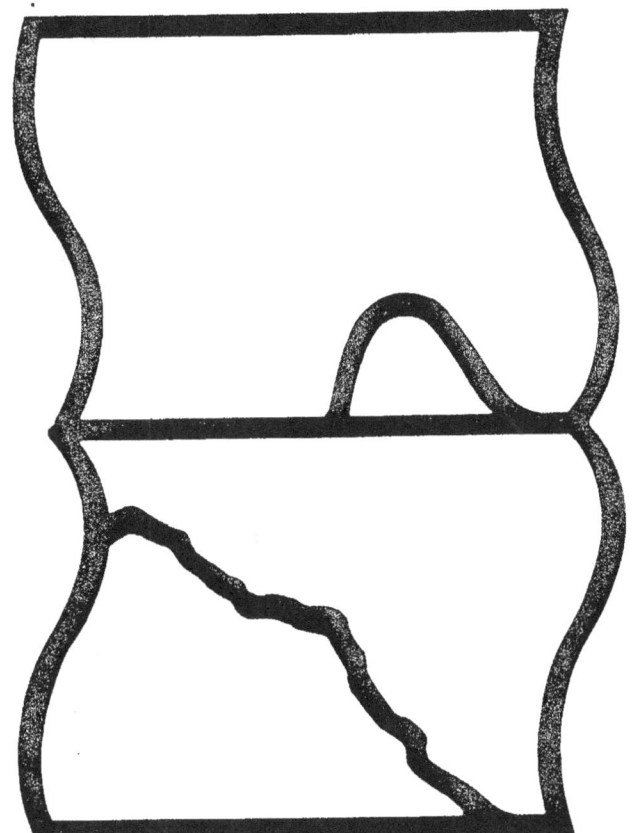

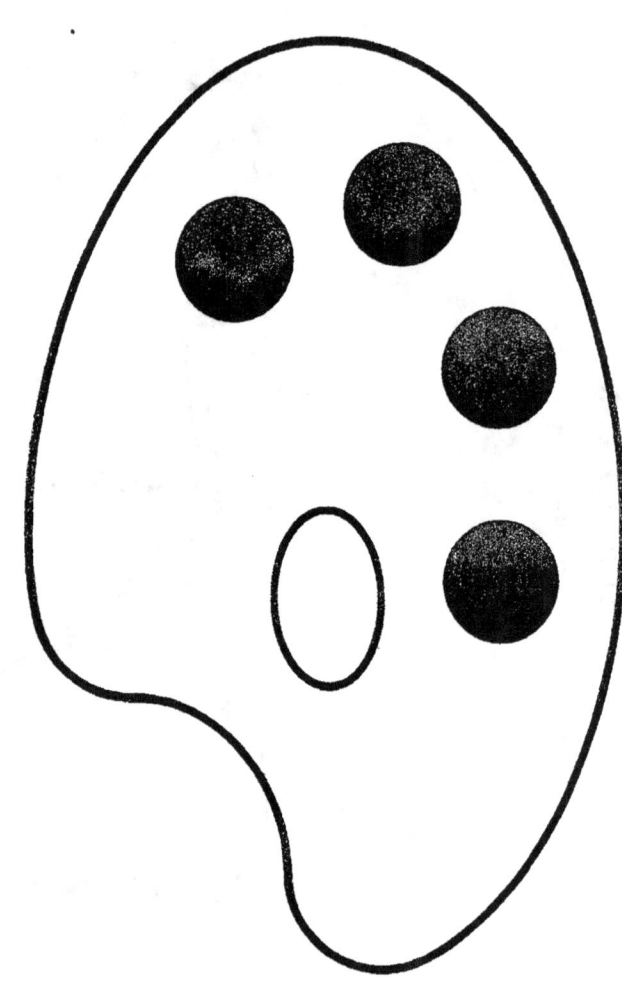

Original en couleur
NF Z 43-120-8

L'ART DANS LA MAISON

L'ART

DANS

LA MAISON

(GRAMMAIRE DE L'AMEUBLEMENT)

PAR

HENRY HAVARD

BIBLIOTHÈQUE R.F.

Nouvelle Édition, Revue, Corrigée et Illustrée de 260 Gravures

PAR

Corroyer, E. Prignot, Ch. Goutzwiller,
Favier, Kauffmann, P. Laurent, H. Toussaint, etc.

TOME SECOND

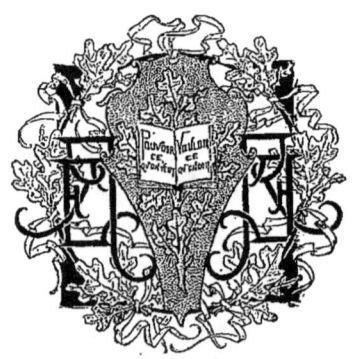

PARIS

ÉDOUARD ROUVEYRE, ÉDITEUR

45, RUE JACOB, 45

Tous droits réservés

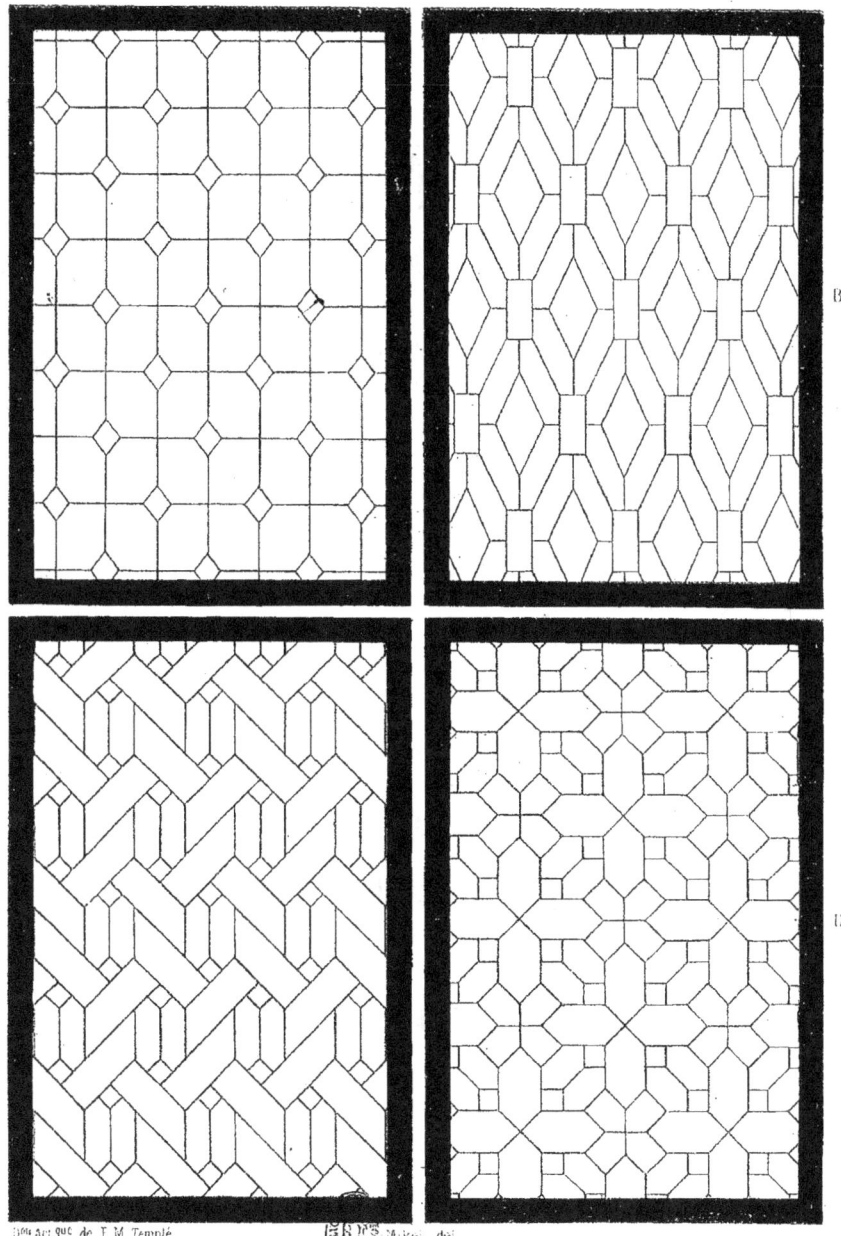

MODÈLES DE VITRAUX

A. Fond Cluny . B. Fond Gothique . C. Fond Renaissance . D. Fond Louis XVI

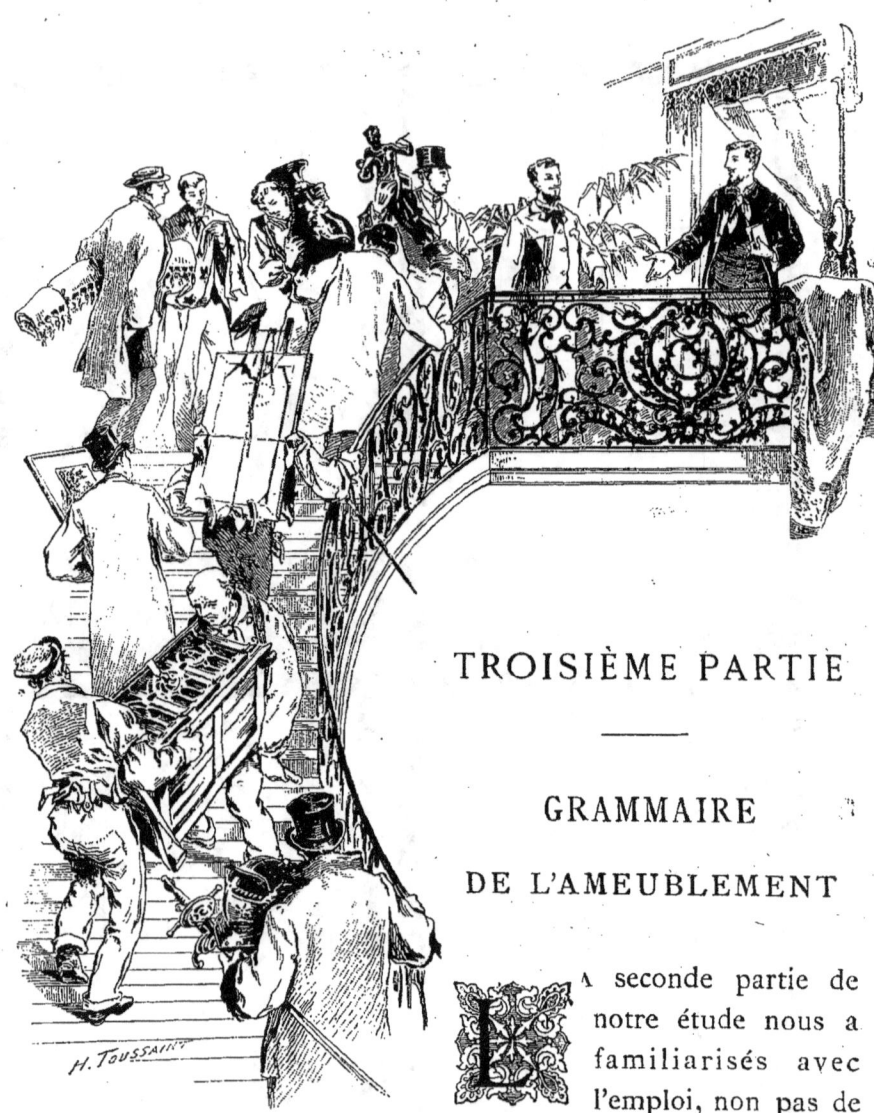

H. TOUSSAINT

TROISIÈME PARTIE

GRAMMAIRE

DE L'AMEUBLEMENT

A seconde partie de notre étude nous a familiarisés avec l'emploi, non pas de tous les matériaux usités dans l'habitation, leur nombre, nous l'avons dit, est en quelque sorte infini, mais avec ceux qu'il nous importait surtout de connaître. Grâce à ce travail préliminaire, nous voici à même de raisonner sur ces matières, jadis pour nous un peu abstraites, et qui désormais nous sont presque familières. Nous sommes en mesure de discuter avec nos fournisseurs, et assez renseignés pour ne point accepter, comme parole d'Evangile, tout ce qu'il plaît à certains importuns de nous raconter. Est-ce à dire, toutefois, que nous devions nous considérer comme aussi compétents que les gens du métier ? Point encore, car ils ont de plus que nous l'expérience qui nous fait défaut. Cette expérience, nous n'avons certainement point la prétention de l'acquérir par un multiple apprentissage ; mais nous pouvons la remplacer, dans une certaine mesure, par la constatation d'une suite de principes, par la connaissance d'un ensemble de règles, dictées par le bon sens, contrôlées par le bon goût, et dont l'observation nous permettra de ne point commettre de trop lourdes fautes.

Mais, demandera-t-on, ces principes dictés par le bon sens, ces règles contrôlées par le bon goût, dont on ne saurait nier l'existence puisqu'ils sont mis journellement en pratique, ces règles, ces principes, ont-ils été consignés quelque part ? La « Grammaire » qu'il nous faut apprendre, a-t-elle jamais été écrite ? — Jamais, que nous sachions, et c'est là justement ce qui va faire l'attrait tout spécial de cette nouvelle partie de notre étude. Nous allons essayer, en effet, de dégager la vérité d'une suite d'observations plus ou moins ingénieuses, embrassant les différentes opérations auxquelles donne lieu la constitution d'un mobilier. Puis, par un enchaînement logique, nous déduirons les conséquences qui naissent de chaque vérité ainsi acquise, et, pour donner à nos constatations un caractère plus saisissant, au fur et à mesure que ces vérités se présenteront à notre esprit, nous les formulerons en manière de préceptes ou d'axiomes. De cette façon, notre « Grammaire » prendra corps peu à peu, et se constituera en quelque sorte d'elle-même.

Pour parfaire ce travail, notre tâche sera moins difficile et moins rude, au reste, qu'elle ne semble au premier abord. Nous n'aurons guère besoin, en effet, que d'user de logique, et il serait réciproquement incivil de supposer que nous en manquions. Quelque peu de goût nous sera également néces-

saire ; mais Chénier définit le goût « un bon sens délicat »,
et de son côté Descartes, aux premières pages de sa *Méthode*,
affirme, non sans malice, que chacun de nous possède autant
de bon sens qu'il en peut souhaiter. Nous voici, par conséquent, encore de ce côté, pourvus au gré de nos désirs.
Toute la question réside donc dans la délicatesse de notre bon
sens, dans une sorte d'acuité, c'est-à-dire dans une nuance qui
se peut acquérir. Dès lors, il n'est rien qui puisse nous empêcher d'écrire ensemble une *Grammaire de l'Ameublement*.
Mettons-nous donc à l'œuvre.

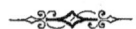

GRAMMAIRE DE L'AMEUBLEMENT

I. L'ASPECT EXTÉRIEUR DE L'HABITATION PEUT COMPORTER UN
HOMMAGE RENDU AU PUBLIC, UNE CONDESCENDANCE AU GOUT DOMI-
NANT, UNE SOUMISSION RESPECTUEUSE A DES LOIS D'ENSEMBLE. LA
DÉCORATION INTÉRIEURE DOIT, AU CONTRAIRE, REFLÉTER NOS PRÉOC-
CUPATIONS PERSONNELLES, ÊTRE EN HARMONIE AVEC NOS APTITUDES,
NOS RESSOURCES, NOS BESOINS ET NOS GOUTS. — Voici une première proposition, sur laquelle, semble-t-il, nous ne pouvons
manquer d'être d'accord. Il est clair que dans la parure extérieure de notre habitation nous sommes soumis à mille
obligations, parfois impérieuses, mais plus souvent de simple
convenance, qui peuvent, dans une large mesure, influer sur
l'aspect général de notre logis. Habitons-nous la ville, ce sont
les exigences de l'alignement, les nécessités de la voirie, le
besoin de raccorder notre demeure à celles qui l'avoisinent,
de façon à ne pas créer de disparate choquant. A la campagne,
le petit nombre des matériaux mis à notre disposition, les
habitudes locales avec lesquelles il nous faut compter, une
certaine dignité, le désir d'affirmer notre rang, la nature même

du site, constituent autant de conditions particulières, à l'influence desquelles il n'est jamais permis de se dérober complètement.

Est-ce à dire, qu'en nous inclinant devant ces obligations, nous fassions acte de dissimulation ? — En aucune manière. — C'est simplement un hommage que nous rendons à nos concitoyens. Notre maison fait partie d'un tout, il est indispensable qu'elle ne dépare pas l'ensemble. Elle frappe le regard du passant, nous faisons en sorte qu'elle ne le blesse point. Mais une fois notre seuil franchi et la porte fermée, les choses changent. Notre intérieur, en contact permanent avec notre personne, n'a plus à compter avec les exigences publiques. Il relève directement de nous-même. Il doit porter uniquement l'empreinte de notre goût.

Si l'on nous permettait une image triviale, nous dirions que l'habitation peut se comparer à la toilette. Extérieurement nous sommes obligés de compter avec la mode, de ne pas trop nous singulariser, de revêtir, à certains jours ou à certaines heures, l'habit noir et la chemise plastronnée ; mais pour ce qu'on peut appeler la toilette intérieure, ni le public ni nos amis n'ont rien à y voir, et nous sommes libres, si bon nous semble, de porter de la flanelle, ou de n'en pas porter.

Notez encore, qu'agir de la sorte, c'est prendre exemple directement sur la nature. Considérez, en effet, le corps humain ; son admirable symétrie extérieure n'a nullement, comme corollaire obligé, une symétrie intérieure qui compliquerait inutilement les fonctions de la vie. Le cœur est un viscère unique, dont le pendant n'existe pas. L'estomac est un sac informe, et les poumons sont inégaux. Pour les mêmes raisons, la *coupe* d'une maison, qui est en quelque sorte l'autopsie de cette maison, nous montre des pièces diversement distribuées suivant les besoins de l'habitation, et ne répondant pas aux divisions extérieures. Bien mieux, il est à remarquer que notre façade doit être, du haut en bas, également parée ; serait-il raisonnable que, de la cave au grenier, il en fût de même à l'intérieur ?

Nous voilà donc avec le champ libre devant nous. Or, s'il est vrai, comme on le prétend avec raison, que rien n'est plus détestable qu'une habitation sans caractère ; non seulement parce qu'elle ne dit rien à l'esprit, mais encore parce qu'elle expose le visiteur à des erreurs constantes, il est bien évident que le caractère de l'habitation doit être, sous peine de dissimulation, en harmonie avec celui de la personne qui l'a décorée, qui s'y est établie, installée, en un mot avec le caractère de celui qui l'habite.

II. La première condition a exiger d'une habitation, c'est qu'elle soit habitable ; pour être habitable, elle doit, non seulement être suffisamment vaste, saine et bien close, mais il faut encore qu'elle réponde a nos gouts, et que les convenances y soient observées. — Le début de cette seconde proposition, empressons-nous de le reconnaître, ressemble quelque peu à l'énoncé d'une des vérités chères au regretté M. de la Palisse, et cependant combien d'habitations, même parmi les plus coûteuses, sont relativement inhabitables.

La seconde partie de notre proposition, en complétant notre pensée, lui assigne, du reste, sa vraie portée. On peut admettre, en effet, que pour l'être primitif, inculte, grossier, pour le sauvage, pour le barbare, une tanière bien chaude en hiver, bien fraîche en été, puisse constituer une sorte de paradis. Pour l'homme instruit, raisonnable, pensant, pour l'homme d'esprit, pour l'homme de goût, cette caverne serait un enfer.

Envisageons maintenant l'excès opposé, la maison est admirable ; tous les arts se sont réunis pour l'embellir ; en est-elle forcément plus habitable? Un poète du siècle dernier se charge de nous répondre :

> Architectes, doreurs, peintres et statuaires,
> Accourez, hâtez-vous : Damon veut un palais.
> Bronzes, marbres, tableaux assemblés à grands frais,
> L'art n'a rien épargné; mais ce lieu délectable,
> A force d'être beau, cesse d'être habitable.
> On le montre, on le voit, mais on n'y loge pas,
> Et son maître discret s'exile au galetas.

Ce double exemple, semble-t-il, suffit à nous montrer combien il est indispensable que les convenances soient observées dans notre habitation. Mais que doit-on entendre par ce mot convenance? Cette question nous amène à notre troisième théorème, qui n'est à bien prendre qu'une définition.

III. ON DONNE, EN MATIÈRE D'AMEUBLEMENT, LE NOM DE CONVENANCE AU RAPPORT EXACT QUI DOIT EXISTER ENTRE L'OBJET ET SA DESTINATION, ENTRE LA FORME DE CET OBJET ET L'USAGE AUQUEL IL S'ADAPTE, ENTRE LE DÉCOR ET LA NATURE DE L'OBJET. — Eh bien! supposons, pour un instant, que du bas en haut de notre maison cette règle de convenance soit strictement observée, qu'en résultera-t-il? Il arrivera que chaque pièce du mobilier, chaque trait de la décoration et la forme de chaque objet ayant un lien étroit avec l'usage auquel il est destiné, notre demeure sera agencée, disposée, décorée, meublée, suivant les préférences d'esprit, les besoins, les usages, la position occupée dans le monde par celui qui l'habite. Elle se modèlera, par conséquent, sur son âge, sur ses goûts, sa fortune, ses antériorités, ses alliances, et se proportionnera à la famille qu'il compte y recevoir. Comme conséquence, un pareil logis annoncera, dès l'antichambre, quel ton il convient qu'on prenne, à quel personnage on va avoir affaire, quelles préoccupations le dominent, et, pour peu que ce logis soit gai ou sombre, vif ou terne, éclatant ou monochrome, nous serons préparés, dès son abord, à nous conformer au sentiment dont il est l'expression.

Ces premières vérités acquises, examinons maintenant de quelle façon il nous faut opérer, non seulement pour que les convenances soient observées, c'est-à-dire pour que notre habitation soit habitable, mais encore pour que notre demeure soit disposée avec art et décorée avec goût.

IV. La beauté dans la décoration, résultant de l'introduction de la variété dans l'unité, toute décoration bien comprise doit procéder d'un point de départ unique. — Est-il nécessaire qu'une décoration soit variée? Assurément oui; le fait n'est même pas discutable. Pour ne citer qu'un exemple, une pièce qui, du parquet à la corniche, meubles et murailles, serait décorée d'une seule couleur, d'un même ton, d'une nuance unique, serait d'une monotonie désespérante. Lamothe-Houdard a eu grande raison de l'écrire :

L'ennui naquit un jour de l'uniformité.

Toute décoration convenable comporte donc une certaine variété. Mais qui dit variété ne dit pas désordre. Les divers objets concourant à meubler une pièce ou à l'orner doivent avoir un lien entre eux. Ils doivent se rattacher les uns aux autres, sinon par une similitude fatigante, du moins par de piquantes analogies. La nature, au reste, est encore ici pour nous un guide précieux, un modèle salutaire, qu'on ne saurait trop consulter. Prenez une fleur, une rose par exemple, certes voilà un objet qui est *un*, cependant quoi de plus varié que les éléments dont cette rose est composée? Pédoncules, pétales, pistils, diffèrent entre eux, au point qu'on n'en pourrait trouver deux qui soient exactement pareils. Malgré cela, l'analogie crée un lien si étroit entre ces éléments si variés, que pas un de nous n'aura jamais l'idée de contester l'unité d'une rose. Prenez maintenant vingt roses, formez-en un bouquet. Toutes les roses seront plus ou moins différentes de taille, de nuance, de forme, de couleur, de maturité. Grâce à l'analogie, cependant le bouquet sera *un*. Introduisez dans ce bouquet divers objets en bois, en étoffe, en métal, l'analogie cesse et l'unité disparaît.

Eh bien ! dans la décoration et dans l'ameublement, il en est de même. L'unité y est aussi indispensable que dans un bouquet, et, comme pour le bouquet, cette unité est obtenue par des analogies, qui donnent aux divers membres du mobilier une sorte d'air de famille. Mais ces analogies ne peuvent se produire d'une façon régulière, normale, méthodique, qu'à une condition expresse, c'est que la décoration procédera d'un point de départ unique. Voilà pourquoi, dès le principe, il faut choisir une base sur laquelle on puisse se repérer constamment. Voilà pourquoi il faut ne pas hésiter à adopter, dès le début, un parti bien accentué, et à faire dépendre de ce parti pris les grandes lignes de la décoration.

V. POUR ÊTRE LOGIQUE, TOUTE DÉCORATION S'APPLIQUANT A L'HABITATION DOIT, OU BIEN PRENDRE SON POINT DE DÉPART DANS LA PARURE FIXE DE LA PIÈCE A DÉCORER, OU BIEN CHOISIR POUR BASE SA PARURE MOBILE. — Cette proposition nous est déjà presque familière, car nous avons eu l'occasion d'en indiquer l'importance et d'en constater la justesse, lorsque nous nous occupions du papier peint. En effet, ou notre décoration résultera principalement de l'architecture même de la pièce, de ses proportions, des lambris et des tentures décorant ses murailles, des ornements encadrant ses portes, des peintures enjolivant ses trumeaux ; ou au contraire elle résultera plus particulièrement des meubles et des objets d'art, de sièges et de vitrines, de tableaux ou de miroirs, disposés d'une façon plus ou moins pittoresque.

Dans le premier cas, on pourra dire que la décoration vaut par elle-même. Chargée d'occuper et d'orner les surfaces planes, c'est à elle, en effet, qu'incombe principalement le soin de contenter l'œil et de satisfaire l'esprit ; dès lors, le mobilier et les objets d'art complémentaires doivent, autant que possible, se raccorder avec elle, et, de toute façon, s'inspirer de son caractère dominant. Dans le second cas, il n'en est plus ainsi, le mobilier et les objets d'art devenant le principal, la décoration fixe ou murale ne constitue plus qu'une sorte de repoussoir chargé de mettre ces objets en lumière, de les faire valoir, et qui doit, par conséquent, leur être subordonné à son tour.

VI. La décoration fixe est généralement plus solennelle. Dans la décoration mobile, au contraire, le caractère personnel est toujours plus accentué. — La décoration fixe, étant liée à l'architecture même de l'habitation, participe de son caractère relativement immuable. Elle semble, en conséquence, toujours moins personnelle, moins intime ; elle sent davantage l'ap-

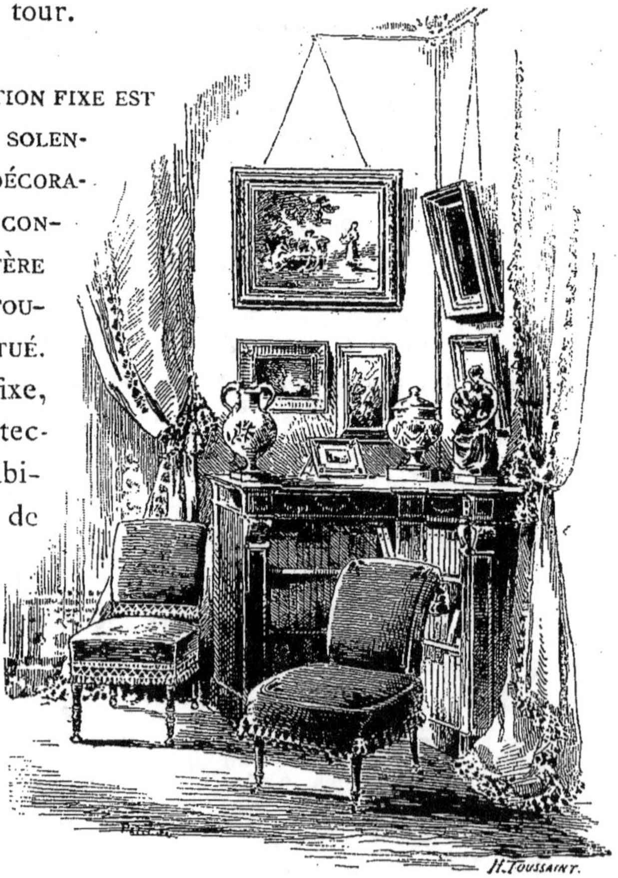

Fig. 2. — Coin de salon (exemple de décoration mobile).

II. — 2

parat. Mais précisément à cause de cette solennité, elle peut parfois être l'interprète plus fidèle de certaines exigences de situation.

La décoration mobile, par contre, sans cesse remaniée, se pliant à toutes les fantaisies et suivant toutes les fluctuations du goût, se conforme davantage à nos impressions journalières. Elle est en quelque sorte le miroir où se reflètent les préoccupations du maître ou de la maîtresse de la maison. Elle se trouve, en outre, plus en harmonie avec nos fortunes incertaines, nos goûts variables, nos habitudes de changement. A tous ces titres, elle s'impose surtout dans les classes moyennes et chez les artistes, pour lesquels aucune décoration fixe n'a jamais la saveur d'une œuvre d'art de qualité supérieure.

Chacun de ces deux points de départ, on le voit, a son importance et sa raison d'être. Il n'est donc pas indifférent de choisir l'un ou l'autre, car de ce choix va dépendre, en grande partie, l'aspect de notre habitation.

VII. Pour orner l'intérieur d'une maison, soit d'une décoration fixe, soit d'une décoration mobile, l'artiste et l'homme de gout n'ont a leur disposition que des formes et des couleurs. — « Quand la maison est bâtie, rien n'est fait. Arrivent le menuisier, le tapissier, le peintre, le doreur, le sculpteur, l'ébéniste. Il faut ensuite des glaces, et poser des tableaux et des sonnettes partout, le dedans occupe trois fois plus de temps que la construction de l'hôtel, les antichambres, les escaliers dérobés, les dégagements, les commodités, tout cela est à l'infini. » Ainsi s'exprimait, il y a juste un siècle, Mercier, ce portraitiste consciencieux de la vie parisienne. Ajoutons bien vite que rien n'a changé depuis lors. La décoration de l'ameublement d'une habitation, hôtel ou appartement, est demeurée une chose toujours extraordinairement compliquée. Vingt corps d'état différents sont à mettre en mouvement et à faire manœuvrer, pour atteindre, en temps opportun, le but qu'on se propose. Mille objets sont à choisir ou à faire exécuter, puis à grouper de façon qu'ils s'harmonisent.

Certes, nous ne manquerions pas d'être débordés si nous voulions, dans notre *Grammaire*, étudier isolément chacun de ces différents objets. Toutefois, il convient de remarquer que l'impression produite en nous, par chacune des surfaces que frappent nos regards, prend sa source dans la couleur dont cette surface est revêtue et dans la forme qu'elle exprime. Au lieu donc de nous égarer dans un détail infini d'objets, fort étrangers les uns aux autres, nous allons procéder tout simplement à l'étude des formes et des couleurs ; et cela est d'autant plus logique, que le problème poursuivi par les artistes décorateurs consiste précisément à créer une heureuse concordance entre ces deux éléments constitutifs de toute décoration.

VIII. Chaque forme prise individuellement a une valeur et une signification précises. Lorsque la forme se fond dans un ensemble, cette valeur et cette signification deviennent purement relatives. Il en est de même des couleurs. — Tout est relatif, en effet, dans la décoration et dans l'ameublement. La courbure d'un arc peut être très belle en soi, majestueuse, imposante, et perdre toute sa beauté, toute sa valeur, par suite de l'insuffisance des piliers ou des pieds-droits qui supportent sa retombée. Une table du quinzième siècle pourra être superbe de lignes, très précieuse d'exécution, et produire le plus misérable effet étant placée dans un salon Louis XV. C'est que, dans ces deux cas, la discordance des formes gâte tout le charme qu'on ne manquerait pas de trouver à une ligne correcte ou à un objet de prix, s'ils étaient autrement encadrés.

Les dimensions elles-mêmes n'ont qu'une valeur relative. Telle pièce qui est vaste comme chambre à coucher devient

étroite si l'on en veut faire un salon. Pour les couleurs, il n'en
est pas autrement, et un coussin rouge ne produit pas la
même impression, s'il est posé sur un canapé vert ou sur un fauteuil bleu. C'est donc non seulement la signification des formes
et des couleurs qu'il va nous falloir étudier, mais surtout les
rapports des formes et des couleurs entre elles, et les lois qui
régissent ces rapports. Cette recherche est d'autant plus indispensable, que ce n'est pas seulement entre elles que les lignes
et les couleurs doivent s'harmoniser, mais encore avec nous-
mêmes.

IX. EMPLOYÉES ET COMBINÉES AVEC ART, LES FORMES COMME
LES COULEURS PEUVENT EXPRIMER DES IDÉES, PARLER UN LANGAGE
ET SE CONFORMER A UNE DISPOSITION SPÉCIALE DE NOTRE ESPRIT. —
Voilà ce que les femmes savent infiniment mieux que le plus
érudit d'entre nous. Bien qu'elles analysent rarement l'effet de
leur parure, et, en tout cas, ne nous livrent jamais le sujet
de leurs méditations, elles ne cessent cependant de méditer sur
l'harmonie des couleurs et sur l'élégance des formes.

Aucune d'elles n'ignore l'émotion que peut provoquer une
boucle de cheveux oubliée avec art, le ragoût d'un nœud de
rubans rouges détachant ses rutilances sur un corsage noir,
ou d'une touffe de roses-thé s'épanouissant sur un velours grenat.
Beaucoup spéculent même sur l'indiscrétion lascive de certains
plis, sur l'influence suggestive d'un contour nettement accusé.
Elles ont infiniment raison.

Depuis longtemps, les plus illustres penseurs n'ont-ils pas
reconnu la puissance indiscutable des couleurs et des lignes ?
« Si le nez de Cléopâtre eût été plus court, écrit Pascal,
toute la face de la terre aurait changé. »

Ce qui est vrai pour les traits du visage et pour la parure
ne saurait manquer de l'être également pour l'ornementation
du logis. Bien combinées, les inflexions de lignes qui s'asso-

cient agissent sur nos sens, comme une série de sons produisant une mélodie ; et l'on peut ajouter que l'association de ces lignes avec des couleurs est comparable à la résonnance simultanée de plusieurs sons formant des accords.

X. Indépendamment du langage qu'elle concourt a exprimer en étant associée avec d'autres lignes, chaque ligne a sa signification individuelle, la ligne droite exprimant des idées viriles et de résistance, la ligne courbe des idées d'union et de flexibilité, la ligne brisée le mouvement, et par conséquent la vie. — Ici nous sortons du domaine du raisonnement et de la pure logique, pour pénétrer dans celui du sentiment. Personne ne l'ignore, l'impression que produisent uniformément en nous certains spectacles échappe, dans une large mesure, à l'analyse, quoique cette impression cependant n'en existe pas moins très vive et très pressante. Quand, en outre, on a la preuve que, depuis des milliers d'années, cette même impression a été ressentie et a persisté chez les peuples les plus divers, on est, semble-t-il, fondé à la considérer comme bien et dûment constatée.

Dans le cas spécial qui nous occupe, il est clair, par exemple — pour citer uniquement les lignes fondamentales, — que la ligne droite, aussi bien dans le monde moral que dans le monde matériel, évoque des idées de rectitude, de fermeté, de résistance, que ne saurait exprimer une ligne courbe, emblème par excellence de la souplesse et la flexibilité. Il est pareillement évident que la ligne courbe, qui, si je puis dire ainsi, décrit ponctuellement sa trajectoire, évoque des idées de régularité et de correction, que ne saurait présenter la la ligne brisée, laquelle procède par saccades et par soubresauts.

XI. Suivant la place qu'elles occupent et la façon dont elles sont disposées, les lignes peuvent encore concourir a

L'EXPRESSION DE CERTAINS SENTIMENTS SPÉCIAUX. AINSI, C'EST LE PROPRE DES LIGNES DROITES HORIZONTALES D'EXPRIMER LA QUIÉTUDE, LE CALME, LA DURÉE, ALORS QUE LA VUE DES VERTICALES PRODUIT EN NOUS DES SENTIMENTS D'EXALTATION ET D'INQUIÉTUDE TEINTÉE DE POÉSIE. — Qui de nous, pénétrant dans ces vastes nefs du moyen âge, dont les piliers s'élancent vers le ciel avec une hardiesse incomparable, ne s'est senti envahi par un trouble mystérieux plein de poésie et de charme? Qui de nous, à la vue de toutes ces longues colonnettes, alignant leurs profils déliés et se dressant, s'allongeant, s'étirant, pour finir par se conjoindre, comme à regret, en une voûte qui nous paraît située à des hauteurs vertigineuses, n'a senti un monde de pensées mal définies bouillonner en soi, et une émotion singulière le gagner, le pénétrer, l'étreindre !

Qui de nous, en été, assis au bord de la mer et contemplant l'éternelle horizontalité, n'a éprouvé une quiétude bienfaisante et n'a senti s'estomper ses chagrins, ses réflexions s'assoupir, son cerveau se calmer ? Reportez-vous, par le souvenir, à la saison des bains de mer, aux longs séjours sur la plage. Vingt fois, faute de penser, vous avez laissé la conversation s'éteindre, vingt fois vous avez laissé tomber votre livre des mains, et pour retrouver quelque vivacité d'esprit ou de langage, vous avez dû, chère lectrice, tourner le dos à l'océan, ou vous absorber obstinément dans un de ces menus travaux, qui sont la ressource des heures oisives.

N'en rougissez pas, malgré son merveilleux esprit, la marquise de Sévigné ressentait ce même abandon, ce même trouble, et, pour le combattre, devait recourir à des moyens de même sorte. Et voilà comment, sans que nous en ayons conscience, la vue des longues horizontalités apaise notre esprit, calme nos emportements et provoque des idées de durée, de stabilité, de quiétude, alors que l'abus des lignes verticales surexcite notre imagination, développe nos dispositions au mysticisme, et, entraînant nos regards vers des espaces mal définis, nous porte à des extases teintées de poésie.

Qu'on ne parle pas, en effet, de la grandeur du spectacle ou de la sainteté du lieu. Une interminable rue, avec ses rangées de maisons toutes pareilles, toutes alignées nous rend aussi bêtes que le fait l'océan. Un vieux donjon, une montagne, un obélisque, produisent le même effet qu'une église. Couchez une colonne à terre, votre esprit demeurera placide; dressez-la, soudain il sera pris d'un trouble mal défini.

XII. PAR LA RÉPÉTITION, LA VALEUR ET LA SIGNIFICATION DE CHAQUE LIGNE SE CORROBORENT ET S'AFFIRMENT; PAR LA CONTRADICTION, ELLES S'ATTÉNUENT ET S'ALTÈRENT. — L'impression que nous ressentons en face de l'architecture, et, du reste, également en face des spectacles naturels, en contemplant ce que nous appelons une horizontalité ou une verticalité, est le plus souvent provoquée par un grand nombre de lignes verticales ou de lignes horizontales, qui s'étendent parallèlement ou sont groupées en un même faisceau. Ces lignes, par leur répétition, augmentent dans une proportion considérable l'impression par nous ressentie. C'est pourquoi les architectes du moyen âge, voulant accroître l'effet produit par les lignes verticales de leurs églises, les ont multipliées à l'infini, alors qu'ils morcelaient avec acharnement les lignes horizontales. Entrez dans une cathédrale, supprimez par la pensée les seize colonnettes qui enveloppent le pilier, et rendez à celui-ci sa forme primitive, massive et brutale, laissez au contraire les saillies horizontales s'étendre à loisir et former de larges plates-bandes, — comme le montrent, du reste, nos figures 3 et 4, qui, placées l'une sur l'autre, se couvriraient exactement, — rien n'est changé dans l'ossature de l'édifice et sa signification cependant est toute différente. Dix navires, coupant de leurs longs mâts l'horizon, produiront pour l'océan un effet contraire, mais de même ordre. On sent immédiatement quel parti un décorateur habile peut tirer de la constatation d'abord et ensuite de la mise en pratique de cette loi générale.

XIII. DANS LE DESSIN D'UN LAMBRIS OU DANS LA COMPOSITION D'UN MEUBLE, LES LIGNES COURBES NE DOIVENT ÊTRE EMPLOYÉES QU'AVEC BEAUCOUP DE CIRCONSPECTION DANS LE SENS VERTICAL. PAR CONTRE, ELLES FIGURENT AVEC BONHEUR DANS LE SENS HORIZONTAL, ET SONT ENCORE A LEUR PLACE A LA JONCTION DES LIGNES HORIZONTALES ET DES VERTICALES, QUI ENCADRENT UNE ORNEMENTATION. — Quel est le caractère distinctif des lignes courbes? C'est, nous l'avons dit, d'être éminemment souples et flexibles. Dès lors, il serait malséant de les employer comme un support, puisque, par le fait même de leur souplesse et de leur flexibilité, elles sont inaptes à rien supporter. Or, les lignes verticales, dans la décoration comme dans l'architecture, délimitent presque toujours des masses portantes. Il ne faut donc employer les lignes courbes, dans le sens vertical, qu'avec une prudence extrême. Elles sont seulement tolérables, lorsqu'elles viennent appuyer et consolider les lignes droites, comme font les consoles renversées servant de contreforts, ou les corroborer, comme font les profils et moulures qui enveloppent les colonnes, les pilastres, etc. Par contre,

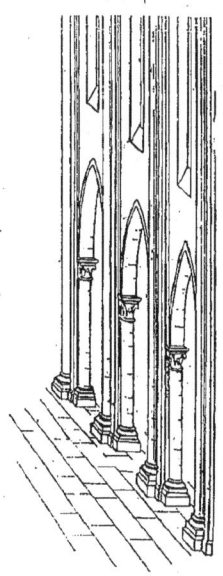

Fig. 3.

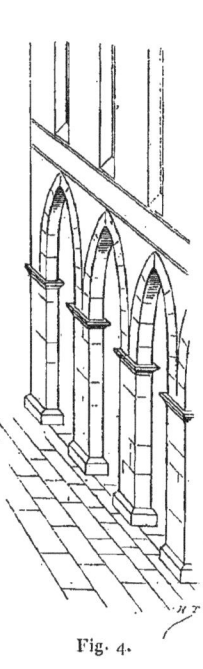

Fig. 4.

leur souplesse extrême, leur vibrante flexibilité, conviennent admirablement pour établir un rapport entre deux perpendiculaires droites, sèches, qui, sans elles, pourraient risquer de ne se rencontrer jamais, et pour adoucir l'acuité de certains angles dont la raideur s'accorde mal avec le caractère conciliant de certaines ornementations.

XIV. LA LIGNE BRISÉE, EXPRIMANT LE MOUVEMENT ET LA VIE, NE SAURAIT CONVENIR A UNE DÉCORATION FIXE, PARCE QUE CELLE-CI, PAR SA NATURE MÊME, EXPRIME DES IDÉES DE DURÉE. IL EN EST TOUT AUTREMENT POUR LA DÉCORATION MOBILE. — Il est bien évident, en effet, qu'une boiserie, une corniche, un lambris, une cheminée, qui sont plaqués à demeure contre notre muraille, doivent avoir une apparence de solidité, de résistance, de permanence, que ne saurait leur communiquer l'emploi des lignes brisées, lesquelles, par les angles qu'elles produisent et par la multiplicité des surfaces qu'elles développent, éloignent toute idée de durée et de solidité. Les

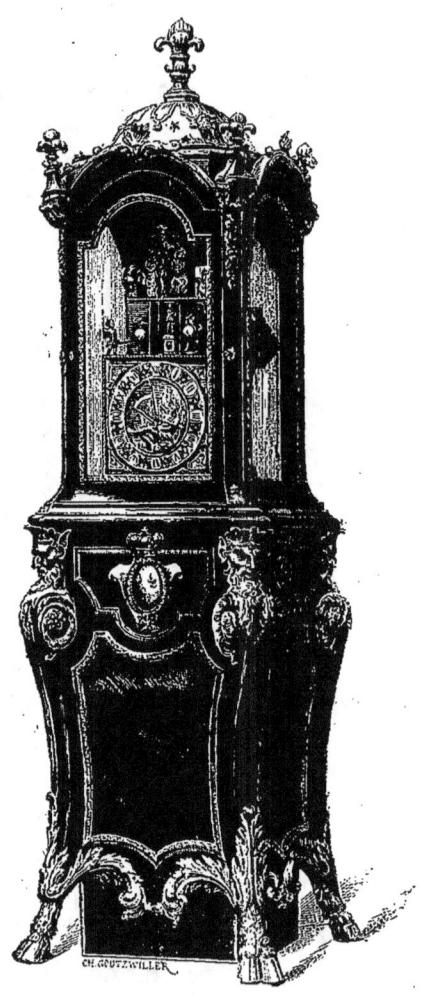

Fig. 5. — Exemple de lignes courbes, employées heureusement dans le sens vertical. — Horloge style Louis XIV (Mobilier national).

meubles eux-mêmes participent, dans une très large mesure, de cette préoccupation. Ceux qui sont à poste fixe surtout réclament, dans leur structure, l'emploi exclusif des lignes droites ou courbes.

Pour la décoration mobile, c'est le contraire qui se produit. Autant il serait ridicule de briser, à l'aide de bossages plus ou moins élégants, la tablette supérieure d'une cheminée; autant il serait maladroit d'établir un niveau exact, régulier entre les sommets des différents objets qui décorent cette tablette, de façon que ces sommets décrivent une courbe régulière (voir la figure 6), ou présentent une ligne droite parallèle à leur ligne de base (voir la figure 7). Une pareille régularité non seulement contrarierait les regards, mais blesserait encore la raison.

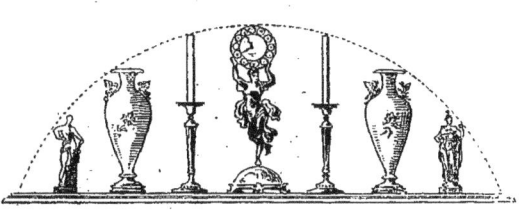

Fig. 6.

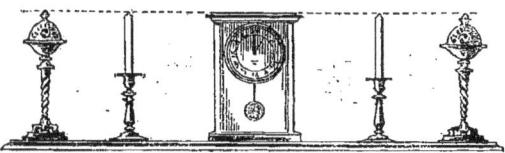

Fig. 7.

De même, lorsque vous accrochez une suite de tableaux à la muraille, gardez-vous de les assortir de même taille, ou, si le hasard les présente ainsi, de faire régner leurs bases à une même hauteur, de façon que les cadres forment deux lignes droites parallèles, se raccordant aux grands traits horizontaux de la décoration. Il suffit qu'un tableau soit posé sur la muraille et ne fasse pas corps avec elle, pour que son caractère de mobilité doive être accentué. Toutefois, si vos tableaux sont disposés de telle façon qu'il s'en trouve seulement un sur chaque panneau, ce tableau isolé pourra se raccorder avec un pendant, également isolé sur un autre panneau, parce qu'alors la ligne décorative se trouve rompue, et que ces deux tableaux séparés forment une équivalence symétrique, et non plus un ensemble.

XV. LA LIGNE BRISÉE ÉTANT, DANS LA PLASTIQUE ET LA DÉCO-
RATION, L'IMAGE FIDÈLE DU MOUVEMENT ET DE LA VIE, EXPRIME
SUIVANT LES DISPOSITIONS QU'ELLE AFFECTE DES IDÉES GAIES OU
TRISTES. — Humbert de Superville, dans un ouvrage très recherché, très curieux, mais rare et peu connu [1], démontre, à
l'aide des trois figures ci-dessous, qu'il suffit d'un léger déplacement des lignes fondamentales du visage humain, pour exprimer très clairement des sentiments fort divers et même
radicalement contradictoires.

Lorsque les traits, formant la bouche et les yeux, restent

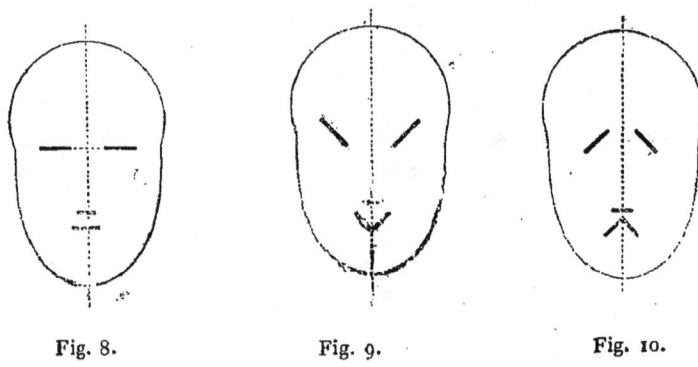

Fig. 8.   Fig. 9.   Fig. 10.

parallèles à la ligne du nez, la figure (voir 8) respire le
calme le plus complet, lorsque ces mêmes traits prolongés forment un angle dont la pointe est dirigée vers le sol, la physionomie (voir 9) exprime la gaieté, lorsque l'angle dresse
son sommet en l'air, la figure (voir 10) prend, au contraire,
un air de désolation fort remarquable. La constatation faite
par Humbert de Superville est donc excessivement ingénieuse.
Est-elle bien neuve ? — Nous ne le croyons pas.

En choisissant le peuplier comme « arbre de la liberté » et
le saule *pleureur*, ainsi que le sapin, comme arbres spécialement funèbres, nos ancêtres n'ont fait que mettre en pratique,

1. *Les Signes inconditionnels de l'art.*

et cela bien des siècles avant lui, les remarques de l'auteur
des *Signes inconditionnels*. Pour nous, élargissons le cadre de
cette curieuse observation. Appliquons, sinon à un homme,

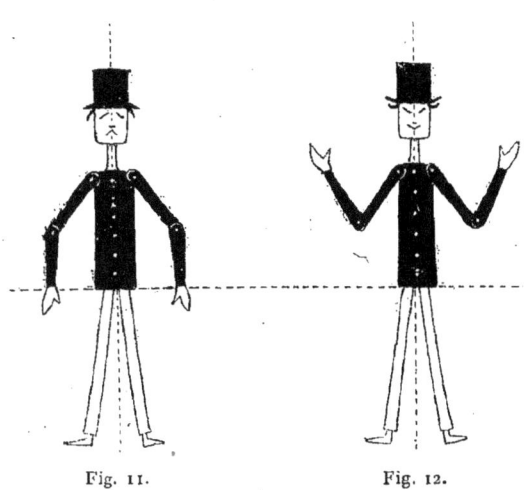

Fig. 11.   Fig. 12.

du moins à un pantin, la théorie de H. de Superville, et au
lieu de mouvementer seulement son visage, agitons encore ses

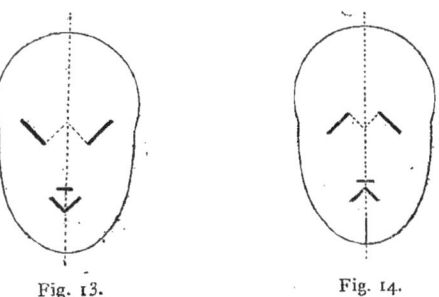

Fig. 13.   Fig. 14.

bras. Grâce à leur double mouvement, nous obtiendrons, à
droite et à gauche de chacun de nos petits pantins, deux nouveaux angles diversement tournés, et qui achèveront de donner
à l'un de nos bonshommes son aspect désolé, alors que l'autre

affectera un air de contentement non discutable. Cependant, pour l'un au moins de ces deux pantins, les lignes de bras, en venant se joindre au centre de notre figure (voir n° 12), formeront un angle, dont la position semble, au premier abord, en contradiction flagrante avec nos prémisses. Qu'en faut-il donc conclure ? Il faut en conclure que le caractère d'une

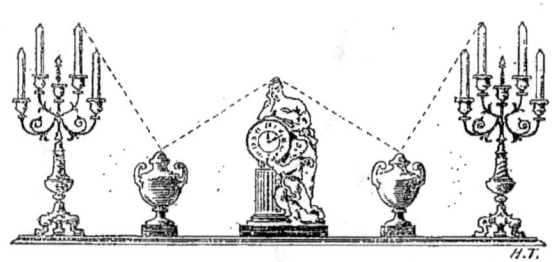

Fig. 15.

ligne brisée symétrique ressort bien moins de la position de son angle central que de la direction de ses derniers branchements. Et, si nous appliquons cette observation nouvelle à nos physionomies de tout à l'heure (voir fig. 13 et 14)

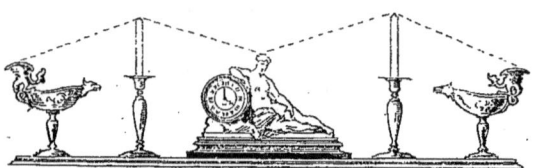

Fig. 16.

nous constaterons que notre déduction est juste, car leur expression n'est pas sensiblement modifiée par l'adjonction de l'angle pointé, qui relie les lignes des yeux et de la bouche.

Comme à toute observation il faut une conclusion pratique, nous aurons soin que la ligne brisée, formée par le sommet des divers objets composant nos garnitures de cheminée ou surmontant les tablettes de nos meubles, se termine toujours

par des angles ayant leur pointe tournée vers le sol (voir fig.
15). De cette façon, cette ligne brisée exprimera certainement

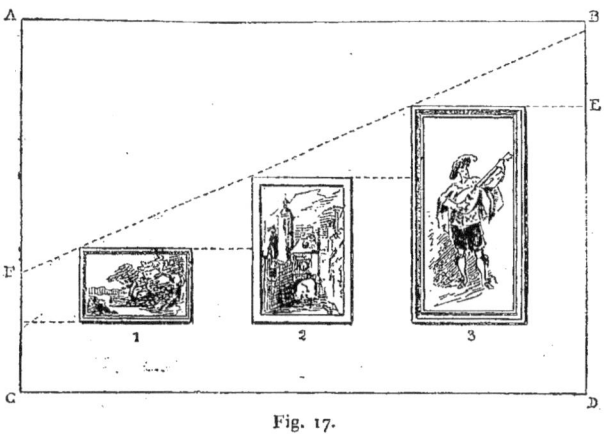

Fig. 17.

un sentiment gai et concourra, dans la mesure qui lui est
propre, à animer joyeusement la pièce à la décoration de

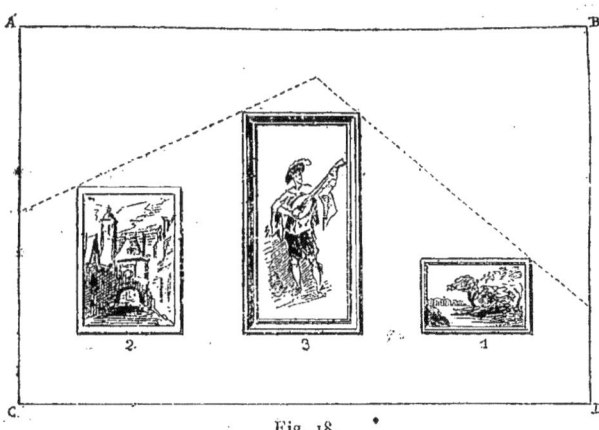

Fig. 18.

laquelle elle participe, alors que le contraire ne manquerait
pas d'avoir lieu, si les pointes de nos deux angles extrêmes
étaient tournées en l'air (voir fig. 16).

XVI. Dans la combinaison des lignes brisées, il faut éviter avec soin toute progression arithmétique, parce qu'elle déplace l'aplomb, rompt l'équilibre et nuit a la symétrie. — Supposons que nous ayons trois tableaux de largeur égale, mais de hauteurs différentes, et que [nous nous proposions de loger ces trois tableaux dans un panneau A B C D (voir fig. 17). Supposons encore que notre premier tableau a pour hauteur 1 mètre, notre second tableau 2 mètres, notre troisième tableau 3 mètres, ce qui constitue une progression arithmétique. Comment disposerons-nous ces trois tableaux ? — Eh

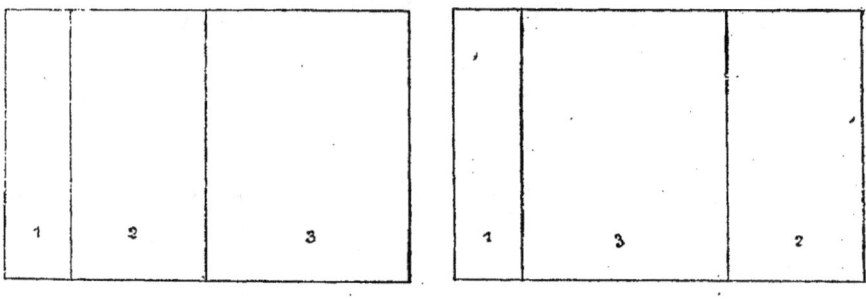

Fig. 19.   Fig. 20.

bien! nous éviterons avec soin de les placer dans l'ordre de leur progression, parce que, de la sorte, la ligne brisée formée par leurs sommets pourrait se résumer dans une ligne droite B F, ce qui lui enlèverait une grande partie de ses qualités vitales d'animation; en outre, parce que formant escalier cette ligne brisée ferait perdre tout aplomb à notre décoration. Tandis que si nous employons une autre disposition (voir fig. 18), la ligne reprend en partie les qualités expressives qu'on est en droit d'exiger d'elle, et la décoration retrouve un équilibre qu'elle avait perdu.

Cette remarque s'applique également aux surfaces décoratives. Supposons que nous ayons un panneau à diviser en

trois parties, représentant en largeur la progression arithmétique 1, 2, 3. Respecterons-nous cette progression, comme
cela est indiqué dans notre figure 19? — En aucune façon.
Nous aurons, au contraire, bien soin de rompre cette progression pour que notre panneau présente, dans sa décoration,
une symétrie relative qui seule peut lui donner l'aplomb
dont il a besoin. (Voir comme exemple la figure 20.)

XVII. LA SYMÉTRIE, DANS LA DÉCORATION, EXISTE NON SEU-
LEMENT QUAND IL Y A PARITÉ, MAIS ENCORE QUAND IL Y A ANA-
LOGIE, LES RÈGLES QU'ELLE PRESCRIT S'IMPOSENT UNIQUEMENT DANS
LE SENS DE LA LARGEUR ET NON DANS CELUI DE LA HAUTEUR. — « La
raison qui fait que la symétrie plaît à l'âme, écrit Montesquieu, c'est qu'elle lui épargne de la peine, qu'elle la soulage
et qu'elle coupe, pour ainsi dire, l'ouvrage par la moitié [1]. »
Elle ne peut, en outre, manquer de nous être précieuse, parce qu'elle comporte des idées d'ordre, de méthode, qui sont toujours agréables à l'esprit. Toutefois, ainsi que le remarque
Pascal [2], notre œil, prenant modèle sur le corps humain qui
est seulement symétrique dans le sens de la largeur, ne considère pas la symétrie dans le sens de la hauteur comme indispensable ; et, plus indulgent encore, lorsqu'il s'agit de
décoration, il n'exige pas, comme cela a lieu dans la nature
« le rapprochement et la juste correspondance de deux parties
semblables quoique inversement disposées [3] » ; il se contente de
simples analogies.

Ainsi, deux tableaux de sujets divers, d'école différente, de
dimensions autres, peuvent se faire pendant, c'est-à-dire concourir à la symétrie d'une décoration, parce qu'il y a analogie
entre la nature même de ces deux masses décoratives. Une

1. Voir Montesquieu, *Goût, Symétrie.*
2. *Pensées,* XXV, 77 (édition Havet).
3. Lévêque, *Science du beau,* tome II, p. 340.

plaque en faïence, d'une tonalité claire, peut devenir symétrique à une aquarelle de même taille, montée sur de grandes marges, parce qu'il y a analogie de dimensions et de colora-

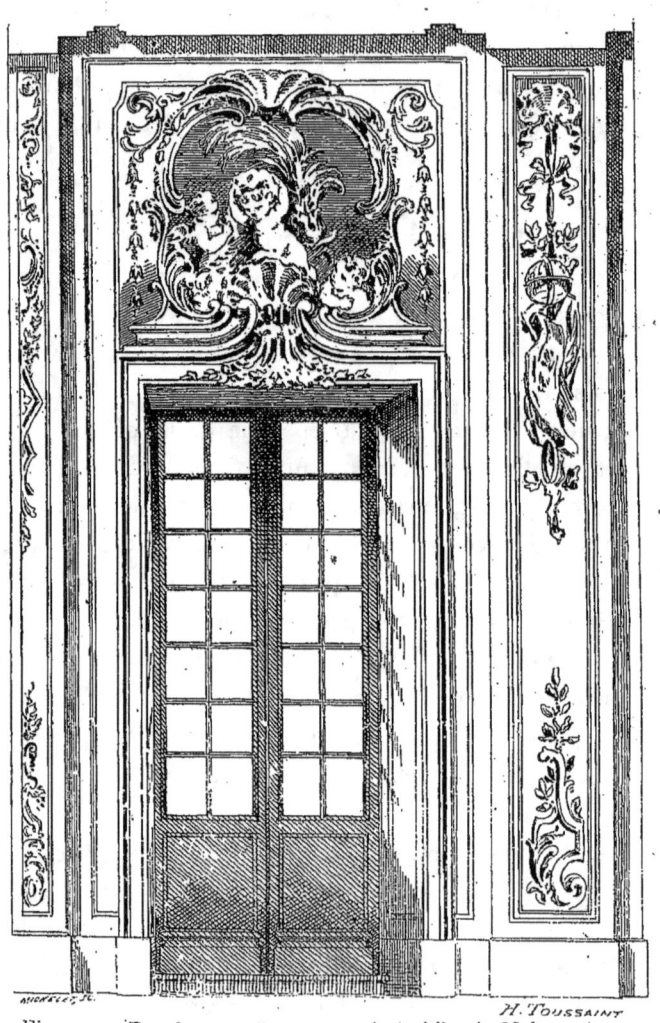

Fig. 21. — Encadrement d'une porte vitrée (d'après Meissonnier).

tion; ainsi de suite. La parité n'est donc pas indispensable, on peut se contenter de ce que Vitruve a si bien défini le *conveniens consensus*[1]; et certaines différences, à condition de

1. Voir l'*Architecture de Vitruve*, Ier livre (édition Panckoucke, t. Ier, p. 44).

n'être point outrées, peuvent même accentuer utilement le caractère pittoresque de la décoration.

XVIII. La décoration, comme la nature, a horreur du vide. — Si l'horreur de la nature pour le vide a cessé d'être une vérité de la physique, elle n'en est pas moins restée une vérité de l'ordre sentimental. La sensation que nous éprouvons à la vue d'un trou béant, le vertige qui nous saisit lorsque nous sommes isolés sur un sommet, juchés sur une haute plate-forme ou penchés sur le bord d'un précipice[1], sont trop caractéristiques pour qu'on n'en doive pas tenir compte. Dans l'art décoratif, il en est de même. Chaque vide pratiqué dans un plein excite une sorte de répulsion instinctive, qu'il serait peut-être difficile d'expliquer, mais dont il serait imprudent de ne pas tenir compte. C'est pourquoi, de toute antiquité, les architectes habiles et les décorateurs ont entouré leurs portes et leurs fenêtres de chambranles aux solides profils, qui semblent être des sortes de balustrades, de garde-fous élevés autour de ce vide (voir fig. 21). Voilà aussi pourquoi les glaces, qui simulent un trou fait dans la muraille, ont également besoin d'être encadrées par des bordures largement moulurées et surtout bien visibles.

Pour la même raison, lorsque vous exécuterez une décoration fixe, vous aurez soin de tenir le champ qui encadre votre panneau un tant soit peu plus large, dans la partie verticale avoisinant la porte, que dans celle correspondante touchant à l'encoignure du mur. Enfin, si votre décoration est mobile, et que vous ayez à suspendre un tableau entre la porte et l'angle de la muraille, ayez soin de ne pas l'accrocher au milieu juste,

1. C'est ce que constate Pascal dans son admirable langage : « Le plus grand philosophe du monde, sur une planche plus large qu'il ne faut pour marcher à son ordinaire, s'il y a au-dessous un précipice, quoique sa raison le convainque de sa sûreté, son imagination prévaudra. Plusieurs ne sauroient en soutenir la pensée sans pâlir et suer. » (*Pensées*, Ire partie, article VI, page 10.)

ais de l'éloigner, au contraire, un peu de la partie vide.
ar un singulier effet d'optique, ainsi placé ce tableau paraîtra
ieux d'aplomb et semblera tout à fait au milieu du panneau.

XIX. Par leur emploi exclusif, ou tout au moins général
un moment donné, certaines formes deviennent la caractéristique d'un peuple, d'une nation, d'un régime, d'une époque ;
alors elles concourent a constituer ce qu'on est convenu
d'appeler les styles. — Après avoir constaté que les formes
expriment un langage capable d'impressionner l'esprit de
l'homme civilisé, après nous être rendu compte de la signification de chacune des lignes principales employées dans l'architecture et la décoration, nous ne devons pas être surpris,
qu'à certaines époques, certains peuples aient affiché une préférence marquée pour certaines lignes, pour certaines formes,
qui concordaient d'une façon particulière avec leur état intellectuel ou avec leur situation morale.

C'est ainsi qu'il nous semble tout naturel que la Grèce
antique, dont toute la civilisation était fondée sur le raisonnement et la libre discussion, ait marqué un goût spécial pour
les « plates-bandes » et pour les lignes horizontales, dont ces
« plates-bandes » sont constituées, parce que ces lignes expriment des idées de calme et de réflexion. Pour les mêmes raisons, le moyen âge, cette époque ténébreuse et mystique
dont toutes les aspirations tendaient vers le firmament, devait
affectionner les lignes verticales.

Or, c'est par le choix de certaines lignes, par la préférence
accordée à certaines formes et par l'usage plus général, presque
exclusif de ces lignes et de ces formes, que se constituent ce
qu'on est convenu d'appeler les styles. Un style se caractérise,
en effet, soit par la répétition inconsciente de formes, qui sa-
tisfont d'une manière plus spéciale aux besoins ou aux convenances d'une époque, et finissent par devenir ainsi la note

typique de cette époque; soit par la recherche et l'application
par les artistes de formes et d'ornements qui semblent à
ceux-ci répondre plus spécialement au goût et à l'idéal de leur
entourage, et qui paraissent le mieux à leurs yeux s'harmoniser avec les tendances de leurs contemporains.

Et voilà comment les styles de la Grèce antique se carac-
térisent par « les ordres », ceux de Rome par le cintre, le
moyen âge français par l'ogive, la Renaissance par la colon-
nette, l'époque de Louis XIII par le balustre, celle de Louis XIV
par le lambrequin, celle de Louis XV par la rocaille, le règne
de Louis XVI par la perle et l'acanthe, et le premier Empire
(hélas!) par l'abus inconscient des attributs [1].

XX. Les styles anciens, étant l'expression d'un idéal qui
n'est plus le notre, la conséquence de besoins, de nécessités
ou de convenances qui ont cessé d'être, ne peuvent plus nous
satisfaire d'une façon absolue. — Certes, ce n'est pas un
mince bonheur ni une faible gloire pour notre France, que
d'avoir non seulement créé tout d'une pièce ce merveilleux
art ogival, si improprement qualifié de *style gothique*, mais
encore d'avoir, en moins de trois siècles, enfanté une succession de cinq styles bien définis. Ce n'est pas, pour notre pays,
une médiocre illustration que d'avoir imposé à ces styles des
noms bien français, et d'avoir incarné dans chacun d'eux un
sentiment bien distinct : l'élégance et la grâce dans le style
Renaissance, la vigueur et la robustesse dans le style Louis XIII,
la richesse et la somptuosité dans celui qui porte le nom de
Louis XIV, l'incohérence et la galanterie dans le style Louis XV,
enfin, dans le siècle Louis XVI la modestie et la distinction.
Mais cette gloire, cette illustration, ce bonheur, ne doivent pas

---

1. Le lecteur qui voudra suivre l'enchaînement des styles français les trouvera
longuement expliqués et sévèrement déduits dans *L'Art à travers les mœurs*, qui
forme, en quelque sorte, le préambule philosophique du présent ouvrage.

nous arrêter dans la voie des adaptations, ni fermer pour toujours l'ère des transformations, car jamais deux époques ne se répètent d'une façon identique.

La civilisation, en effet, dans les étapes successives qu'elle franchit, façonne les hommes à son image. Par suite de nos occupations sédentaires, nos corps ne sont plus taillés sur le même patron ni construits avec les mêmes muscles qu'aux siècles passés. Nous trouverions ridicule d'endosser les vêtements de nos ancêtres; l'est-il beaucoup moins de copier servilement leur mobilier? Qui de nous oserait faire asseoir une contemporaine de Mme de Pompadour dans

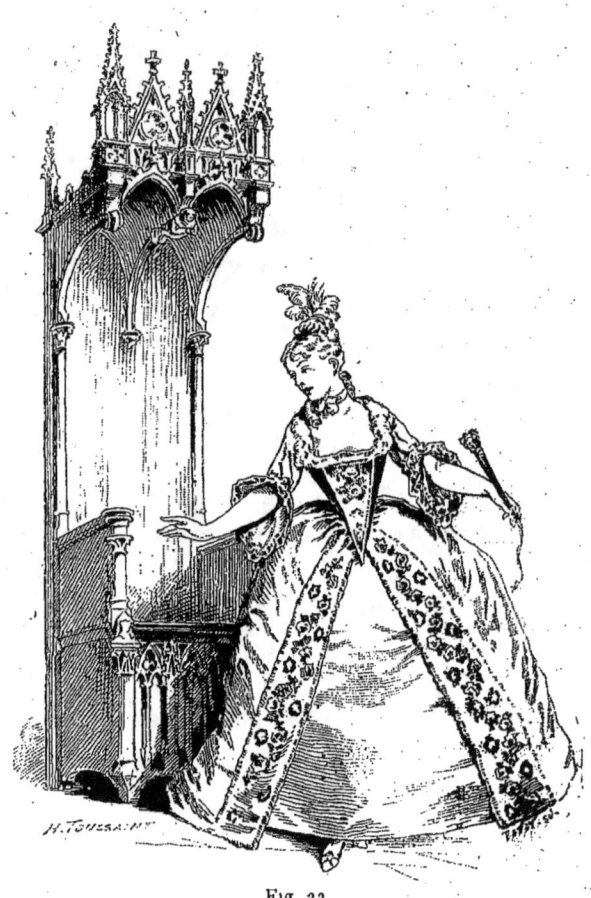

Fig. 22.
« Qui de nous oserait faire asseoir une contemporaine de
Mme de Pompadour dans un siège de l'époque ogivale? »

un siège de l'époque ogivale? Cependant, nous nous y asseyons nous-mêmes. Dans un autre ordre d'idées, est-il moins étrange de prélasser nos sombres habits noirs, étriqués et lugubres, dans des fauteuils dorés couverts d'un resplendissant velours à parterre?

Il est clair, cependant, que les sièges étaient fondés à être

plus somptueux quand ils devaient entrer en contact avec
un habit comme celui de Bassompierre, qui avait coûté
14,000 livres[1], comme l'habit de drap d'argent, brodé d'or et
doublé de martre, du marquis de Stainville, habit dont la
doublure seule valait 8,000 écus, ou encore comme celui que
le marquis de Mirepoix louait 2,000 livres à son tailleur,
pour le mettre une fois à l'arrivée de la Dauphine. Se figure-
t-on les ducs de Chartres et de Penthièvre, tout vêtus d'or
des pieds à la tête, avec leurs boutonnières brodées en dia-
mants, tels enfin qu'ils assistèrent au baptême du duc de
Bourgogne, s'asseyant dans un de nos *crapauds* contemporains, ou s'étendant dans une de nos *ganaches* en molesquine!
Sommes-nous moins extravagants, lorsque nous prélassons
nos vestons en *cheviott* dans les fauteuils reluisant de dorure
et contemporains de Mme de Pompadour, alors que cette dame
exigeait de ses invités, même aux plus intimes réceptions,
qu'ils revêtissent une sorte de livrée faite de velours pourpre
et ornée d'une broderie d'or de douze cents livres[2] ?

On comprend à quel contresens on s'expose en voulant se
montrer trop respectueux du passé. Certes, il est agréable,
pour les esprits paresseux, incertains, qui se sentent ou se
croient incapables d'efforts soutenus, de puiser à pleines
mains dans le bagage de leurs devanciers. Certes, il est commode, pour des cerveaux fatigués, de mettre à contribution
la puissance créatrice d'un Le Brun, la furie magistrale d'un

1. *Mémoires du mareschal de Bassompierre.* Amsterdam, 1692, tome Ier, p. 163.
2. Voir les *Mémoires de Barbier*, tome V, page 138. — Il nous souvient d'avoir
entendu un éminent collectionneur de ce temps reprocher amèrement à M. Talabot d'avoir mutilé le boudoir de la Duthé, dont le célèbre financier avait fait son
cabinet de travail. Aux arabesques amoureuses de Van Spaendonck, M. Talabot
avait substitué des locomotives en carton doré. L'innovation, il faut l'avouer, était
d'un effet médiocre, plus barbare que raffiné; mais n'eût-il pas été plus ridicule
encore de voir un grave ingénieur combiner ses calculs, supputer ses profits, et
recevoir ses collaborateurs entre le carquois de Cupidon et quelques duos de tourterelles roucoulantes?

Lepautre, la grâce aimable d'un Bérain, l'infatigable imagination d'un Meissonnier, ou encore la débordante fécondité d'un de Lafosse, livrant à ses contemporains et à la postérité toute une série de compositions les plus complexes, les plus variées, les plus troublantes, traduisant en trumeaux et en dessus de portes la Perse, la Chine, l'Égypte, l'Abondance, la Justice, la Magnificence et la Raison d'État, et combinant en cartouches ou en dessus de cheminées les Indes, l'Hypocrisie, l'Erreur et la Prélature. — Certes, c'est chose aisée et facile, que d'emprunter, de toutes pièces, ses crédences à Ducerceau, ses portiques à Diéterlin, ses fleurs à Ranson, ses arabesques à Claude Gillot ou Salembier, ses orfèvreries à Etienne Delaulne ou à Germain, ses sculptures à Toro, ses intérieurs à Blondel, et ses meubles à Boule, à Prieur, à Radel, à Boucher fils et à La Londe. Mais en usant de la sorte, « nous ressemblons proprement, comme dit Montaigne [1], à celuy qui ayant besoing de feu, en iroit quérir chez son voisin, et y en ayant trouvé un beau et grand, s'arresteroit à se chauffer sans plus se souvenir d'en rapporter chez soy ». Et, comme ajoute si finement ce grand penseur : « Que nous sert-il d'avoir la panse pleine de viande, si elle ne se digère, si elle ne se transforme en nous, si elle ne nous fortifie ? »

XXI. La première condition d'une habitation étant d'être habitable, le mobilier et la décoration archaïques ne doivent être employés qu'avec modération. Ils peuvent nous aider dans la composition de notre ameublement, ils ne doivent jamais s'imposer d'une façon tyrannique. Toute restitution qui a la prétention d'être pure est une sottise ou une duperie. — « Qui est-ce qui ne distingue pas la direction de l'esprit et du goût de chaque période, par les détails des ustensiles domestiques, des objets de luxe ou de nécessité, aux-

---

1. *Essais*, livre Ier, chapitre XIV.

quels involontairement l'ouvrier donne l'empreinte des formes,
des contours et des types en usage de son temps. Ne comp-
tons-nous pas les générations, si l'on peut dire, par les formes
des tables, des meubles de tapisseries [1]. » Ainsi s'expriment
deux hommes du métier, deux maîtres, dont personne n'osera
discuter la parfaite compétence.

Or, si les meubles reflètent, d'une façon si éloquente, les
mœurs qui ont présidé à leur naissance, comment a-t-il pu
nous venir à l'esprit, à nous dont les mœurs sont si différentes, d'appliquer à nos besoins un mobilier dans lequel
s'incarne un passé avec lequel nous n'avons plus que d'im-
perceptibles rapports? En quoi l'ameublement du moyen âge
peut-il nous convenir, lui qui est dessiné, combiné, construit
en vue de la fuite rapide? En quoi ce mobilier, où tout
meuble se traduit par un coffre qui peut se placer à dos de
mulet, et toute tenture en une tapisserie qui se loge dans le
coffre; en quoi cet ameublement, qui répondait à merveille
aux préoccupations d'un temps où le seigneur, changeant de
résidence, emportait avec lui tout ce qu'il possédait, et ne
trouvait nulle sécurité pour ses biens là où il n'était pas en
personne, peut-il s'adapter à nos mœurs plus calmes et à nos
habitudes casanières?

Comment l'ameublement de la Renaissance et celui du dix-
septième siècle pourraient-ils nous satisfaire davantage, eux
qui sont dessinés, combinés, construits pour de vastes appartements alors que nous en habitons d'étroits, pour de hautes
salles alors que nos plafonds sont bas, pour une société où
tout était apparat, luxe brillant, étiquette et représentation,
alors que chez nous l'apparat est banni et que l'étiquette et
la représentation ne sont plus de mise?

Si des apparences extérieures nous passions au confortable,
nous aurions bien d'autres mécomptes à enregistrer. Le

1. Voir Percier et Fontaine, *Recueil de décorations intérieures*, Paris, 1812.

moindre des petits bourgeois de nos jours est cent fois plus commodément installé que les plus grands seigneurs des siècles passés.

Nous n'avons point idée, en effet, de la gêne et du malaise auxquels nos brillants ancêtres étaient soumis. Jusqu'au seizième siècle, on conserva l'habitude de manger à deux à la même écuelle ; de là l'expression : *cum poto et cochleari*, « être à pot et à cuiller avec quelqu'un », pour dire qu'on mangeait habituellement avec lui. Quant aux fourchettes, aux nappes, aux serviettes, nous verrons, lorsque nous nous occuperons de la Salle à manger, qu'il en était à peine question. Et notez que cette habitude de manger à deux dans un même plat, habitude qui nous répugnerait singulièrement aujourd'hui, constituait un grand progrès. L'assiette commune avait remplacé, avec d'incomparables avantages d'élégance et de propreté, le morceau de pain ou de bois appelé *tranchoir* ou *tailloir*, sur lequel, dans le principe, on recevait ses aliments et qu'on jetait ensuite dans le « pot aux aumosnes » pour être distribué aux malheureux [1].

Une pareille promiscuité entraînait, on le comprend, une assez mauvaise tenue à table. On voyait des femmes de mérite, comme Mlle de Gournay, « quand les autres parloient, ôter un râtelier de dents de loup marin qu'elle avoit, et se dépêcher de doubler les morceaux, et après mettre son râtelier » pour pouvoir parler à son tour [2]. Le prince de Guéménée éclaboussait jusqu'à son chapeau, lorsqu'il mangeait de l'omelette [3]. Le chancelier Séguier était encore moins appétissant dans sa tenue. Non seulement il mangeait avec ses doigts, ce qui était général à cette époque, « mais il faisoit une capilotade du plat qu'on lui servoit..... se lavoit les mains tout à

1. Voir Viollet-le-Duc, *Dictionnaire du mobilier*, tome Ier, page 414.
2. Tallemant, tome II, page 127.
3. Tallemant, tome III, page 422.

son aise dans la sauce », et dans la plus illustre compagnie
se curait la bouche d'une façon si répugnante, que le cardinal
de Richelieu commanda à son maître d'hôtel de faire épointer
tous les couteaux, pour éviter que le chancelier ne se livrât en
sa présence à ce récurage malpropre [1].

Si une table pareille nous séduit peu, il faut bien avouer
que le lit n'est pas pour nous offrir une compensation bien
grande. Jusqu'au commencement de ce siècle, on ne connut
que la paillasse pour tout sommier. Au quinzième siècle,
« coucher sur la paille était un grand luxe [2] ». Les lits d'alors,
comme du reste tous les meubles de ce temps, étaient faits,
cela se voit assez, pour d'autres corps que les nôtres. Leurs
angles aigus, leurs dures surfaces ne peuvent satisfaire que
des gens pétris d'une pâte plus robuste. Ils sont bons pour le
repos, non pour la mollesse. Ils conviennent à des muscles
rompus aux fatigues physiques, et non pas à des formes délicates amollies par l'oisiveté.

Dans quelques instants, quand nous nous occuperons de
l'éclairage et du chauffage, nous verrons à quels autres sup-
plices étaient soumis nos malheureux ancêtres. Pauvres gens!

> C'étoient là de plaisants Héros,
> Qui n'avoient, pas même en décembre,
> De vitres pour clore leur chambre,
> Ni de chemise sur leur dos [3].

Non seulement pendant le moyen âge et la Renaissance ils
gelèrent dans les salles immenses des grands châteaux, mais encore
les veillées en hiver leur étaient en quelque sorte interdites. En
ces temps primitifs, la chandelle (il est à peine question de la bougie) constituait un luxe princier. Dans beaucoup d'habitations,
on se servait de torches de bois sec enduites de résine. Ainsi

---

1. Tallemant, tome IV, page 39.
2. Voir Baudrillart, *Histoire du luxe*, tome III.
3. Perrault, *Parallèle des anciens et des modernes*.

donc peu de lampes[1], presque point de lustres, de candé-labres, de chandeliers. Point de pendules non plus, ni d'horloges ; quant aux glaces, charmantes lectrices, retenez bien ceci, absence complète. Il faudra attendre que Henri II appelle à Saint-Germain le vénitien Teseo Mutio, ou que sous Charles IX Fabiano Salviati transporte en France sa précieuse industrie, | pour qu'elles cessent d'être un ornement quasi-royal. De petits miroirs grands comme la main, en métal et munis d'un volet, de peur que l'air à la longue n'oxyde la plaque polie, voilà tout ce qu'on avait alors. Et c'est au milieu d'un mobilier pareil qu'il nous faudrait vivre, nous, gens du dix-neuvième siècle ! La chose semble bien invraisemblable.

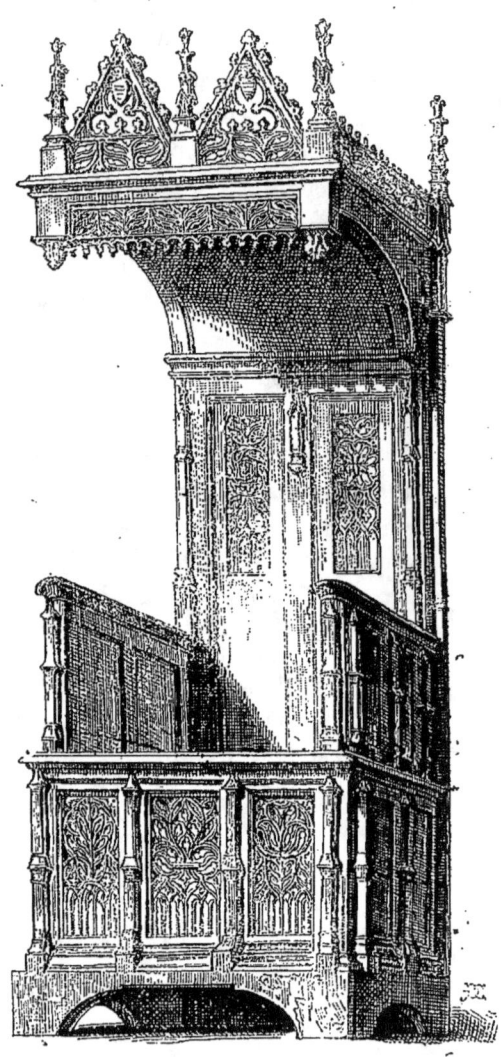

Fig. 23. — « Les meubles de ce temps étaient faits pour d'autres corps que les nôtres. »

1. Au commencement de ce siècle, on avait les yeux si mal habitués à un éclairage un peu vif, que Mme de Genlis attribue aux ravages produits par les lampes du trop fameux Quinquet la myopie de ses jeunes contemporains : « Depuis que les lampes sont à la mode, écrit cette dame, ce sont les jeunes gens qui portent des lunettes, et l'on ne trouve plus de bons yeux que parmi les vieillards, qui ont conservé l'habitude de lire et d'écrire avec une bougie voilée par un garde-vue. » (*Étiquettes de la cour*, tome Ier, page 310.)

Avec le dix-septième siècle, il est vrai, la société française commence à revêtir son caractère vraiment moderne. La vie, telle que nous la comprenons, avec ses salons, ses théâtres, ses conversations, ses promenades, prend naissance autour de l'hôtel de Rambouillet. Mais est-ce à dire que nous puissions copier encore minutieusement les aménagements de cette époque? — En aucune façon [1]. Il s'en faut de beaucoup, en effet, que les diverses pièces qui nous paraissent aujourd'hui fondamentales, qui sont à nos yeux constitutives en quelque sorte d'une habitation normale, aient régulièrement existé à ce moment. Il y a deux siècles, « les personnes les plus riches et les plus distinguées par leur rang et par leur naissance vivoient en famille, de façon que le maître, la maîtresse, les enfants et les domestiques se trouvoient réunis dans une même chambre, qui servoit à la fois de cabinet d'étude, de chambre à recevoir, de chambre à coucher, de salle à manger et même de cuisine [2] ». Allez donc avec nos goûts, nos mœurs, nos usages, tabler sur un amalgame pareil.

Même dans les palais royaux, une confusion singulière se produisait. En 1755, le duc de Luynes, mal édifié sur le nom des diverses pièces dont se composait l'appartement du roi et sur leur destination respective, questionna M. de Gesvres, qui était fort au courant du service de la cour. « Après le lever du Roi, lui répondit ce haut personnage, les huissiers de la chambre du Roi vont garder la salle du trône, qui devient

---

1. Un seul détail de mœurs nous montrera à quels obstacles nous ne manquerions pas de nous heurter. « A Versailles, écrit Viollet-le-Duc, les seigneurs de la cour de Louis XIV se trouvaient dans la nécessité de se mettre à leur aise dans les corridors, faute de cabinets... Un jour, que nous visitions, étant très jeune, le palais de Saint-Cloud, avec une respectable dame qui avait connu la cour de Louis XV, passant près d'un couloir empesté, elle ne put retenir cette exclamation de regret: « Cette odeur me rappelle un bien beau temps! » (*Dictionnaire d'architecture*, tome VI, page 163.)

2. *Mémoire dans lequel on cherche à déterminer quelle influence les mœurs des Français ont sur leur santé*, par M. Maret. Amiens, 1762, page 106.

chambre du Roi, et l'huissier du cabinet s'empare de la porte
de cette pièce où le Roi couche, et alors cette pièce devient
cabinet du Conseil, où les personnes qui ont les entrées du
Conseil entrent. Quand le Roi sort de son arrière-cabinet,
alors tout le monde sort de cette pièce, qui devient cabinet
des Perruques. Quand le Roi est poudré et accommodé, il

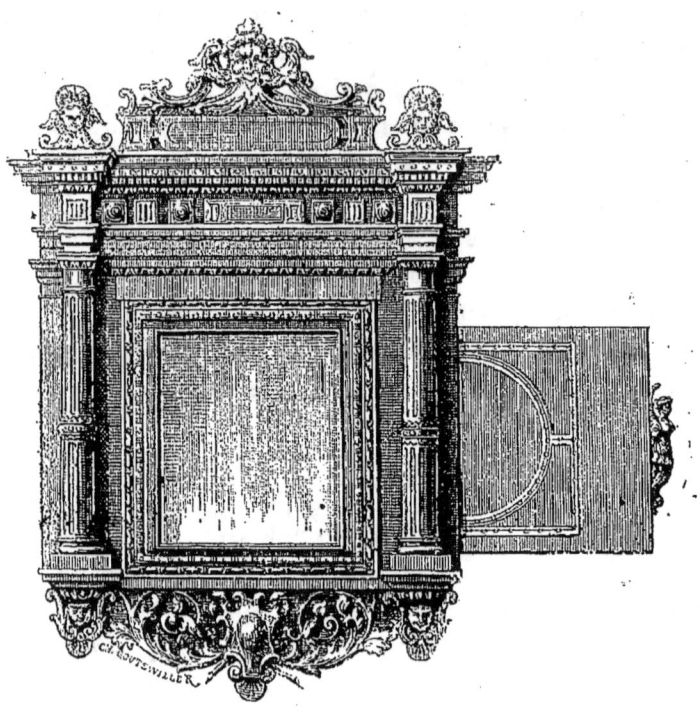

Fig. 24. — Petit miroir à volet, du seizième siècle.

entre dans l'intérieur; alors cela redevient cabinet du Conseil, et ceux qui ont attendu dans la pièce des Chiens restent dans cette pièce, où le Roi couche, laquelle change à tout
moment de dénomination [1]. » Le duc de Luynes voulut bien se
déclarer satisfait de cette explication, je souhaite qu'elle vous
satisfasse pareillement.

En tout cas, elle doit nous prouver combien il serait im-

1. *Mémoires du duc de Luynes*, tome XIV, page 168.

prudent de prétendre restituer intégralement un appartement
dans un style défini; car, alors même qu'on parviendrait à
composer une pièce d'une pureté parfaite, celle-ci détonnerait
forcément avec la pièce voisine, nécessairement conçue dans
un autre esprit. Or, il faut bien se convaincre qu'il n'est pas
plus ridicule de placer un petit meuble Renaissance à côté
d'un fauteuil Louis XIV, que de passer d'un salon Louis XVI
dans une salle à manger Henri II. Mais, du reste, quand
bien même nous parviendrions à résoudre ce difficile problème, irons-nous, pour rester purs, nous soumettre à toutes
les misères auxquelles nos ancêtres étaient soumis? — Assurément non, car ce serait une duperie. En admettant que nous
consentissions d'être dupes, ne serait-ce pas assez de nos vêtements modernes, pour détonner dans cet ensemble d'un
archaïsme parfait? Et si nous étions assez épris de purisme
pour endosser un costume du temps, pourrions-nous obliger
nos amis à une mascarade pareille et exiger de nos visiteurs
une perpétuelle tenue de carnaval? — Le supposer serait folie.

XXII. L'HARMONIE GÉNÉRALE D'UNE PIÈCE RÉSULTANT, TOUT
D'ABORD, DE SES BONNES PROPORTIONS, IL IMPORTE AVANT TOUT,
DANS LA CONSTRUCTION ET LA DISTRIBUTION D'UNE HABITATION, DE
RÉGLER LES DIMENSIONS EXACTES, LARGEUR, LONGUEUR, HAUTEUR,
QUE DOIT NORMALEMENT AFFECTER CHAQUE PIÈCE; CAR, UNE PIÈCE
TROUVE L'EXPRESSION DE SON CARACTÈRE DANS LE RAPPORT DE SES
DIMENSIONS. — Étant admis que l'habitation doit être édifiée
et distribuée pour la plus grande commodité de l'habitant, et
non pas suivant un ensemble d'usages en cours à une époque
où nous n'avions pas (et pour cause) voix au chapitre, le premier point qui doit nous préoccuper dans l'aménagement de
cette habitation, c'est que les diverses pièces dont elle se compose soient, comme dimensions et comme proportions, en harmonie avec l'emploi auquel elles sont destinées. Il est clair,

en effet, qu'un salon, où nous devons recevoir beaucoup de monde, doit être plus vaste qu'une chambre destinée à nous abriter seul, et qu'au contraire un cabinet, où nous ne passons que quelques instants, doit être d'une moindre étendue que les pièces où s'écoule une partie de notre vie.

La forme, en outre, doit varier avec la destination. On comprend aisément que certaines proportions s'imposent d'elles-mêmes ou sont dictées par le meuble principal, qui donne à la pièce sa signification précise. Ainsi l'on conçoit qu'un cabinet de toilette doit être moins allongé qu'une chambre à coucher, et qu'une antichambre, pour être belle, doit être presque carrée.

Ces précautions sont la conséquence directe de ce principe, que le rapport existant entre les dimensions d'une pièce imprime à celle-ci son véritable caractère.

XXIII. LES TROIS DIMENSIONS, HAUTEUR, LARGEUR, PROFONDEUR, RÉPONDENT RESPECTIVEMENT A DES IDÉES D'ÉLÉVATION, DE STABILITÉ, DE MYSTÈRE. — Les dimensions s'exprimant par des lignes généralement simples ont tout naturellement, et comme les lignes dont elles se composent, un langage et une signification. Voici pourquoi, suivant que l'une de ces dimensions prime les autres, le caractère de la pièce change et se modifie. Faut-il un exemple ? A mesure que le plafond s'élève, les lignes verticales augmentent d'importance ; leur signification s'accroît et prédomine ; dès lors l'ensemble de la pièce prend un caractère de majesté, d'élévation, qu'elle n'avait pas auparavant. Si, au contraire, c'est en largeur que le développement se manifeste, les lignes horizontales deviennent plus expressives, et alors ce sont les idées de calme, de tranquillité, de stabilité, qui se font jour. La profondeur s'accentue-t-elle d'une façon particulière, à mesure que la muraille s'éloigne, la partie qui l'avoisine devient moins visible, plus incertaine, et par conséquent plus mystérieuse. La première loi à observer est donc de bien régler les dimensions de nos diverses pièces, puisque ces dimensions ont une influence si décisive sur leur caractère.

XXIV. SACRIFIER UNE DES TROIS DIMENSIONS, C'EST ACCROITRE PROPORTIONNELLEMENT LES DEUX AUTRES. — Dans l'édification d'une maison, on se heurte souvent à des exigences de construction, ne permettant pas d'accorder aux pièces les dimensions théoriques que comporte leur caractère. On conçoit, en effet, que si l'on est forcé de placer côte à côte deux chambres dont l'une doit paraître beaucoup plus élevée que l'autre, pour obtenir matériellement et brutalement ce résultat, on se verrait entraîné à créer des différences parfois considérables de niveau dans le plancher des étages supérieurs, différences qui, non seulement nuiraient à la solidité générale de la maison, mais encore, dans les grandes villes, rendraient les immeubles absolument impraticables. Pour parer à cette impossibilité, sans renoncer pour cela à imprimer à la pièce le caractère qu'on veut lui donner, on a remarqué que sacrifier une des trois dimensions, c'est accroître proportionnellement les deux autres.

C'est ainsi que, plus une pièce est étroite, et plus elle paraît profonde; et que, moins une pièce est haute, et plus elle paraît large. De même, pour la faire paraître plus haute, il suffit d'en diminuer l'étendue. On pourra donc, en sacrifiant habilement une des trois dimensions, arriver le plus souvent à donner approximativement à la pièce que l'on décore l'aspect général que sa destination réclame.

XXV. QUAND LES DIMENSIONS SONT CONCORDANTES, IL ARRIVE QU'ELLES SE RACHÈTENT L'UNE L'AUTRE, ET DÈS LORS ELLES SE NEUTRALISENT. L'ÉGALITÉ DES LIGNES ET DES SURFACES ENGENDRANT FORCÉMENT LA MONOTONIE, TOUTE SURFACE PRÉSENTANT UN CARRÉ

PARFAIT DOIT ÊTRE BANNIE DE LA DÉCORATION, COMME CAPABLE D'ATTÉNUER LE CARACTÈRE ET LA GAIETÉ DE LA PIÈCE. — Supposons une pièce représentant un cube parfait ; toutes ses dimensions sont égales. Quel sera le caractère de cette pièce ? Elle n'en aura aucun. Elle ne provoquera en nous ni un sentiment d'élévation puisqu'elle ne sera pas élevée, ni des idées de stabilité puisqu'elle ne sera pas large, ni une sensation mystérieuse puisqu'elle ne sera pas profonde. Ses dimensions, étant devenues concordantes, se neutralisent ; dès lors elle abdique tout caractère et devient d'une monotonie fâcheuse. Voilà pourquoi le carré parfait, qui exprime seulement l'unité, c'est-à-dire un seul des caractères de la beauté dans la décoration, doit être autant que possible remplacé par le rectangle, qui exprime la variété dans l'unité.

XXVI. LORSQU'ON SE TROUVE EN PRÉSENCE DE SURFACES LIMITÉES, ET DONT LES PROPORTIONS NE PEUVENT ÊTRE CHANGÉES, ON PEUT ARRIVER, PAR D'INGÉNIEUX ARTIFICES, A EN MODIFIER LA FORME APPARENTE ET A EN TRANSFORMER L'ASPECT. — Les principes que nous venons d'exposer sont relativement faciles à observer, et les précautions que leur application nécessite sont aisées à prendre lorsqu'on fait édifier un hôtel ou une maison. Mais si, au lieu de construire nous-mêmes, nous devenons possesseurs d'un immeuble tout construit ; si, dans cet immeuble, il se rencontre de ces surfaces fautives ou des pièces dont le caractère est en contradiction avec la destination que nous prétendons leur attribuer, en résultera-t-il que nous soyons obligés de changer cette destination, ou de subir des proportions que nous avons déclarées condamnables ? — En aucune manière. Il est, dans ce cas, certains stratagèmes ingénieux, auxquels on peut avoir recours, et qui modifient d'une façon sensible, la dimension apparente des surfaces que nous avons sous les yeux. Il est clair, par exemple, que les deux figures

25 et 26, représentant l'une et l'autre un carré parfait, per-
dent leur caractère de monotonie dès qu'elles sont coupées de
lignes les divisant, soit dans le sens de la hauteur, soit dans
celui de la largeur. Dans l'un des deux cas, le carré paraît
s'être élargi; dans l'autre, au contraire, il paraît s'être élevé.
Dans tous les deux, il a cessé d'être monotone. Passons à
l'application de cette remarque. Nous voici en face d'une paroi
(fig. 27) qui présente un carré parfait. Eh bien ! il suffira de
diviser notre surface en trois parties bien distinctes pour que
cette division en trois parties, fournissant la décoration, nous
fasse oublier les dimensions primitives de la paroi et sa régularité déplaisante.

XXVII. La PRÉDOMINANCE DONNÉE DANS LA DÉCORATION, A
CERTAINES LIGNES, PEUT CRÉER UNE ILLUSION ET MODIFIER LES PRO-
PORTIONS APPARENTES D'UNE SURFACE FIXE. AINSI, TOUTE DÉCORA-
TION VERTICALE A POUR EFFET DE FAIRE PARAITRE UNE PIÈCE PLUS
HAUTE, TOUTE DÉCORATION HORIZONTALE, AU CONTRAIRE, A POUR
RÉSULTAT DE LA FAIRE PARAITRE PLUS BASSE ET PLUS ÉCRASÉE. —
Ce que nous venons d'établir dans la précédente proposition
ne s'applique pas uniquement au carré parfait, mais à toutes
les surfaces, quels que soient du reste les rapports existant
entre leurs dimensions. Qu'une paroi se trouve être trop
étroite ou trop large, relativement au rôle que nous lui assi-
gnons, nous pourrons, par un procédé analogue, en modifier
l'étendue apparente. Pour atteindre ce but, nous n'aurons
qu'à multiplier les divisions décoratives, soit en hauteur, soit
en largeur; car la prédominance de l'horizontalité des lignes
décoratives a pour résultat de faire paraître la surface décorée
plus pesante, c'est-à-dire plus large, alors que celle de la verticalité a pour effet, au contraire, de les resserrer et de faire
paraître la paroi qui les porte plus svelte, c'est-à-dire plus
étroite.

Ces mêmes observations nous permettront également de faire varier la hauteur apparente d'une pièce. Cette pièce

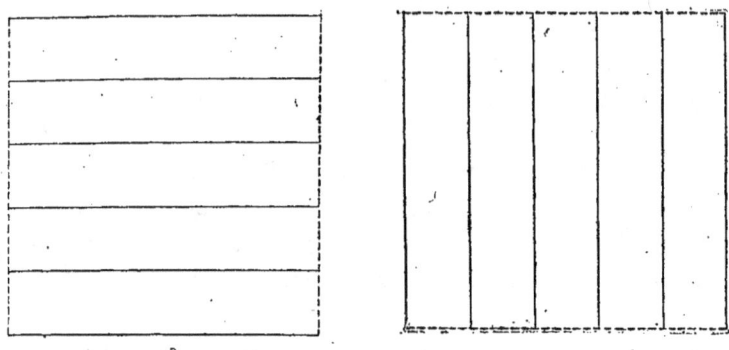

Fig. 25.   Fig. 26.

est-elle trop haute? Nous pouvons en atténuer l'élévation par une division des murailles en larges panneaux. En dévelop-

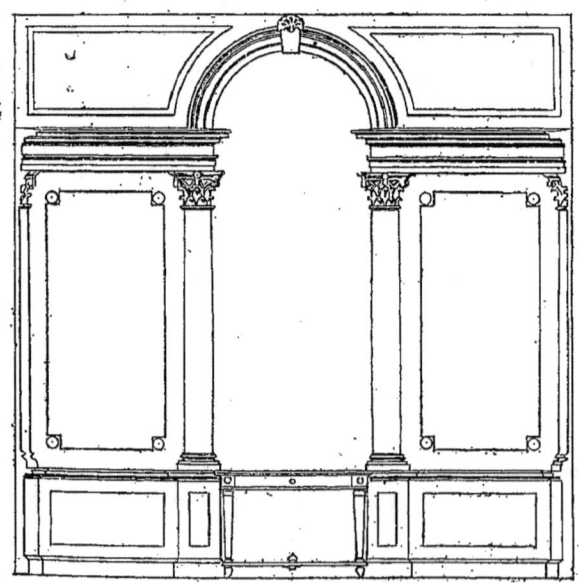

Fig. 27.

pant les moulures de la corniche, en donnant beaucoup d'im-portance à celles des plinthes, en un mot en multipliant les

lignes horizontales, nous arrivons, en effet, à créer une illusion
qui nous rend la vérité moins déplaisante.

La pièce est-elle trop basse? Ce sont, au contraire, les lignes

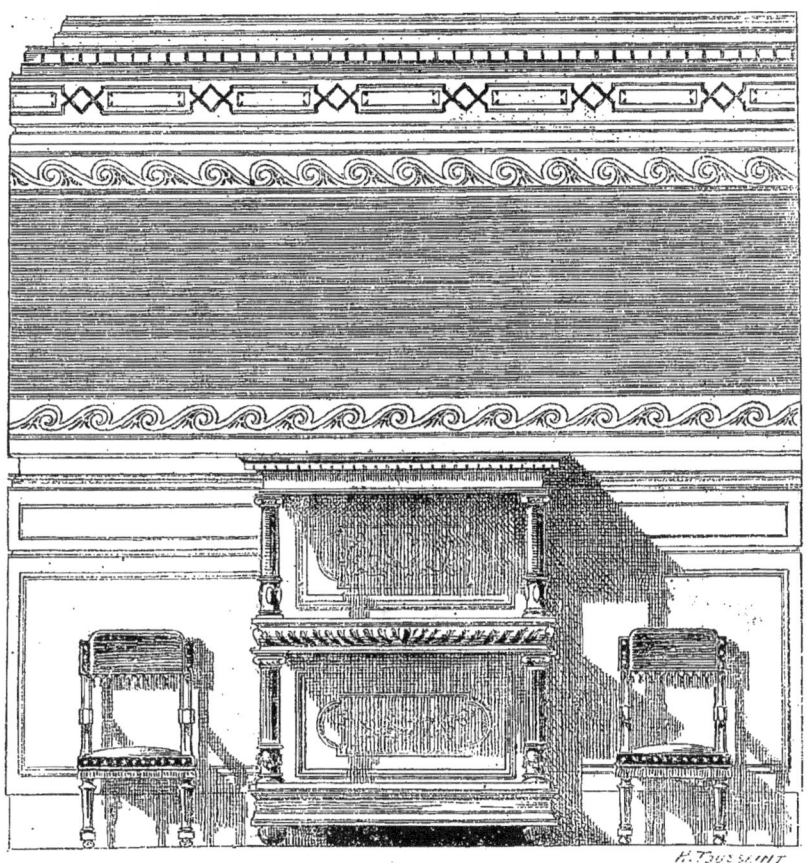

Fig. 28. — Exemple de l'écrasement apparent d'une pièce, produit par la prédominance
des lignes horizontales.

verticales qu'il faut prodiguer. Nos panneaux devront être plus
hauts que larges. Nous supprimerons les lambris d'appui, les
plinthes, les cymaises, et nous réduirons la corniche à sa plus
simple expression. Bien mieux, en faisant mordre notre cor-

niche sur le plafond, nous diminuerons celui-ci, de façon
que, paraissant plus petit, il nous semblera placé à une plus
grande distance. Nos deux figures 28 et 29, qui occupent

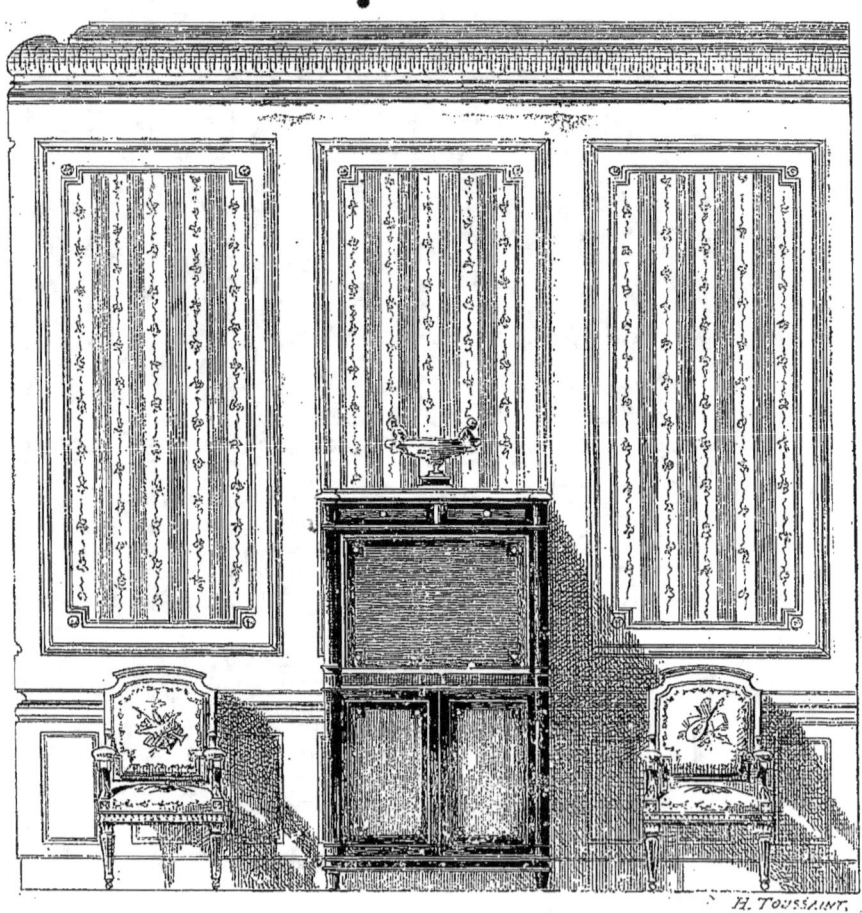

Fig. 29.—Exemple de l'élévation apparente produite dans une pièce par la prédominance
des lignes verticales.

exactement la même surface, montrent quel parti on peut tirer
de la prédominance donnée, dans un sens ou dans l'autre,
aux lignes principales. Elles prouvent comment, à l'aide
d'adroits artifices, on parvient, sans toucher aux murs, à

transformer certaines surfaces et à modifier, pour l'œil, les
dimensions apparentes d'une chambre ou d'un salon.

XXVIII. LES COULEURS PEUVENT ÉGALEMENT, DANS UNE LARGE
MESURE, CONTRIBUER A MODIFIER LA DIMENSION APPARENTE DES
PIÈCES ET A CHANGER LES PROPORTIONS DES SURFACES. — Les
lignes ne sont pas la seule ressource que nous offre la décoration, pour nous permettre de modifier la surface apparente
des objets. Les couleurs peuvent, elles aussi, nous être d'un
puissant secours. En nous appuyant sur cette double constatation physique : 1° que les surfaces ou les objets colorés de
nuances très claires paraissent, à dimensions égales, toujours
plus grands que ceux teintés de noir ou de brun ; 2° que les
surfaces ou les objets nous semblent d'autant plus petits qu'ils
sont plus éloignés ; nous nous trouvons tout de suite en
possession d'un premier moyen d'agrandir ou de rétrécir,
dans une certaine mesure, la pièce que nous décorons.

Suivant, en effet, que nous tiendrons la coloration murale
plus ou moins foncée, la paroi pourra sembler plus ou moins
grande, et par conséquent plus ou moins près de nous. La
même règle s'applique au plafond, qui nous paraîtra sensiblement plus éloigné, c'est-à-dire plus élevé, s'il est d'une couleur légèrement foncée, que s'il est simplement badigeonné de
blanc. Ces observations réclament beaucoup de prudence dans
leur application, parce que les couleurs valent par leurs qualités propres, et encore par les qualités de celles qui les avoisinent.

XXIX. LES COULEURS, COMME LES LIGNES, EXPRIMENT UN LAN-
GAGE. COMME ELLES, ELLES PEUVENT, PAR LEUR VOISINAGE ET LEUR
OPPOSITION, S'AFFIRMER OU SE CONTREDIRE. ELLES PEUVENT, HABILE-
MENT GROUPÉES, PRODUIRE DE SAVANTES HARMONIES OU, RÉUNIES
SANS ART, AMENER UN EFFET CRIARD ET DISCORDANT. — « Il est

certain que les couleurs influent sur nous au point de nous égayer ou de nous attrister, suivant les nuances, » écrit un humoriste célèbre, qui était en même temps un homme d'infiniment d'esprit [1]. « Il y a des couleurs gaies, des couleurs tristes, écrit de son côté un artiste de talent, dans un ouvrage rempli de vues ingénieuses [2], et ce n'est pas par pure convention qu'elles servent d'emblème à divers sentiments. » Après ce double aveu, nous serions bien mal venus à nier que les couleurs aient un langage. Chaque couleur, comme chaque mot en littérature, comme chaque note en musique, a donc sa signification particulière; et ce n'est pas sans motif qu'on se réjouit, Mademoiselle, de vos idées *couleur de rose*, ou qu'on se plaint, Monsieur, de ce que vous voyez *tout en noir*. Mais là ne se borne pas la similitude. Chaque couleur, comme chaque mot ou chaque note, prend une signification nouvelle et modifie son sens propre, suivant le voisinage immédiat auquel elle est soumise. Mettrez-vous, Madame, votre jolie capote ponceau avec une robe noire ? — Assurément. — Et avec votre robe bleu hussard ? — En aucun cas. — Pourquoi cela? — Parce que le velours ponceau *va bien* avec le satin noir et *ne va pas* avec le bleu-hussard. — Ainsi donc, il y a, vous le reconnaissez, des couleurs qui *vont* ou *ne vont pas* ensemble ; comme il y a, en musique, des accords et des notes discordantes ? — Cela est évident. — Eh bien! les cacophonies étant aussi dangereuses dans une décoration que dans une symphonie, il est donc indispensable d'apporter, non seulement un très grand soin dans le choix des couleurs, mais encore la plus grande prudence dans leur rapprochement.

XXX. LES RAPPORTS DES COULEURS ENTRE ELLES SONT RÉGLÉS THÉORIQUEMENT PAR DES LOIS FIXES, MAIS DANS LA PRATIQUE, CES

---

1. Xavier de Maistre, *Voyage autour de ma chambre*, chapitre XI.
2. Laurens, *Études théoriques et pratiques sur le beau pittoresque*, page 14.

LOIS SONT SUJETTES A MILLE DÉROGATIONS DONT IL FAUT TENIR
COMPTE. UN DES ÉLÉMENTS LES PLUS IMPORTANTS DONT ON DOIVE
SE PRÉOCCUPER DANS LA DÉCORATION CONSISTE DANS LA VALEUR DE
CHAQUE TON, C'EST-A-DIRE DANS LA SOMME D'OMBRE ET DE LUMIÈRE
CONTENUE DANS CE TON. — La science a divisé la lumière visible, c'est-à-dire la fraction lumineuse perceptible par nos
yeux, en trois couleurs primitives, le rouge, le jaune et le
bleu, et en trois couleurs secondaires, l'orangé, le vert, le
violet, ces dernières résultant d'un mélange *binaire*, c'est-à-
dire de l'accouplement, de l'union de deux couleurs primitives.

Elle a établi, ensuite, que tous les objets dont nous perce-
vons l'image ne nous paraissent diversement colorés, que parce
que chacun d'eux absorbe une certaine partie du faisceau lumineux, et ne rayonne qu'un nombre restreint des vibrations
qui l'éclairent. Ainsi, une étoffe rouge ne nous paraît telle,
que parce qu'elle absorbe tous les rayons bleus, violets, jaunes,
orangés et verts, et ne nous rend que les rayons rouges. De
même pour une étoffe bleue, une feuille verte, une pierre vio-
lette, une orange, etc.

Si, après avoir séparé, à l'aide du prisme, les diverses couleurs qui composent la lumière, on réunit, à l'aide d'un autre
prisme, ces mêmes couleurs, de façon à reconstituer le faisceau,
on retrouve la lumière blanche. Le blanc, comme l'a reconnu
Newton et comme, deux siècles avant lui, Léonard de Vinci
l'avait proclamé[1], n'est donc pas une couleur par lui-même,
mais un composé de toutes les couleurs.

On peut, du reste, se rendre compte de cette décomposi-
tion et de cette recomposition du blanc, par une petite expérience aussi simple que facile. Il suffit de disposer sur le
disque d'une roulette, ou à défaut de roulette, d'un tourniquet
quelconque, les six couleurs de l'arc-en-ciel, en égale étendue,
et de façon qu'elles se suivent dans l'ordre indiqué par le

1. « *Il bianco non è per se colore, ma il ricetto di qualunque colore.* »

prisme. Cela fait, on anime le disque d'un mouvement très rapide de rotation, et les couleurs se fondant, la plaque apparaît, non plus teintée en six couleurs, mais seulement d'un blanc légèrement sale, très caractéristique. Par le même procédé, on peut se convaincre que les couleurs intermédiaires, orangé, vert et violet, sont uniquement le résultat d'un mélange et n'ont aucune origine propre; car, si on les supprime, et si l'on se contente de couvrir le disque des trois couleurs primitives, rouge, jaune et bleu, également réparties, on obtient pareillement une coloration blanche. Enfin, ce même résultat peut encore s'obtenir d'une troisième façon, et en réduisant à deux le nombre des couleurs placées sur le disque, à condition que l'une des couleurs soit primitive, et que la seconde soit le mélange binaire, formé par les deux autres couleurs. A cause de cela, cette seconde couleur est qualifiée complémentaire de la première. C'est ainsi que l'orangé est complémentaire du bleu, le vert du rouge et le violet du jaune [1].

Voilà ce qu'explique la science. L'expérience, de son côté, a démontré que les trois couleurs primitives à l'état cru, c'est-à-dire sans mélange aucun et à intensité égale, sont sans harmonie entre elles, soit qu'on les considère par paire, soit qu'on les envisage toutes les trois ensemble. Le jaune, par exemple, vu à côté du bleu, ou le rouge étendu à côté du jaune, forment un assemblage sans liaison. Si, au contraire, on place une couleur auprès de sa complémentaire, elle s'exalte. Un violet soutaché d'or devient plus éclatant, un rouge bordé de vert prend une intensité plus grande, et réciproquement. Enfin, quand deux tons participent d'une même couleur, généralement ils s'harmonisent.

---

1. C'est à une opération de cette nature que se livrent les blanchisseuses et les raffineurs de sucre. Le sucre, comme le linge, étant d'un blanc jaune, tirant sur le roux (orangé), on arrive à les rendre tous deux d'une blancheur parfaite en leur adjoignant une petite quantité de bleu, qui est la couleur complémentaire de celle qui leur est naturelle.

Il n'est pas de femmes qui ne sachent admirablement cela, et voilà pourquoi les brunes aux carnations chaudes choisissent pour leur parure habituelle le jaune, l'orangé, le rouge et le brun, alors que les blondes, aux yeux bleus et aux fraîches carnations, accordent leurs préférences au bleu et au rose.

Par la même raison, le blanc et le gris [1], qui participent de toutes les couleurs, s'harmonisent également avec toutes, il en est de même pour le noir qui est leur négation. C'est ce qui explique comment le liséré blanc produit, dans la toilette féminine par une délicate dentelle, dans celle de l'homme par la manchette ou le faux col, arrive le plus souvent à accorder deux couleurs, qui, sans cela sympathiseraient médiocrement entre elles; et aussi comment, dans certaines peintures, et notamment dans les vitraux, le trait noir qui cerne les figures atténue dans une très vive mesure le caractère discordant de deux couleurs primitives juxtaposées.

Telles sont les vérités scientifiques qui jaillissent en quelque sorte des observations de Léonard de Vinci, de Charles Bourgeois [2], de Gœthe [3], de Eugène Delacroix [4] de J.-B. Laurens [5], et des belles découvertes de Newton, de Helmholtz, de Vogel, surtout de celles de M. Chevreul [6].

Il semble, après cela, qu'en possession de ces vérités scientifiques, il soit assez facile de déterminer, avec une rectitude presque mathématique, quelles couleurs peuvent et doivent être associées ensemble pour obtenir un effet cherché, et com-

---

1. Les divers gris ne sont que le résultat, plus ou moins heureux, d'un mélange inégal des trois couleurs fondamentales; comme tels, ils jouissent aussi de cette prérogative de s'accorder avec toutes les couleurs.

2. Voir son *Mémoire lu à l'Académie des sciences le 22 juillet 1812* et aussi son *Manuel d'optique expérimentale.*

3. Voir Eckermann, *Conversations de Gœthe.*

4. Voir ses conversations avec M. Ch. Blanc, *Grammaire des arts du dessin,* page 604 et suivantes.

5. Voir *Études théoriques et pratiques sur le beau pittoresque dans l'art du dessin.*

6. Voir *Loi du contraste simultané des couleurs.*

ment cette association doit se produire, pour que le résultat voulu puisse être exactement atteint. Malheureusement, dans la pratique, les choses se passent beaucoup moins rigoureusement que dans la théorie. Tout d'abord, il arrive qu'on a bien rarement affaire à des couleurs crues, c'est-à-dire sans mélange, et se produisant avec une intensité moyenne. Les couleurs avec lesquelles nous nous trouvons aux prises sont toujours plus ou moins *rompues* par l'adjonction d'autres couleurs, en outre elles contiennent une somme de lumière ou d'obscurité plus ou moins grande. Or, cette somme de lumière ou d'obscurité, qu'on nomme la *valeur* et qui détermine le ton de la couleur, a parfois une telle influence sur celle-ci, que le ton arrive à dominer la couleur et à produire des accords inattendus.

Ainsi le jaune et le bleu, couleurs primitives, sympathisent assez mal quand elles sont rapprochées à égales valeurs ; cependant, un jaune très clair, mis à côté d'un bleu très foncé, produit une harmonie des plus agréables ; pareillement, un jaune paille mis en présence d'un bleu presque déteint produit une harmonie charmante. Il en est de même pour le rose et le bleu très clair, quoique les couleurs qui leur donnent naissance, le rouge et le bleu, soient antipathiques l'une à l'autre.

Ainsi, par des contrastes bien choisis de lumière et d'ombre, on peut, non seulement atténuer heureusement les mauvais rapports de certaines couleurs, mais encore éveiller entre elles une sympathie qui les rende agréables. Bien mieux, on parvient même de la sorte à donner à certains tons un aspect absolument différent de celui qui leur est propre. Les peintres, par exemple, savent parfaitement que lorsque la couleur dominante d'un tableau est un jaune ou un rouge puissant, toutes les parties teintées en gris deviennent bleues. Or, ce qui se produit dans la peinture a lieu également dans la vie réelle, et pour l'éprouver, nous n'avons qu'à observer avec attention les mille et un spectacles qui défilent chaque jour autour de nous.

Vous sortez dans la rue, cher lecteur, le temps est beau, le soleil caresse de ses rayons une belle affiche verte. Vous vous approchez de l'affiche, vous la lisez avec attention, une minute, deux minutes se passent, vous regardez ensuite autour de vous, tout vous paraît rouge incandescent. Pourquoi cela ? Parce que le rouge est la couleur complémentaire du vert, et que toute contemplation un peu attentive d'une couleur franche provoque chez nous l'apparition de sa complémentaire. Vous brodez un coussin rouge, chère lectrice, vous l'avez fixé pendant dix minutes sans lever la tête, une personne entre, votre sœur, votre fille, votre mère : « Eh! qu'avez-vous donc ? vous écriez-vous ; quelle mine! quel teint! êtes-vous malade ? » La personne que vous questionnez s'approche de la glace et vous répond : « Mais non, je n'ai pas mauvaise mine et ne me suis jamais mieux portée. » De votre côté, vous insistez et vous avez raison. Sa figure, en effet, vous paraît livide, verdâtre, cadavérique. Pourquoi cela? Parce que le vert est la couleur complémentaire du rouge que vous avez trop longtemps fixé.

Voulez-vous rendre plus frappante encore cette expérience. Reprenez la roulette ou le tourniquet dont nous nous sommes servis il n'y a qu'un instant. Au lieu de colorer le disque entièrement et avec plusieurs teintes, comme nous avons fait tout à l'heure, couvrez-le seulement avec une couleur, et jusqu'à moitié de sa largeur, laissant en blanc, autour du rond central, une large bande circulaire. Maintenant imprimez un rapide mouvement de rotation à l'appareil. Le disque coloré gardera sa couleur, mais la bande blanche perdra la sienne, et la nuance dont elle se colorera sera justement la complémentaire du ton central.

Retenez bien le sens et la portée de cette petite expérience, car elle peut vous être, par la suite, d'un très grand secours. Elle vous permettra, en effet, chaque fois que vous le souhaiterez, de découvrir sans effort la nuance dont le rapprochement est plus propre à faire ressortir la couleur que vous voulez employer ; et les chances d'erreur sont ici d'autant moins grandes, que vous pouvez toujours faire la preuve de votre première expérience. Il vous suffit, pour cela, de superposer, par portions égales, cette couleur nouvelle sur celle qui l'a fait naître, et de vous assurer si, fondues par la rotation, elles produisent du blanc ou un gris très accusé.

XXXI. Le choix des couleurs ne doit jamais être abandonné a l'improvisation. Il doit être, au contraire, l'objet d'une attention spéciale et de précautions infinies. — La petite digression expérimentale à laquelle nous venons de nous livrer montre, aussi bien qu'un long traité scientifique, combien notre organisme, tout parfait qu'il puisse être, est sujet à l'illusion, et combien dans le courant de la vie il nous faut tenir compte de ces illusions, les contrôler et au besoin les rectifier, pour ne pas commettre de constantes erreurs. Dans l'ameublement, les occasions de se tromper étant encore plus fréquentes, car on les provoque en quelque sorte, il importe donc de redoubler de précautions.

Voulons-nous nous convaincre de la nécessité de ces précautions spéciales? Prenons une pièce, un salon, dont les rideaux sont d'un rouge ardent, cerise, grenat ou cramoisi. Le soleil entre gaiement dans ce salon, et sa lumière, qui se joue sur les meubles et les tapis, nous semble d'un beau blanc, bien transparent et bien clair. Tirons nos rideaux. — Voilà qui est fait. — L'obscurité règne dans notre pièce. Écartons-les maintenant légèrement au centre, de façon à laisser filtrer seulement un petit rayon du diamètre d'une pièce de cinq francs. A un mètre de son point de départ, recueillons ce rayon lumineux sur une feuille de papier ou sur un écran bien blanc. De quelle couleur sera ce rayon? Sera-t-il encore incolore? — Non, il sera vert. Ainsi donc, il a suffi que notre filet lumineux passât dans le voisinage de deux surfaces rouges pour qu'il prît à nos yeux une coloration complémentaire du rouge; et, quand nous choisissons ici des rideaux cerise ou grenat, il va sans dire que c'est simplement parce que le résultat obtenu est plus saisissant. Toute autre couleur produirait un effet de même nature[1].

Eh bien! cette coloration, qui nous frappe si vivement lorsque notre rayon est condensé, concentré sur un petit espace, va-t-elle cesser lorsque nous donnerons un plus libre accès au jour? — Non pas; elle cessera, il est vrai, d'être sensible pour notre œil; mais elle n'en continuera pas moins de se manifester par les modifications qu'elle fera subir à la tonalité des murailles ou des objets répartis dans notre pièce, et par les redoublements d'harmonie ou par le désaccord qui pourront advenir entre les diverses nuances de ces objets, sans que nous ayons conscience, toutefois, de leur cause primordiale. Au point de vue des couleurs, il se produit, en effet, dans notre système optique une sorte d'*accommodation* constante, qui nous amène insensiblement à transposer toute une gamme de couleurs, comme un enfant transpose un air pour l'accommoder à sa voix, sans se douter de l'opération musicale à laquelle il se livre. C'est ainsi que le soleil couchant, empourprant l'horizon, éclaire les divers objets à sa portée d'une lumière d'un rouge intense, et cependant cette lumière nous paraît seulement être dorée. De même, si nous séjournons dans une chambre éclairée par un vitrail légèrement teinté, au bout d'un temps relativement très court, nous perdons la sensation de cet éclairage insolite et nous continuons à percevoir la couleur du vitrail, mais non plus celle qui teinte les divers objets répartis dans la pièce; et ces derniers, pourvu qu'ils ne soient pas sous l'action directe d'un rayon de soleil, nous semblent revenus à leur coloration naturelle.

---

1. Cette curieuse expérience a été indiquée par Monge dans sa *Géométrie descriptive*, mais sans que l'illustre savant en ait tiré les enseignements qu'elle comporte.

On voit par là combien ces petits problèmes sont délicats, et quelle discrétion, quel soin, il faut apporter à leur solution. Peut-être pourrait-on parvenir à les résoudre scientifiquement, si l'on n'avait à compter qu'avec des modifications provenant des vitrages et des rideaux, c'est-à-dire de causes intérieures; mais il s'en faut de beaucoup que le rayon lumineux nous arrive du dehors à l'état de pureté absolue. A la campagne, aussi bien que dans les villes, il n'est peut-être pas une maison, pas un appartement, pas une pièce, où la lumière pénètre à l'état pur, c'est-à-dire à l'état blanc et sans avoir été préalablement plus ou moins modifiée par des reflets. A la campagne, elle s'est colorée en filtrant à travers un grand arbre, en frôlant une pelouse, une corbeille fleurie, le sable de l'allée. A la ville, ce sont les constructions voisines qui l'ont plus ou moins altérée. Suivant que la maison qui nous fait vis-à-vis est en briques ou en pierres, la modification subie par le rayon lumineux est différente. En mer même, on n'échappe pas à ces complications, le plus souvent impossibles à prévoir. Le mont Saint-Michel, sur son rocher de granit, isolé au milieu de l'eau, en offre un frappant exemple. Deux cellules qui se succèdent y sont éclairées, à certaines heures du jour, la première par une lumière ambrée, chaude et généreuse, la seconde par une lumière verdâtre, froide et sèche, qui forment un étonnant contraste. Cette différence provient de ce que la lumière, avant de pénétrer dans la première cellule, caresse un vieux mur roussi, alors qu'elle arrive, dans la seconde, réfléchie par la masse glauque de la nappe d'eau qui entoure le mont.

On fera donc bien, en présence de telles complications, de procéder seulement par empirisme (comme nous l'avons indiqué, d'ailleurs, dans le passage de ce livre relatif aux étoffes), en faisant présenter conjointement, dans chaque pièce, toutes les surfaces colorées qui doivent s'harmoniser entre elles, et

en procédant avec ordre, c'est-à-dire en posant d'abord les
rideaux qui coloreront plus ou moins la prise de jour, ensuite
le tapis qui recevra en plein la lumière et la réfléchira, puis
la tenture qui formera le cadre, et enfin quelques principaux
meubles chargés de relier les uns aux autres les divers membres de la décoration.

XXXII. DANS LE CHOIX DES COULEURS, DANS LA DISTRIBUTION
ET LA COMBINAISON DE LEURS MASSES, IL NE FAUT JAMAIS PERDRE
DE VUE QU'ELLES N'ONT PAS SEULEMENT POUR OBJET DE COMPOSER
ENTRE ELLES DES ENSEMBLES HARMONIEUX, MAIS QU'ELLES ONT ENCORE
POUR MISSION SUPÉRIEURE D'ENCADRER CONVENABLEMENT ET DE FAIRE
VALOIR LES PERSONNES QUI SE TROUVENT DANS LA PIÈCE. — Cette
proposition nous ramène à cette vérité que nous avons déjà
proclamée, à propos des lignes, des formes et des styles, à
savoir que l'habitation doit être, avant tout, façonnée et accommodée pour celui qui l'habite. Le choix et l'assortiment des
couleurs employées réclament, en conséquence, des précautions
nombreuses, car ce n'est point user d'un procédé aimable, que
de faire paraître, grâce à d'imprudentes colorations, le teint
d'une jolie femme rouge comme une pivoine ou, au contraire,
livide et terreux.

Pour ne pas commettre de ces fautes malencontreuses, nous
chercherons, tout d'abord, à nous rendre compte des qualités
spéciales qui distinguent les couleurs, en nous plaçant, cette
fois, non plus au point de vue scientifique, mais au point de
vue du sentiment. Pour cela, nous remarquerons qu'on les
divise en trois grandes catégories : 1° les couleurs chaudes,
qui sont celles où le jaune et le rouge dominent, telles que
l'orangé, le cerise, l'écarlate, les bruns roux, le vert mousse, etc.;
2° les couleurs froides, qui sont celles où le bleu joue un rôle
plus intense, comme l'azur, le vert glauque, le vert d'eau, le
gris de perle, le violet clair, le gris cendré, etc.; 3° et enfin

les couleurs neutres, qui sont le blanc, le noir, et les gris.

Maintenant, quand il nous faudra faire un choix pour un ameublement, nous commencerons par bannir le noir, qui n'est, du reste, guère usité par grande masse. Cette négation de toute couleur est funèbre ; elle exige l'adjonction de colorations très éclatantes, comme le rouge ou le jaune, pour combattre son aspect morose et désolé. Le blanc pur ne trouvera pas chez nous un meilleur accueil. Il est cependant fort goûté des gens économes, parce qu'il *s'éclaire* bien ; mais mieux vaut ne pas marchander la lumière ; d'autant plus que le blanc est un fâcheux repoussoir, qui noircit par contraste les carnations les plus fraîches [1]. Pis que cela; il ne se contente pas d'assombrir les toilettes les plus claires et les plus brillantes, mais encore il les épaissit ; car si le noir employé comme fond *boit* les formes claires, le blanc, par contre, les alourdit [2].

Les nuances froides s'éclairent bien elles aussi, et donnent le plus souvent un reflet rosé aux carnations blanches ; c'est ce qui a fait dire du bleu qu'il est « le fard des blondes ». Par malheur, elles exaltent (le vert surtout) les visages colorés, au point de leur donner des apparences couperosées. Les nuances chaudes pâlissent le teint, mais sans nuire à son éclat, et le rouge particulièrement, procédant d'une façon harmonique, convient à la grande majorité des carnations. C'est à cette raison qu'il doit le privilège de former, avec l'or, la

1. « Les femmes, écrivait Bachaumont, en rendant compte de l'inauguration du Théâtre-Français (Odéon), les femmes se plaignent que l'éclat du blanc, qui règne généralement dans la salle, affadit leurs traits et les éclipse tout à fait. » (*Mémoires secrets*, tome XX, page 210.) Nos grand'mères avaient grandement raison de se plaindre.

2. Employées dans la toilette, ces deux nuances produisent un effet identique. Toutes les femmes savent fort bien que le noir fait paraître mince, tandis que le blanc, au contraire, grossit : « J'ai observé une fois, écrit Léonard de Vinci, en voyant une femme habillée de noir, laquelle avait sur la tête un linge blanc, que la tête lui paraissait deux fois plus grosse que les épaules. » (*Traité de la peinture*, chapitre cccvii.)

base décorative de presque toutes les salles de spectacle. La constatation de ses qualités, du reste, ne date pas d'hier [1]. Boursault déjà, dans son *Mercure galant,* lui rendait, il y a plus de deux siècles, un légitime hommage :

> Il est vrai, le gros rouge est une couleur sombre,
> Qui détache la chair par le secours de l'ombre.
> Qu'on en ait un manteau sans ornement dessus,
> Pour peu que l'on soit blanche, on le paroît bien plus.
> C'est un fard innocent, sans pommade, ni drogue,
> Et voilà la raison qui l'a tant mis en vogue [2].

Ces courtes explications suffisent à faire comprendre toute l'importance qui s'attache au bon choix et à l'heureuse harmonie des couleurs. Mais ce choix, cette harmonie, dépendent d'une telle variété de causes contingentes, sont soumis à des exigences si diverses et parfois même si contradictoires, qu'il nous est impossible de tracer ici un ensemble de règles fixes, s'appliquant à la multitude des cas qui peuvent se présenter. Le plus sage est donc de laisser à chacun le soin de choisir à son goût et suivant sa convenance, car c'est surtout des couleurs qu'il est imprudent de disputer.

XXXIII. TOUT APPARTEMENT DÉCORÉ AVEC GOUT DOIT OFFRIR AU REGARD UNE GAMME ASCENDANTE OU DESCENDANTE DE VALEURS ET DE TONS, QUI ENVELOPPE CHAQUE PIÈCE, SANS QU'AUCUNE ZONE DISCORDANTE VIENNE INTERROMPRE LA PROGRESSION DE CETTE GAMME, ET EN ROMPRE L'HARMONIE. — Ici, nous entrons dans un

---

1. Jusqu'au milieu du dix-septième siècle, le rouge fut, par excellence, la couleur d'apparat. Dans les demeures royales, il était réservé au seul souverain. En 1688, quand le roi fit remeubler à neuf les appartements de Marly, cette préférence fut encore observée : « Ils n'étoient que de damas, dit Dangeau en parlant de ces appartements ; ils sont présentement de velours et de brocart. On a seulement conservé les couleurs, le rouge pour le Roy, le vert pour Monseigneur (le Dauphin), le bleu et l'aurore pour Monsieur et Madame. » Louis XV fut le premier qui renonça à la couleur rouge.

2. *Mercure galant,* acte Ier, scène III.

nouvel ordre d'observations. Pour achever d'être harmonieuse, il ne suffit pas qu'une décoration soit en parfait accord avec elle-même, et avec les personnes qui doivent vivre et habiter au milieu de cette décoration ; il faut encore qu'elle soit combinée de telle façon, équilibrée de telle sorte, qu'elle compose une manière de cadre idéal, nous enveloppant de la tête aux pieds, sans que rien ne vienne arrêter son développement ou détruire sa progression harmonique. En d'autres termes, il nous faut faire en sorte que, du plancher au plafond, toutes les surfaces qui se succèdent se relient ensemble par une communauté d'origine, et par une succession de tons et de *valeurs*, qui conduisent l'œil d'un plan à un autre, sans aucun soubresaut.

Pour bien nous faire comprendre, choisissons un exemple. Prenons, je suppose, un meuble foncé ; plaçons-le sur un tapis à fond blanc, garni de fleurs déteintes et de feuillage vert d'eau (voir fig. 30). Au-dessus de ce tapis, règne une plinthe en bois noir, surmontée d'un lambris d'appui en bois des îles ou en acajou sombre ; puis une tenture claire, gris perle ou vert d'eau garnit la muraille, et se relie à un plafond gris ou blanc par une corniche sombre. Quel effet produira une pareille décoration ? Cette succession de bandes discordantes composera certainement un bariolage déplaisant.

Prenons, au contraire, un meuble d'un ton chaud, rouge, ponceau ou grenat. Disposons ce meuble sur un tapis persan, aux nuances un peu sourdes (voir fig. 31) ; un lambris en noyer ou en marqueterie relie ce tapis à une tenture de même couleur que notre meuble, mais sensiblement plus claire, pendant qu'une corniche, d'un gris un peu monté et rehaussé de quelques traits d'or, raccorde cette tenture à un plafond simulant un ciel légèrement nuageux. Nous voilà en présence d'une harmonie plus douce, rien ne tire l'œil, rien ne crie, rien ne détonne. Le regard, en se déplaçant du haut en bas, passe sans [effort d'une surface à celle qui la suit. Du plafond au tapis et du sol au plafond, il se promène sans rien rencontrer qui le heurte ou le trouble. C'est pourquoi, dans la constitution de notre ameublement, nous choisirons toujours un

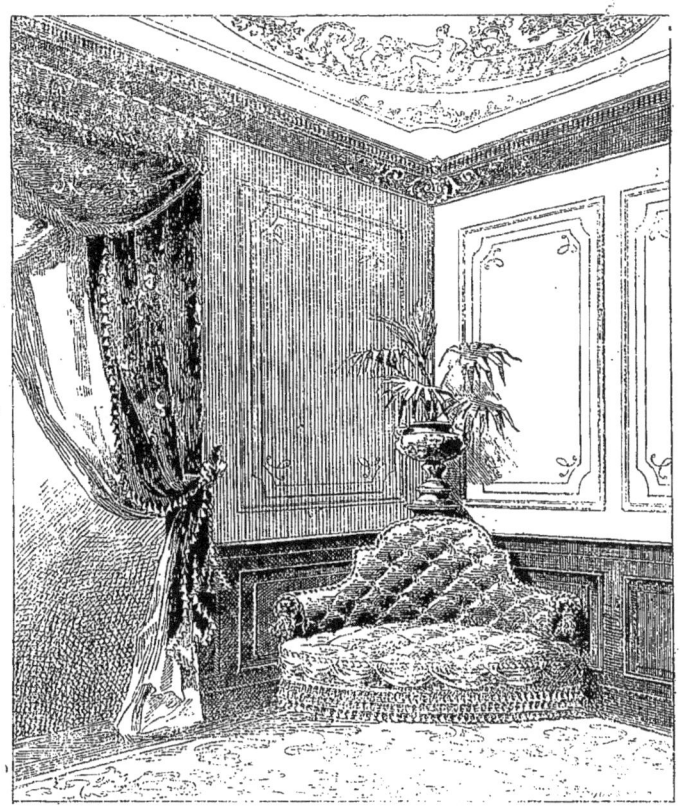

Fig. 3o. — Décoration à coloration heurtée (exemple condamnable).

« point de lumière », et nous partirons de ce point pour produire une gamme ascendante ou descendante, qu'aucune zone discordante ne devra contrarier.

XXXIV. IL EST INDISPENSABLE DE RELIER, PAR DES COULEURS ET DES TONS COMMUNS, LA DÉCORATION VOLANTE DE LA PIÈCE A SA

DÉCORATION MEUBLANTE ET A SA DÉCORATION FIXE, DE FAÇON A
CRÉER ENTRE CES DIVERS ÉLÉMENTS DE DÉCORATION UNE SORTE DE
PENSÉE COMMUNE ET UN AIR DE FAMILLE. TOUTEFOIS, ON PEUT
LAISSER LES MEUBLES ACCESSOIRES, COMME LES ÉCRANS, CERTAINS

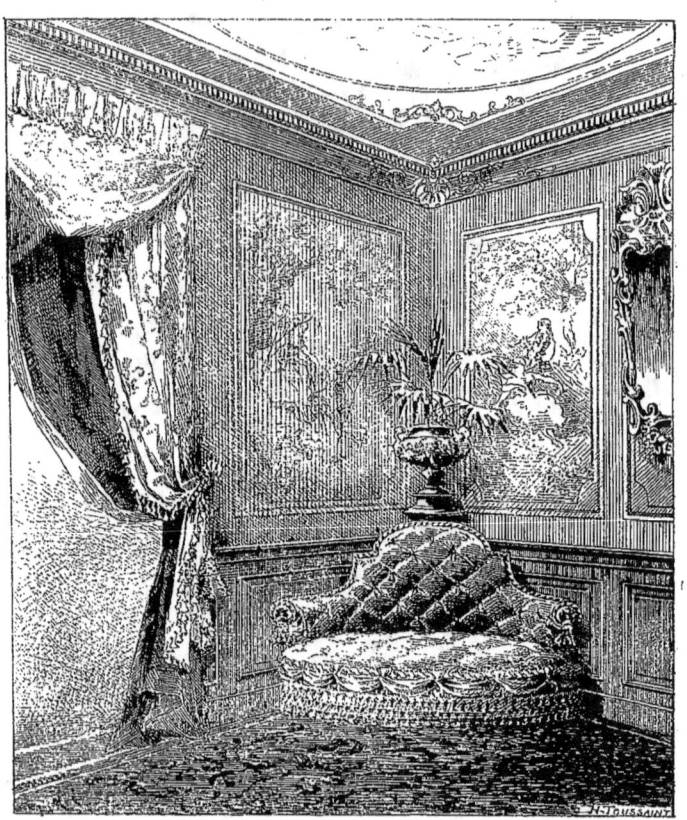

Fig. 31. — Décoration à coloration progressive (exemple à imiter).

SIÈGES DE FANTAISIE, LES PARAVENTS, ETC., TRANCHER, PAR LA RI-
CHESSE ET LA VARIÉTÉ DES COULEURS, SUR LA TRANQUILLITÉ DU FOND
GÉNÉRAL. CETTE DÉROGATION ACCENTUE LEUR CARACTÈRE FANTAI-
SISTE ET FAIT MIEUX COMPRENDRE QU'ILS NE SONT LA QU'A TITRE
PASSAGER. — La beauté résulte, dans la coloration comme dans
la forme, de la variété introduite dans l'unité. C'est-à-dire que

la variété des sensations, produites par une décoration, doit se fondre dans l'unité de l'impression générale. Pour cela, il est indispensable non seulement de choisir une couleur dominante, mais encore de rappeler cette couleur, de la faire reparaître dans toutes les parties principales ou accessoires du mobilier.

En agissant de la sorte, nous procéderons, d'ailleurs, comme pour les lignes, uniquement par analogie ; et, dans le traitement de la couleur, les analogies s'obtiennent par des *échos*, c'est-à-dire par des répétitions plus ou moins affaiblies de tons déjà employés. C'est ainsi, par exemple, que dans un portrait les mains sont l'écho du visage. Nous aurons donc grand soin, pour créer entre les divers membres de notre mobilier ce que nous appelions à l'instant un air de famille, de faire reparaître notre couleur dominante, soit en bandes, soit en encadrements, broderies, etc., dans la partie mobile de notre ameublement. Toutefois, aux petits meubles qui ne font pas partie du mobilier fondamental, mais semblent figurer dans notre intérieur à titre d'invités ou de visiteurs, et dont le rôle ainsi compris n'est pas sans analogie avec cette ligne brisée qui, sévèrement proscrite du mobilier fixe, a retrouvé sa place dans la décoration mobile ; à ces petits meubles, disons-nous, nous laisserons la livrée indépendante que le caprice leur a donnée, et nous respecterons leur caractère fantaisiste, car il souligne la nature passagère de leur présence.

XXXV. Un des éléments d'harmonie dont il faut le plus tenir compte dans la décoration d'une pièce, c'est la distribution du jour. La lumière, pour produire tout son effet, doit être sacrifiée sur certains points et concentrée sur d'autres. — Un tableau, dans lequel une lumière diffuse communiquerait à tous les objets une intensité d'éclairage absolument égale, séduirait peu au premier aspect, et, si nous l'avions constamment sous les yeux, ne tarderait pas à nous fatiguer. Aussi, les peintres, qui savent cela mieux que nous, ont-ils recours à ce qu'ils appellent le *clair obscur*, pour créer une subordination nécessaire entre les différentes parties de leur composition, et pour empêcher que l'attention du spectateur ne soit sollicitée à la fois, et d'une façon égale, par toutes les formes réunies ou groupées sur une même toile.

Dans l'ameublement, pour des raisons presque identiques, nous sommes obligés d'agir à peu près de même. Si un jour cru, intense, se trouvait réparti d'une façon égale dans toute la pièce que nous meublons, notre attention, également sollicitée par tous les *échos* de couleur, tiraillée en sens divers par toutes les analogies de formes, ne pouvant se reposer sur aucun objet spécial, serait bien vite en proie à la plus désagréable fatigue.

Il faut donc avoir soin, à l'aide de rideaux, de stores, pendant la journée, le soir à l'aide d'abat-jour, d'écrans, etc., non seulement de modérer l'éclat du jour ou des lampes, mais de concentrer la lumière sur certains points, et de la ménager, de la sacrifier sur d'autres. On constituera ainsi une sorte de clair obscur, mettant chaque détail à son plan, et dont l'effet sera d'autant plus heureux que, par suite de contrastes non prévus, la valeur des objets se trouvant modifiée, la symétrie deviendra moins apparente, et le caractère pittoresque de la décoration s'augmentera d'autant.

XXXVI. Pour que la distribution de l'éclairage produise le maximum d'harmonie qu'on en peut attendre, il est indispensable que la lumière soit une; c'est-a-dire qu'elle soit répartie de telle sorte que la décoration ne présente pas deux masses obscures d'une même vigueur, ni deux masses claires d'une même intensité. — Quand nous disons que la lumière doit être *une*, nous n'entendons pas qu'elle doit être *unique*, ce qui est bien différent. Un salon peut être éclairé par deux ou trois fenêtres pendant le jour, et le soir par un ou plusieurs lustres, par des girandoles, des candélabres diversement espacés, par des lampes réparties aux différents angles de la pièce, sans que l'unité soit rompue. Il suffit, pour qu'elle persiste, qu'on puisse constater l'existence d'une masse claire principale, et d'une masse sombre dominante.

Toute nouvelle masse, ou sombre ou claire, d'une intensité égale, qui viendrait faire équilibre à la première, enlèverait à l'éclairage une partie de son charme, parce que cette dualité diviserait l'attention et distrairait le regard. Ainsi donc, pour ramener dans une pièce quelconque le clair obscur à son unité, il suffit simplement, si cette pièce comporte deux fenêtres, que pendant la journée les rideaux de l'une de ces fenêtres soient plus tirés, ou qu'un store tempère la clarté qu'elle transmet, ou encore qu'une table, qu'un guéridon portant une plante à large feuillage, vienne arrêter le rayon lumineux qui filtre à travers les rideaux de vitrage. Le soir, il suffit que le principal foyer d'éclairage soit assez renforcé, pour qu'aucun autre ne présente une équivalence parfaite.

Le décorateur peut, en outre, à l'aide de divers artifices, accroître, dans une certaine mesure, son effet lumineux, et lui donner une importance plus grande. L'impression du jour s'accuse, non seulement par l'abondance de la lumière, mais aussi par une intensité plus accentuée des ombres. Il suffit, par conséquent, pour augmenter l'intensité apparente de la lumière, de souligner l'effet des saillies qui mouvementent le plafond et la paroi principalement exposée aux rayons lumineux, par l'application de quelques traits sombres venant renforcer les ombres portées. Mais, si l'on use de ce moyen, il faut, dès le principe, prendre un parti résolu, et se baser sur un mode d'éclairage unique et invariable; car tout rayon lumineux venant en sens inverse dévoilerait immédiatement le stratagème, renverserait les termes du problème résolu, et transformerait en un déplorable contresens cette accentuation simulée.

XXXVII. L'ÉCLAIRAGE DE NOS PIÈCES MODERNES, SE PRODUISANT
DANS DES CONDITIONS ABSOLUMENT NOUVELLES, IL EST IMPRUDENT,
POUR EN RÉGLER LA DISTRIBUTION, DE S'INSPIRER DES USAGES ANCIENS
ET DE VOULOIR EMPLOYER DES PROCÉDÉS QUI N'ONT PLUS LEUR RAISON
D'ÊTRE. — Nous n'avons guère idée aujourd'hui de la difficulté
que nos malheureux ancêtres éprouvaient à se procurer un peu
de jour dans leurs habitations, même les plus riches et les plus
magnifiques. Non seulement, pendant tout le moyen âge, la
nécessité de la défense les obligea de tenir les ouvertures extérieures étroites et rares, mais encore l'absence de vitres interdisait
aux architectes de ce temps d'ouvrir sur les cours intérieures des
baies trop vastes et des fenêtres trop développées. Au Louvre
même, sous le règne de Charles V, par conséquent dans le
troisième quart du quatorzième siècle, la plupart des fenêtres
n'étaient pas closes; et lorsque le roi ordonna à son valet de
chambre Mallet de transporter, dans la tour de la Faucon-
nerie, la bibliothèque royale, qui jusque-là était demeurée
dans le palais de la Cité, on dut garnir de fils de fer les fenêtres
des trois étages « pour deffense des oyseaux et austres bêtes »,
qui, sans cette précaution, seraient venus s'établir au milieu
des précieux manuscrits du roi [1].

Les simples particuliers, comme bien l'on pense, étaient encore
plus mal protégés que leur maître et seigneur. Dans le *Ménagier
de Paris*, qui ne remonte cependant pas beaucoup au delà du
quinzième siècle, il n'est pas encore question de vitres, et l'auteur recommande d'avoir ses fenêtres closes de « toile cirée, ou de
parchemin, ou autre chose [2] ». Jusqu'à la fin de seizième siècle,

1. T. Mortreuil, *La Bibliothèque Nationale de Paris, son origine et ses accrois-
sements*, Paris, 1878, page 6.
2. Voir le *Ménagier de Paris*, réimprimé en 1857 par la *Société des bibliophiles
français*; voir également, dans les *Archives de l'Art français* (numéro de mai
1857), les curieux documents communiqués par M. Leroux de Lincy sur les toiles
taillées en losanges et *terpentinées*, c'est-à-dire térébenthinées, employées au quinzième siècle pour garnir les châssis des fenêtres.

les fenêtres vitrées furent inconnues de la plus grande partie des Parisiens. « Il n'y a guère plus de deux cents ans, qu'on s'est avisé en Europe de mettre des carreaux de vitres, » écrit un auteur du siècle dernier [1]. Au commencement du dix-septième siècle, les vitres en toile cirée et en papier huilé étaient encore si bien en usage, en France, même chez les plus hauts personnages, que Tallemant des Réaux, parlant d'un certain M. Borstel, lequel était demeuré plusieurs années sans sortir de sa chambre, raconte avec complaisance que l'on disait de ce diplomate, « qu'il avoit été dix-huit ans sans voir le jour qu'à travers des châssis, et qu'il fut longtemps pour décider s'ils étoient moins sains de verre que de papier [2] ».

Mais l'application même des carreaux de verre à la clôture des fenêtres était loin de permettre à nos ancêtres de donner à leurs diverses pièces un éclairage aussi intense qu'ils le pouvaient désirer. Pour éclairer leurs appartements infiniment plus vastes que les nôtres, ils n'avaient pas (le fer leur manquant) la possibilité d'ouvrir des baies d'une étendue en quelque sorte illimitée. Ces baies, en outre, se trouvaient forcément obscurcies dans le principe par les meneaux qui les coupaient en croix, plus tard par la mauvaise transparence des vitres et par les croisées de menuiserie, que nécessitait la faible étendue des carreaux fabriqués en ces temps encore primitifs. Ainsi, tandis que nos ancêtres cherchaient la lumière et la sollicitaient, lui ouvrant sans obstacles leurs portes et leurs fenêtres, nous en sommes presque réduits, nous autres

1. Voir *Anecdotes des Beaux-Arts*, Paris, 1776, tome Ier, page 58.

2. *Historiettes*, tome III, page 24. Ajoutons que notre pays, sous ce rapport, était singulièrement privilégié, car Mme d'Aulnoy raconte, dans ses *Mémoires d'Espagne*, qu'en 1679, les vitres étaient si rares dans toute la péninsule, que pour donner la plus haute idée d'une maison, on disait « elle est vitrée ». Enfin, si nous en croyons La Lande, c'est seulement aux environs de 1700 qu'on prit à Florence l'habitude de mettre des vitres aux fenêtres (*Voyage d'Italie*, tome II page 147).

modernes, qui lui offrons un beaucoup plus large accès, à nous garantir contre elle.

Voilà pourquoi les rideaux, que nous jugeons aujourd'hui indispensables, et que nous additionnons les uns sur les autres, comme autant d'obtacles protecteurs, n'étaient pas seulement rares au dix-septième siècle, mais brillaient encore le plus souvent par une absence complète. Et ici, nous ne parlons pas seulement des rideaux de vitrage et des stores transparents, qui sont d'une invention toute moderne et d'une application presque contemporaine, nous parlons aussi des grands rideaux opaques. Cherchez dans Abraham Bosse, ce protraitiste, si consciencieux, si loyal, du règne de Louis XIII, vous n'en trouverez pas trace. De petits volets intérieurs ont seuls pour mission de tempérer l'excès de la lumière. Un des premiers inventaires où il soit fait mention de grands rideaux est celui de Mazarin, et voici dans quels termes : « Deux laiz de taffetas verd aux coins des fenestres de la chambre de l'alcôve ; de trois aunes et demi quart de haut ». A la fin même du siècle dernier, l'agencement des rideaux était plutôt considéré comme un ornement que comme une précaution contre le jour. On voit par ce rapide aperçu combien il serait imprudent de vouloir se régler exclusive-

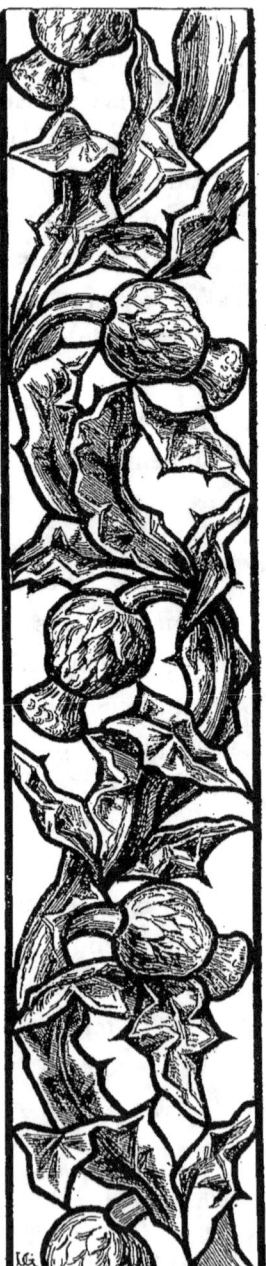

Fig. 32. — Bordure de fenêtre en vitrail de couleur, exécutée par M. Mikel.

ment sur un passé si étrangement différent de notre temps.

Etant admis que nous pouvons, grâce au fer, pratiquer dans nos murailles des baies aussi vastes que nous le souhaitons, et donner à nos points d'appui aussi peu d'épaisseur qu'il nous convient, nous aurons donc, chaque fois que cela sera nécessaire, recours à des jeux multiples de rideaux, pour tamiser et adoucir la lumière. Ces rideaux, nous en proportionnerons le nombre, la nature et l'opacité à la quantité du jour qu'il nous plaira de laisser pénétrer dans la pièce, et aux jeux de clair obscur utile à notre décoration. Nous nous garderons surtout de nous rendre esclaves de certaines formes purement conventionnelles, qu'on nous donne pour archaïques, et qu'on nous dit être de *style pur*. Nous nous méfierons de ces draperies, de ces lambrequins, que leur aspect séduisant recommande, mais dont la situation à poste fixe gêne l'aération de l'appartement, et dont l'abus peut aider à la formation de couches *d'air confiné*, nuisibles à la santé.

Par contre, nous ferons bon accueil au vitrail que le dix-septième siècle avait pris en horreur, et que le dix-huitième siècle a injustement proscrit. Certes, la grande glace nette, claire, franche, limpide, nous laissant voir, sans déformation et sans coupure, le paysage qui s'étend au dehors, a sa valeur et mérite qu'on la respecte. Mais il se présente nombre d'occasions où le spectacle qu'elle laisse transparaître n'est pas de ceux qu'on aime à voir constamment sous les yeux. Le vitrail alors intervient avec avantage. Ses couleurs vives, ses combinaisons harmonieuses peuvent donner une gaieté de bon aloi à une prise de jour qui, sans lui, aurait paru déplaisante ou lugubre. Plus lumineux qu'une fenêtre garnie de *vitrages* de mousseline ou de guipure, il dissimule, mieux qu'un léger rideau, les choses de l'extérieur que l'on ne doit pas voir. Choisi dans ses combinaisons les plus simples, en *cluny* ou en *rubans renaissance*, il revient rapidement moins cher que ce même rideau de vitrage, car il ne s'use pas comme lui. Employé sobrement dans une pièce de réception, il peut se rattacher au caractère de cette pièce et, par quelque motif heureux, en accentuer même la destination. Dans un couloir, dans un vestibule, il peut assombrir légèrement les parois, et tout en enlevant au jour sa crudité, « accommoder » encore l'œil et le préparer de façon que la pièce dans laquelle on va pénétrer paraisse plus claire, et par conséquent plus gaie. Adapté comme bordure à une large fenêtre, il limite sagement l'étendue de la partie purement transparente, et peut encadrer heureusement le paysage qu'elle laisse voir. Dans la salle à manger, dans le fumoir, d'où les tentures compliquées doivent être, autant que possible, sévèrement bannies, parce qu'elles absorbent le fumet des plats ou se pénètrent des âcres parfums du tabac, il peut remplacer avec avantage les petits et les grands rideaux. Enfin, dans toutes les parties de l'habitation exposées aux courants d'air et à un vent intense, il supprime les mouvements et les ondulations dangereuses auxquels sont soumis les légers rideaux de vitrage. A ces divers titres, le vitrail a donc sa place marquée dans notre habitation, à condition toutefois qu'on sache l'employer avec goût et qu'on le raccorde sagement au décor général de la pièce.

XXXVIII. — Dans une certaine mesure, les glaces peuvent suppléer aux fenêtres et concourir a l'éclairage de la pièce. Elles en augmentent en outre la gaieté, car celle-ci est toujours en rapport direct avec le nombre d'ouvertures, apparentes ou réelles, qui donnent accès au dehors. — Les fenêtres n'ont pas seulement pour effet d'assurer l'éclairage de nos appartements ; elles aident encore à la gaieté des pièces, d'abord par les torrents de lumière auxquels elles donnent accès, en second lieu par les communications qu'elles ouvrent

avec le dehors. Les portes, dans une très large mesure, concourent au même résultat et cela se comprend. Qu'est-ce que
le mur ? — Un rempart entre soi et le monde. Si ce mur
nous enveloppe de toutes parts, nous voici plongés dans l'isolement, dans la solitude, qui sont des éléments d'austérité
dans la vie. Chaque fenêtre, chaque porte, au contraire, nous
est une facilité pour entrer en relation avec le dehors, avec la
société qui nous entoure. Voilà pourquoi la gaieté des pièces
se proportionne toujours au nombre des ouvertures et à leurs
dimensions. — Prenons un exemple : une seule fenêtre et une
seule porte donnent, à un salon un peu vaste, un air de
recueillement, un aspect retiré, difficilement accessible, qui lui
convient mal. Ouvrez deux fenêtres et quatre portes, la pièce,
devenant abordable de toutes parts, prend aussitôt une figure
hospitalière, animée, gaie, joyeuse.

Il peut arriver, cependant, que nous soyons forcés de
compter avec les murailles, de respecter la construction, de
n'en point ébranler la solidité par des baies disproportionnées,
mal situées ou trop nombreuses. Dans ce cas, nous aurons
recours à une adroite simulation. Pour les portes, il est toujours facile, quand elles font défaut, de les simuler. Pour les
fenêtres, la chose est moins commode, mais on peut y suppléer,
dans une large mesure, par des glaces habilement disposées.

Rien n'est plus propre à égayer une pièce, à l'éclairer
quand elle est trop sombre, à la faire paraître plus grande
quand elle est trop petite, qu'une glace, et surtout que deux
glaces posées en face l'une de l'autre, et ouvrant à l'œil d'infinies perspectives. Au milieu d'une muraille qui enferme notre
esprit, la glace simule une fenêtre donnant sur une pièce voisine. En reflétant la lumière, en répétant les mille objets qui
nous entourent, elle double l'intérêt et la valeur de ce qui
frappe nos yeux.

Toutefois, c'est surtout en ces matières que l'excès est con damnable. Il faut donc bien se garder, comme le font, par un besoin exclusif de symétrie, certains architectes novices, de simuler trop de portes ou trop de fenêtres dans un salon. On arrive de la sorte à le rendre inhabitable; car il ne reste plus une encoignure de libre, et l'on n'a plus la place suffisante pour appuyer les sièges, et pour loger les meubles indispensables.

XXXIX. LES GLACES CRÉANT UNE ILLUSION ET SEMBLANT TROUER LA MURAILLE, IL IMPORTE, LORSQU'ON LES ENCHASSE DANS UN LAMBRIS, DE LES ENCADRER SOLIDEMENT COMME ON FERAIT D'UNE FENÊTRE OU D'UNE PORTE, ET SURTOUT DE NE PAS LES PLACER OU ELLES NE DOIVENT POINT ÈTRE, CAR ELLES SEMBLENT SUPPRIMER LA MURAILLE ET ENLEVER AU PLAFOND TOUT POINT D'APPUI. — Nous avons constaté, dans un de nos précédents théorèmes, que la décoration, comme la nature, a horreur du vide. Or, si cette horreur nous engage à encadrer solidement nos portes et nos fenêtres, comme si nous voulions établir autour de ces ouvertures une espèce de barrière ou de garde-fou, la glace qui, nous l'avons dit, simule une fenêtre, doit être l'objet de précautions identiques. De là, la nécessité d'un cadre suffisamment robuste, et qui tranche sur la décoration générale.

Pour ces mêmes raisons et par suite de l'illusion qu'elles font naître, on doit s'abstenir d'enchâsser des glaces dans les parties de la muraille où les exigences de l'architecture imposent la présence d'un plein. Sans quoi le plafond semblant suspendu en l'air, sans aucun point d'appui sérieux pour le soutenir, constituerait une sorte de plancher de Damoclès, qui inquiéterait notre œil et laisserait notre esprit sans repos. Si donc, comme il arrive souvent, la glace qui surmonte notre cheminée se trouve placée entre deux portes (ou entre deux fausses portes ce qui, au point de vue décoratif, revient au même), nous aurons grand soin de conserver entre cette glace et chacune de nos portes un espace suffisant pour simuler un pilastre robuste. Pour la même raison, nous bannirons sévèrement les glaces des trumeaux qui séparent les fenêtres,

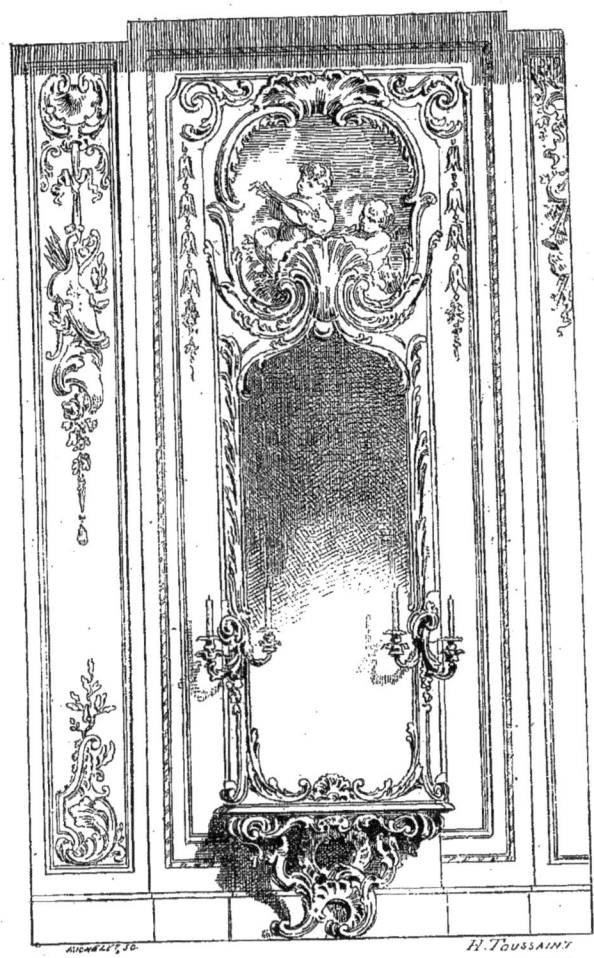

Fig. 33. — Enchâssement logique d'une glace dans un trumeau (d'après Meissonnier).

ou si, pour la gaieté de la pièce, la nécessité d'une glace se fait sentir à cet endroit, nous aurons grand soin de lui conserver le caractère de simple miroir, soit en l'inclinant légèrement, soit en la détachant du mur de toute autre façon, mais de manière cependant que l'existence de celui-ci ne puisse être mise en doute.

On doit, au reste, apporter beaucoup de tact et de discrétion dans l'emploi des glaces. Au commencement de ce siècle, on en abusa, comme au dix-septième siècle on avait abusé de la muscade. Dans l'enivrement où l'on était de pouvoir obtenir d'assez vastes surfaces à des prix relativement modérés, on en mit partout, même au ras de terre, dans la partie basse des consoles, ce qui produisait le plus ridicule effet. — Gardons-nous de ce fâcheux excès. Le cristal, sous toutes ses formes, demande à n'être employé qu'avec modération. Autant un lustre accusant franchement, à travers ses pendeloques de cristal, son armature de bronze doré, peut paraître léger, frêle, gracieux, et par conséquent élégant; autant un lustre tout en cristal est, le plus souvent, non seulement illogique, mais encore lourd et pesant. Or le premier devoir de tout objet suspendu sur nos têtes est évidemment de sembler svelte et léger, et non pas massif et lourd.

XL. DANS TOUTES LES DÉCORATIONS MURALES, AU SURPLUS, IL EST TOUJOURS MALSÉANT DE SIMULER DES VIDES OU LES NÉCESSITÉS DE L'ARCHITECTURE ONT OBLIGÉ LE CONSTRUCTEUR A MÉNAGER DES PLEINS. IL EST AUSSI MALADROIT DE SIMULER, PAR DES JEUX DE LUMIÈRE OU PAR DES EFFETS DE PERSPECTIVE, DES RELIEFS PLUS OU MOINS ACCENTUÉS, AUX ENDROITS OU LE MUR DOIT RESTER PLAN. — « L'ameublement se lie de trop près à la décoration des intérieurs, écrivent avec beaucoup de raison deux décorateurs justement estimés [1], pour que l'architecte puisse y rester indifférent..... Des glaces indiscrètement posées, des tapisseries maladroitement attachées, produiront des vides où il faudrait des pleins, et des pleins où il faudrait des vides. La construction est, dans les édifices, ce que l'ossature est dans le corps humain,

1. Percier et Fontaine, *Recueil de décorations intérieures,* etc., déjà cité.

on doit l'embellir sans la masquer entièrement. La construction et la décoration sont dans un rapport intime, et si elles cessent de le paraître, il y a un vice dans l'ensemble. » Il est difficile de mieux dire. Mais ce que Percier et Fontaine auraient pu ajouter encore, c'est que s'il est maladroit de simuler des vides ou des creux dans les endroits où les exigences de la construction les interdisent, il est au moins aussi incorrect de simuler des reliefs à l'endroit où le mur doit rester plan.

Souvent, à l'aide de jeux de lumière plus ou moins heureusement combinés, de marqueteries disposées avec plus ou moins de goût, de bas-reliefs ou même de bossages simulés, le décorateur s'efforce de mouvementer la paroi de son mur. C'est là une erreur contre laquelle il importe de protester. Tout mur plan doit conserver sa forme plane, et ne jamais contrefaire des aspérités, qui seraient non seulement blessantes pour les yeux, mais encore menaceraient de l'être pour le corps, si elles sortaient du domaine des simulations maladroites.

XLI. Dans les pavements, plus encore que dans les revêtements, les effets de perspective doivent être sévèrement proscrits. Dans les tapis, comme dans les carrelages, toute disposition exprimant une idée de relief est malséante et doit être évitée avec soin. — Ce que nous venons de dire, touchant les revêtements des murailles, s'applique, on le conçoit, avec encore plus de raison, aux pavements qui recouvrent le sol. Il est clair, en effet, que si la figuration de reliefs est déjà inconvenante sur la paroi d'un mur dont nous pouvons nous tenir à distance, la présence de ces mêmes reliefs sous nos pieds est encore moins excusable. On fera donc bien, non seulement de s'abstenir de donner aux pavements quelqu'une de ces dispositions en apparence mouvementées qui sont toujours déplaisantes, mais même d'exiger que les tapis de haute laine qui recouvrent le sol figurent exclusivement des dessins plans et jamais des reliefs. Le goût trouve une légitime satisfaction dans le respect de cette loi, toute de bon sens; en outre, les combinaisons et les colorations exprimant une décoration plane permettent plus de discrétion dans l'emploi des couleurs, et conservent mieux au tapis son caractère de base décorative.

XLII. LE FEU COMME LA LUMIÈRE, ÉTANT UN ÉLÉMENT DE GAIETÉ, ET, DE PLUS, UNE CAUSE DE RAPPROCHEMENT, UNE OCCASION DE SOCIABILITÉ, LA CHEMINÉE DOIT PRÉOCCUPER LE DÉCORATEUR, ET LE CHOIX DE SON EMPLACEMENT NE DOIT POINT ÊTRE ABANDONNÉ AU HASARD. — Ce n'est pas sans de fortes raisons que le mot foyer est devenu, chez presque tous les peuples du Nord, le synonyme de l'habitation tout entière : « Un bon feu, des livres, des plumes, que de ressources contre l'ennui, et quel plaisir encore d'oublier ses livres, ses plumes, pour tisonner son feu, en se livrant à quelque douce méditation ! » Ainsi s'exprime X. de Maistre [1]. « On doit être moins malheureux à la Bastille l'hiver que l'été, avait écrit longtemps avant lui Mercier [2], puisque l'on y a, dit-on, une cheminée; car l'on tisonne... les pensées riantes sont au bout des pincettes. » Voilà pour la cheminée solitaire et les consolations qu'elle prodigue. Celle du salon, qui sert de point de ralliement à dix personnes aimablement groupées en cercle autour d'elle, n'a pas moins d'importance. Nous voudrions contester cette vérité, que les personnages illustres, dont les noms sont liés à l'histoire de la cheminée, sortiraient de leur tombeau pour protester avec énergie. Depuis Raphaël qui, aux derniers jours de sa vie, se donna beaucoup de mal pour empêcher les cheminées du duc d'Este de fumer [3], jusqu'à Franklin, dont le nom devait servir à baptiser un genre

1. *Voyage autour de ma chambre*, chapitre IV.
2. *Tableau de Paris*, tome X, page 182.
3. Eugène Muntz, *Raphaël, sa vie, son œuvre et son temps*. Paris, 1881, p. 620.

spécial de cheminées [1], combien de grands hommes n'ont pas
craint de faire du foyer l'objet de leurs méditations et de leurs
études spéciales.

C'est que la distribution de la chaleur dans l'habitation est
une source de bien-
être exceptionnel, que
nos ancêtres ont pres-
sentie et longtemps
cherchée sans pou-
voir la découvrir.
Nous n'avons pas
idée, en effet, des
souffrances terribles
auxquelles, de ce chef,
nos pères furent sou-
mis. Sans remonter
jusqu'au treizième
siècle, où un large
foyer rond, dont le
tuyau perçait le pla-
fond, enfumait la salle
au milieu de laquelle
il était situé, et où le
roi de France lui-
même enveloppait, à
table, ses pieds dans
une botte de paille,

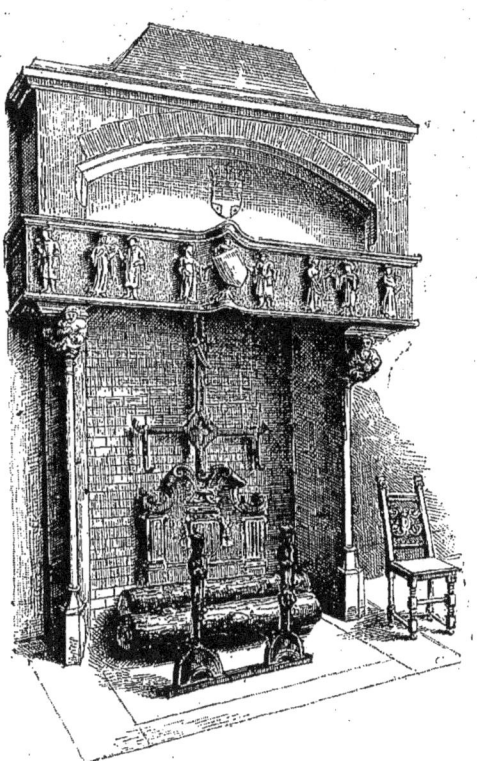

Fig. 34. — Cheminée du quinzième siècle,
au Musée de Cluny.

pour se garantir des engelures [2]; sans nous arrêter, même
à ces cheminées du quinzième siècle, aux énormes manteaux
(voir fig. 34), qui vous rôtissaient d'un côté, pendant que

1. Voir la *Cheminée économique à laquelle on a appliqué le mécanisme de
M. Franklin*. Paris, 1786, in-8.
2. Baudrillart, *Histoire du luxe*, tome III, page 149.

l'autre grelottait, sans aller beaucoup au delà du siècle dernier, nous voyons à la cour comme à la ville les plus riches et les plus puissants, la reine et le roi, plus mal chauffés qu'un simple ouvrier de nos jours.

« Il a fait si froid ici, écrit de Versailles la duchesse d'Orléans, à la date du 16 mars 1695, qu'à la table du roi, le vin ainsi que l'eau geloient dans les verres [1]. » « Il neige et gèle et regèle en même temps ; nos écritoires sont gelées, nos plumes ne sont plus conduites par nos doigts ; » écrit, le 14 janvier 1689, Mme de Sévigné qui grelotte à l'hôtel Carnavalet [2]. « En soupant en 1709, chez le duc de Villeroy, dans sa petite chambre à coucher, raconte Saint-Simon, les bouteilles sur le manteau de la cheminée, sortant de sa très petite cuisine, les glaçons tombaient dans nos verres [3]. » « Tous les spectacles ont cessé aussi bien que les procès, écrit encore, en janvier de cette même année, la princesse Palatine. Ni les présidents ni les conseillers ne peuvent siéger dans leur chambre à cause du froid [4]... » Vingt ans plus tard, en 1729, le froid empêchait encore, pendant cinq jours, le Parlement de tenir ses séances et obligeait les spectacles publics à faire relâche [5]. Les théâtres, du reste, étaient si mal chauffés, qu'en hiver les dames n'y quittaient point leurs fourrures, et gardaient leurs manchons pendant toute la durée de la représentation [6].

C'est également au compte du chauffage insuffisant qu'il faut porter cette habitude, conservée si longtemps par les femmes de qualité, de recevoir leurs amis au lit, et de donner accès à leurs visites dans la ruelle, derrière les rideaux, les pantes et les courtines, à l'abri des courants d'air. Sous le

1. *Correspondance de Madame*, tome Ier, page 122.
2. Voir *Lettres*, tome VII, page 99.
3. Saint-Simon, *Mémoires*, tome II, page 100.
4. *Correspondance de Madame*, tome II, page 11.
5. Voir *Mercure de France*, année 1729, et Barbier, *Journal*, tome II, page 6.
6. Montesquieu, *Lettres persanes*, lettre xxviii.

règne de Louis XV, les maisons mieux chauffées permettaient
aux femmes, moins frileuses ou plus héroïques, de recevoir
assises et en grande toilette ; mais la température de leurs salons
était encore si peu avenante, que la maréchale de Luxembourg
passa tout un hiver enfermée dans sa chaise à porteurs qu'elle
avait fait monter dans son appartement [1] ; Mme du Deffand, son
amie, moins recherchée dans ses goûts, mais non moins éprou-
vée par le froid, abritait ses jambes rhumatisées dans une
espèce de tonneau ; et, avant elles, Mme de Maintenon passait
l'hiver à Versailles dans une sorte de niche [2]. Presque toutes
les grandes dames du dix-septième et du dix-huitième siècle
étaient, d'ailleurs, percluses de rhumatismes. Mme de Montespan
en souffrit violemment, Mme de Sévigné fut des mois entiers
sans pouvoir se servir de ses mains [3]; il y avait plusieurs
années que Mme de Lafayette était impotente quand elle mourut,
et cela n'est vraiment pas surprenant. « Nos pères, écrit Mercier, ne se chauffoient presque point. Trois feux, en comptant
celui de la cuisine, suffisoient dans une maison qui comptoit
dix-huit à vingt maîtres, et quels maîtres ! ceux qui occupoient
les premières charges de l'État. Les jambes enfermées dans une
peau d'ours, ils bravoient également le froid le plus piquant et
l'ignorance de l'Académie royale d'architecture. Qu'importe, en
effet, le luxe des ornemens, et la symétrie et l'enfilade des
appartemens, si nous sommes forcés d'y souffler dans nos
doigts, ou d'y vivre enfumés comme des renards [4]. »

1. *Mémoires du duc de Lévis*, page 283. Mme de Luxembourg ne peut même
pas revendiquer l'honneur de l'invention. Le docteur de Lorme l'indique dans son
mémoire intitulé : *Moyens faciles et éprouvés dont M. de Lorme, premier médecin
et ordinaire de trois de nos rois... s'est servi pour vivre près de cent ans* (Caen,
1682). « Il se tenoit, durant l'hiver, dans une chaise à porteurs devant son feu, »
dit en parlant de lui Tallemant des Réaux (*Historiettes*, tome VIII, page 268).
2. Saint-Simon, *Mémoires*, tome VIII, page 355.
3. « J'ai encore les mains enflées, mon enfant; mais que cela vous persuade la
fin de mon rhumatisme. » *Lettres*, 27 janvier 1696.
4. *Tableau de Paris*, tome X, page 184.

Plus heureux que nos ancêtres, nous trouvant en possession
d'appareils sinon parfaits, du moins capables de développer un
calorique suffisant, nous ne marchanderons pas à la cheminée
la reconnaissance qui lui est due, et cette reconnaissance se tra-
duira par la place que nous lui accorderons, place variable, suivant la destination de la pièce, mais qui dans le salon, lieu de
réception par excellence, doit se transformer en une place d'honneur, et occuper le milieu d'une de nos parois. Dans la chambre
à coucher, par contre, ou dans le cabinet de travail, nous pourrons la rapprocher un peu de la fenêtre, afin de jouir à la fois
de ces deux éléments de gaieté, la lumière et le feu. Mais,
dans l'un comme dans l'autre cas, nous aurons soin que la
cheminée soit, autant que possible, disposée perpendiculairement
à la croisée, de façon à n'être pas, en se chauffant, obligé
de tourner le dos au jour.

Une autre précaution à laquelle nous ne manquerons pas,
c'est d'arrêter soigneusement les dimensions, la forme, le style
de notre cheminée, de la bien proportionner à la pièce qu'elle
orne et au caractère définitif que notre ornementation doit
revêtir, et nous nous souviendrons que non seulement elle constitue une décoration fixe, mais encore la plus fixe des décorations, car une fois en place, plus qu'aucune autre, elle est difficile et coûteuse à changer. Enfin, nous exigerons qu'elle soit
construite en pierre ou en marbre, c'est-à-dire en une matière
absolument incombustible. La prudence recommande cette précaution, et le bon sens l'exige.

XLIII. LES MOYENS DE CHAUFFAGE, QUE LA SCIENCE A MIS A
NOTRE PORTÉE, ÉTANT INFINIMENT SUPÉRIEURS A CEUX USITÉS PAR NOS
ANCÊTRES, NOUS NE DEVRONS RECOURIR QU'AVEC BEAUCOUP DE MÉNA-
GEMENTS A LEURS PLANS ET DESSINS, POUR COMBINER LES NÔTRES. —
Bien que l'industrie moderne ait varié à l'infini la forme et la
condition des appareils de chauffage, nous resterons cependant,

autant que possible, fidèles à la cheminée. Quoique elle ne soit pas à beaucoup près, au point de vue du calorique, le plus parfait des engins mis à notre disposition, nous avons à acquitter envers elle une dette de reconnaissance. En outre, de tous les moyens de chauffage, elle est à la fois le plus hygiénique et le plus gai : — le plus hygiénique, car l'air échauffé par elle s'élève peu à peu, monte et échauffe à son tour les couches qu'il traverse, puis, se refroidissant à leur contact, devient plus lourd, s'abaisse, descend, finit par raser le sol et par gagner le foyer, après avoir ainsi parcouru toute la pièce, en emportant les miasmes et en renouvelant l'air confiné ; — le plus gai, car elle nous laisse voir la flamme pétillante, et nous permet de tisonner.

Mais, si nous conservons la cheminée, nous aurons garde de la copier servilement sur ses modèles primitifs. Alors même que par le style de la pièce, nous serions obligés de nous en référer à des formes anciennes et de demander notre inspiration au passé, nous aurons soin de réduire ses proportions de façon qu'elles soient en harmonie avec celles de nos appartements. Nous accommoderons, en outre, son mécanisme suivant les découvertes de la science, et, chaque fois qu'il nous sera possible, nous l'agencerons de telle sorte qu'elle puisse porter la garniture qui est devenue sa parure habituelle, et qui lui communique une animation particulière et une indiscutable gaieté.

Ce n'est pas que les très vastes et très hautes cheminées n'aient parfois leur utilité. Je n'en veux d'autre preuve que l'aventure advenue, au siècle dernier, à Mme de Nantouillet. Un soir, cette dame était seule, un peu malade, étendue sur une chaise longue, l'abbé Chauvelin la vint voir. L'abbé était galant en tous temps ; ce soir-là il se montra si pressant que la dame sonna de toutes ses forces. Un grand laquais arrive. « Mettez Monsieur l'abbé sur la cheminée, » dit-elle. L'abbé était petit, la cheminée était haute, le laquais robuste; la lutte ne fut pas longue, une minute après Chauvelin était sur la cheminée... L'abbé frémit, en se voyant juché à cette hauteur qu'il jugeait vertigineuse. Sauter sur le parquet, c'était, pour un être aussi timoré, risquer sa vie. Les éclats de rire de Mme de Nantouillet redoublaient sa fureur, qui atteignit son comble quand il entendit annoncer une visite [1]. Mais les abbés audacieux et entreprenants sont aujourd'hui plus rares que jadis, et les grandes cheminées, que quelques décorateurs maladroits s'obstinent encore à copier, deviennent une occasion de terribles courants d'air, quand elles ne sont

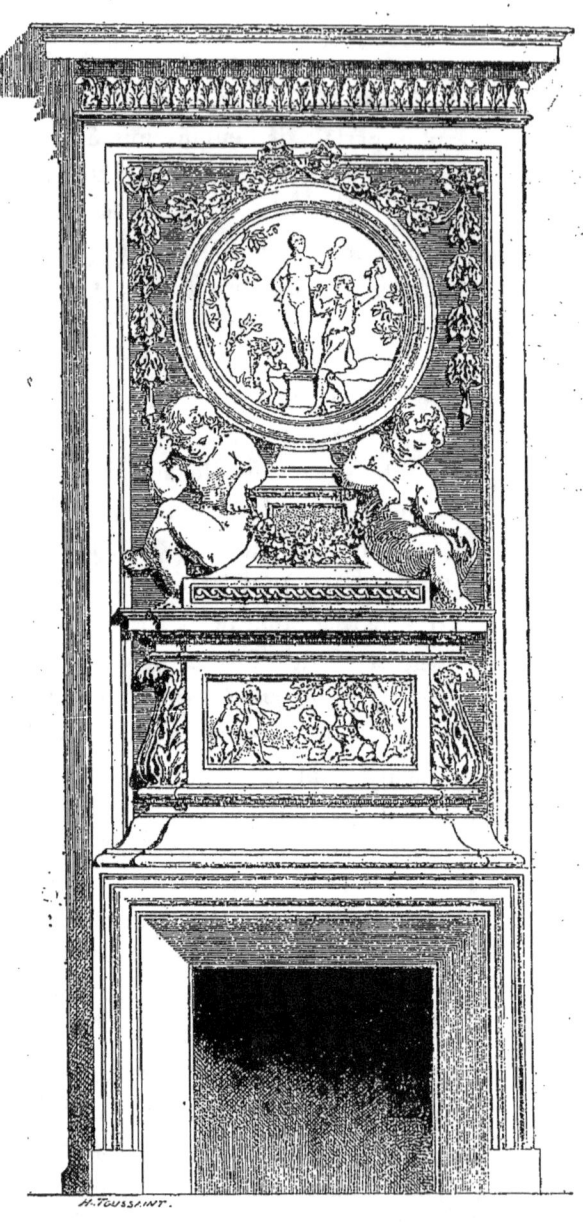

Fig. 35. — Cheminée de style Louis XIV, accommodée pour un appartement de nos jours.

pas garnies d'énormes bûches; et, dès qu'elles sont pleines de

1. Mme de Genlis, *Souvenirs de Félicie*, page 176.

bois en combustion, elles se transforment en un tel foyer de chaleur, qu'on n'en peut approcher sans être rôti [1]. C'est pourquoi nous exigerons que notre habitation soit maintenue, par des appareils cachés, à une température moyenne, et nous ne demanderons au feu visible qu'un appoint de calorique, avec cette gaieté hospitalière, attrayante, attachante, qui n'est pas le moindre charme du foyer.

Quant aux poêles, calorifères, etc., s'il ne nous est pas permis de les proscrire absolument de certaines pièces, encore aurons-nous soin qu'ils ne se manifestent qu'à l'état d'exception, et nous demanderons à l'architecte de ne pas se traîner à la remorque de modèles aussi périmés que ridicules, et de se mettre en frais d'imagination pour approprier ces agents de chauffage à l'ornementation de notre logis.

XLIV. — UNE DES CONVENANCES QU'IL NE FAUT JAMAIS OUBLIER DANS LA CONSTITUTION D'UN MOBILIER, C'EST LA SOLIDITÉ. APPARENTE, ELLE CONTENTE LES YEUX ET SATISFAIT L'ESPRIT ; RÉELLE, ELLE ASSURE LA DURÉE DES OBJETS ET LÉGITIME LA DÉFENSE QUE LEUR CONFECTION RÉCLAME. — Dans ses rapports intimes avec notre personne, le mobilier a besoin d'affirmer sa solidité par des formes suffisamment robustes, et son aplomb, par une base bien assise, de façon que nous puissions lui confier notre corps, sans éprouver la crainte de le voir s'écrouler sous notre propre poids. Ajouterons-nous que cette solidité doit encore être réelle, et s'étendre jusqu'aux matières en apparence les moins résistantes, c'est-à-dire les plus souples, les plus moelleuses. La solidité, en effet, peut seule assurer la durée. Or,

---

1. A l'époque même où les grandes cheminées existaient encore, et où on n'en connaissait point d'autres, on n'était pas sans se plaindre de leurs inconvénients, comme on peut le voir par la lettre de la duchesse d'Orléans à la duchesse de Hanovre, en date du 17 janvier 1709 : « A la table du Roi, j'ai eu le grand feu en pleine figure... cela m'a immédiatement donné la migraine, la toux, le rhume. » *Correspondance de Madame*, tome II, page 35.

sans la durée, il n'est pas de beau mobilier possible, car la nécessité d'un renouvellement à prompte échéance rendrait trop lourds les sacrifices qu'on est tenu de s'imposer pour l'acquisition première. On devra donc rechercher non seulement un mobilier qui séduise l'œil, mais aussi un mobilier dont la durée soit assurée par sa bonne exécution et par l'excellence des matériaux employés.

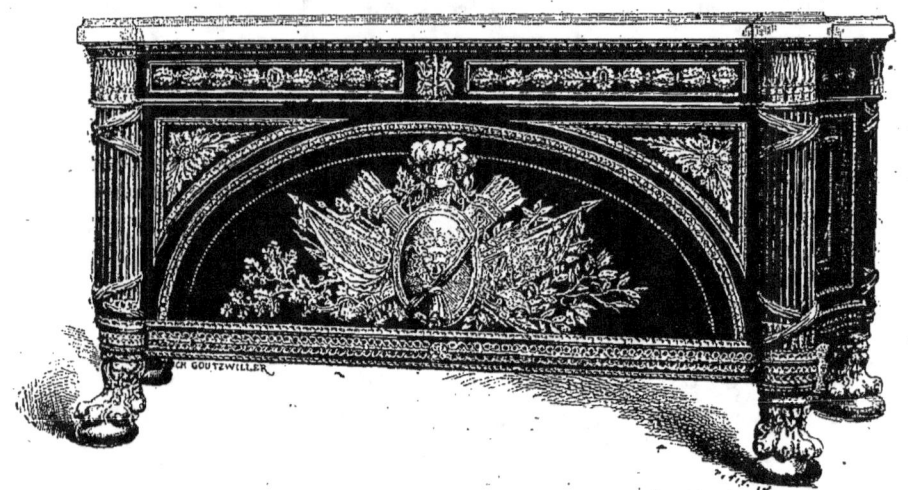

Fig. 36.— Exemple condamnable de la décoration se substituant à la forme. Commode Louis XVI (Mobilier national).

XLV. Dans la décoration d'un meuble, il faut exiger que l'ornement ne se substitue, en aucun cas, a la forme, et qu'il garde son caractère de parure, auquel il ne doit jamais renoncer. — « Combien de fois, s'écrient Percier et Fontaine [1], n'a-t-on pas vu l'ornement appliqué sur un membre prendre la place de ce membre même, des rinceaux, substitués au corps dont ils étaient l'accessoire, supporter, contre toute sorte de vraisemblance, ce qui devoit l'être par des parties solides. » Rien de plus juste que cette observation. Tant au nom du bon goût et de la saine logique, qu'au point

1. *Recueil de décorations intérieures*, déjà cité, page 14.

de vue de la solidité apparente et réelle, il ne faut pas tolérer que l'ornement se subtitue à la forme, qu'il doit seulement parer, habiller, embellir, mais qu'il ne saurait remplacer. De même que le peintre instruit nous montre le corps sous l'habit, de même dans le mobilier la forme doit constamment transparaître sous l'ornement, et celui-ci ne doit sous aucun prétexte abdiquer son caractère de parure.

XLVI. Toutes les formes et toutes les dimensions qui composent un ensemble décoratif étant relatives, il importe que l'échelle, qui doit donner la mesure des autres dimensions, soit convenablement choisie et placée de façon à être bien en vue. — Ainsi que nous l'avons déjà expliqué plus haut, nos jugements procèdent presque toujours d'une comparaison. Lorsque nous disons d'une chose qu'elle est grande, qu'elle est belle, c'est que, par la pensée, nous la comparons à une autre chose de même nature, dont nous portons l'image ou la mesure en nous-même, et qui nous sert en quelque sorte de *criterium*. C'est ce qu'ont admirablement compris les architectes du moyen âge. Dans toutes leurs constructions, même dans les plus belles, ils ont eu soin d'introduire, auprès de chaque membre important, un détail, une porte, une fenêtre, une balustrade, qui rappelant à propos la grandeur exacte de la taille humaine souligne l'immensité de leur ouvrage. On doit agir d'une façon identique dans la décoration. Une des habiletés du décorateur consiste à fixer lui-même la mesure qui doit servir d'échelle pour juger son travail, à la choisir assez habilement pour qu'elle s'offre tout d'abord à l'esprit de celui qui considère sa décoration, et en même temps pour qu'elle fasse valoir, autant qu'il est possible, le caractère dominant qu'il a voulu imprimer à son œuvre.

XLVII. Lorsque la figure humaine apparait dans une décoration, c'est elle généralement que l'œil prend pour

ÉCHELLE. IL IMPORTE DONC DE NE L'Y INTRODUIRE QU'AVEC PRÉCAUTION, ET DANS LA MESURE OU ELLE PEUT PROFITER A L'ENSEMBLE ET LE FAIRE VALOIR. — Par une disposition toute naturelle de notre esprit, c'est nous-mêmes que nous sommes généralement amenés à prendre comme *échelle* des habitations, des mobiliers ou des décorations, sur lesquels nous avons un jugement à porter; et c'est là une tendance fort logique, puisque, somme toute, c'est par nous-mêmes ou par nos semblables que l'habitation doit être habitée. Mais la comparaison entre un être vivant, mobile, qu'on est forcé de considérer tantôt assis, tantôt debout, c'est-à-dire avec des dimensions variables, et une chose fixe, immobile, inerte, réclame un certain effort intellectuel, et présente par conséquent certaines difficultés. C'est pourquoi, dès que la figure humaine apparaît dans une décoration, par une sorte de compromis fort explicable nous nous en emparons, et elle devient immédiatement notre point de repère, notre échelle, notre *criterium*. Voilà pourquoi il faut n'introduire la figure humaine dans la décoration qu'à bon escient, et dans la mesure où elle peut faire valoir le reste.

Une cariatide, de proportions trop

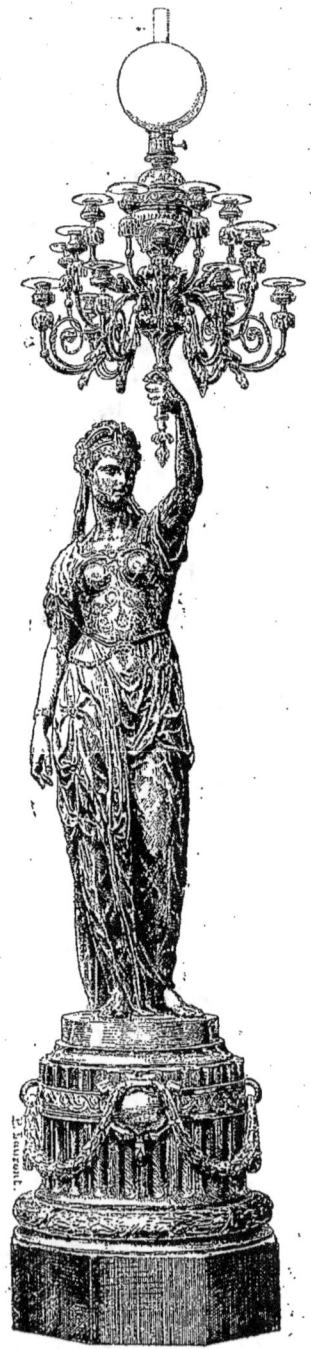

Fig. 37. — Lampadaire en bronze

considérables, transformée en torchère peut réduire à presque rien les proportions apparentes d'un escalier. Il suffit d'un portrait en pied introduit dans une pièce de grandeur moyenne, pour tout écraser et faire paraître cette pièce ridicule par son peu d'élévation. En général, on fera donc bien, dans la décoration d'une habitation de dimensions ordinaires, de n'user qu'avec prudence de la figure humaine, et si l'on est contraint de l'y introduire, on agira sagement en tenant cette figure au-dessous de la grandeur naturelle, de façon à faire paraître la pièce plus vaste qu'elle n'est réellement, ou tout au moins de manière à ne pas diminuer inutilement son étendue apparente.

XLVIII. LA DÉCORATION MOBILE D'UN APPARTEMENT RÉCLAME UN ORDRE LOGIQUE ; ELLE EXIGE UNE CERTAINE PONDÉRATION DANS LA DISPOSITION DES GROS MEUBLES ET DANS LE PLACEMENT DES TABLES ET DES SIÈGES, SURTOUT QUAND IL S'AGIT DE PIÈCES DITES DE RÉCEPTION. MALGRÉ CELA UN DÉSORDRE VOULU ET COMBINÉ AVEC GOUT PEUT, DANS CERTAINS CAS, AJOUTER A LA GAIETÉ DE LA PIÈCE ET AUGMENTER L'ASPECT PITTORESQUE DE LA DÉCORATION. — Nous nous trouvons ici en face d'une recommandation toute de convenance et de politesse. Il est évident qu'en principe, nous ne devons pas plus admettre le désordre dans une pièce de réception, que nous ne l'admettrions dans notre toilette. Cependant une certaine confusion, qu'il ne faut jamais rendre accidentelle, et qui devient même parfois « un effet de l'art », peut avoir sa raison d'être, et exprimer, le cas échéant, une idée analogue à celle d'un certain négligé introduit dans notre mise. Ce désordre voulu accentue généralement le caractère pittoresque de la décoration. Toutefois, il ne faut jamais abuser de cette confusion préméditée ; et dans tous les cas, on devra toujours la réserver pour les appartements intimes, et conserver aux pièces de réception une certaine solennité légèrement cérémonieuse.

XLIX. Enfin, il est indispensable de ne jamais oublier que l'appartement est uniquement le cadre dans lequel s'accomplit l'action humaine, et que décoration, mobilier, objets d'art, pour remplir le role qui leur est assigné, doivent non seulement produire une satisfaction pour les yeux et un agrément pour l'esprit, mais encore mettre a leur plan et faire valoir les personnes qu'ils entourent. — Dans l'application des divers principes que nous venons d'énumérer, il ne faudra jamais perdre de vue que l'ameublement, quelque magnifique, quelque luxueux, quelque précieux qu'il puisse être, n'est rien qu'un décor, et qu'à ce titre il doit être subordonné à l'action, et aux personnages qui composent cette action. Comme le chœur antique, il doit soutenir la scène, fournir la réplique, expliquer parfois; il ne doit jamais dominer, jamais usurper le premier rang, et, par l'excès de son éclat, reléguer au second plan ou faire oublier les acteurs principaux, qu'il a pour mission principale de mettre en évidence.

L. L'observation et la mise en pratique de ces diverses règles ne sauraient manquer d'introduire dans l'ameublement une harmonie intelligente et une logique aimable, qui forment un des éléments constitutifs de la beauté. — En observant soigneusement les règles qui précèdent, en se conformant aux préceptes que nous venons d'énoncer, il pourra fort bien se faire qu'on n'arrive pas à constituer un ameublement d'une beauté parfaite, ni d'un mérite extraordinaire; mais on sera certain de créer, entre les divers membres de son mobilier, fût-il même d'une excessive modestie, une heureuse harmonie, et en tout cas de ne pas commettre de ces fautes de goût qui suffisent à déshonorer les mobiliers les plus magnifiques.

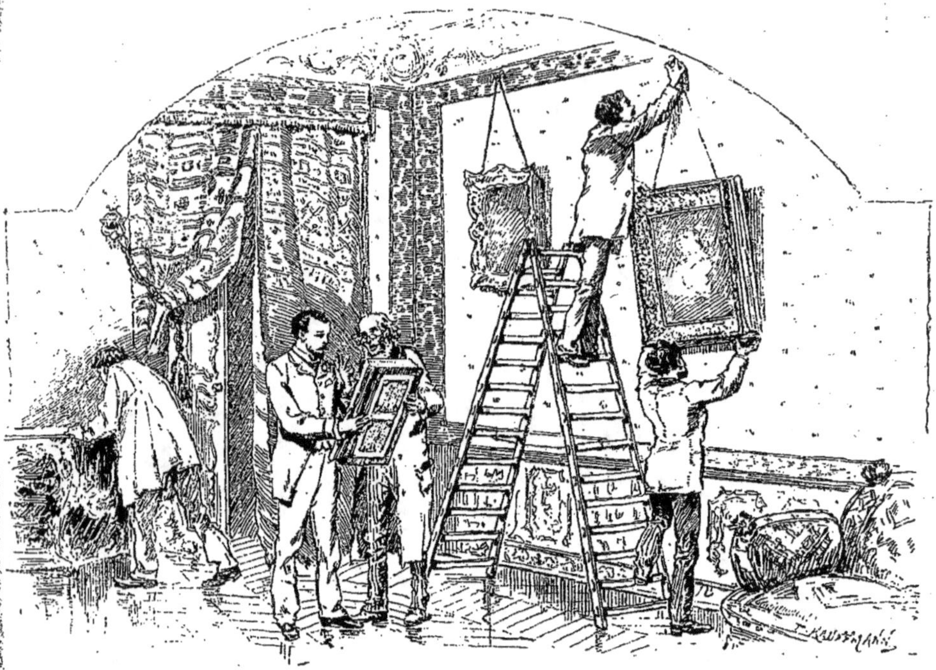

QUATRIÈME PARTIE

L'INSTALLATION

AINTENANT que nous voilà en possession d'une éducation générale assez complète pour nous permettre de décorer un appartement et d'agencer un ameublement sans crainte de commettre de trop grosses hérésies, il semble que nous ne puissions faire un meilleur emploi de notre science fraîchement acquise, qu'en appliquant l'ensemble de nos connaissances nouvelles aux diverses pièces qui composent une habitation.

Mais, dans cette application intelligente de notre savoir, il nous faut encore, pour ne pas nous embrouiller, procéder avec ordre et avec méthode. C'est pourquoi nous partagerons, tout d'abord, notre logis en quatre divisions distinctes, ayant chacune une destination particulière, et devant, par suite, revêtir un caractère spécial.

Ces quatre divisions de l'habitation sont:

1° LES ACCÈS. Nous désignerons sous ce nom la fraction de notre demeure qui sert, en quelque sorte, de préambule à l'habitation proprement dite, préambule quasiment banal, qu'il nous est à peu près impossible d'interdire au public. — Tels sont le vestibule, l'escalier, les antichambres, toutes les pièces, en un mot, qui donnent accès aux appartements proprement dits;

2° LES APPARTEMENTS DE RÉCEPTION. C'est-à-dire l'ensemble de pièces où nos amis, nos parents, nos invités, sont accueillis et reçus par nous, et pour l'ameublement desquelles nous devons, par conséquent, tenir compte, dans une mesure assez large, des habitudes de notre temps, des usages de notre monde, des goûts et des convenances d'autrui. — Tels sont le grand et le petit salon, la salle à manger, etc. ;

3° LES APPARTEMENTS D'HABITATION. Ceux-là sont réservés plus spécialement pour l'existence de famille, pour la vie intime. Relevant uniquement de nos préférences et de nos besoins, ils doivent porter l'empreinte directe de notre personne. Cette troisième division comprendra la chambre à coucher, le boudoir, la salle de bain, le cabinet de toilette, la bibliothèque, le cabinet de travail, etc.;

Enfin 4° LES PIÈCES ACCESSOIRES, qui sont celles dont la nécessité n'est pas absolument démontrée, dont un logis peut se passer sans pour cela être traité d'incomplet, et dans lesquelles notre fantaisie a le droit de s'accorder les plus libres allures.

Ainsi distribuées, les diverses pièces qui composent la demeure d'un Français du dix-neuvième siècle vont s'offrir à nous dans un ordre logique, et, sans crainte de nous égarer et de nous fourvoyer, nous allons pouvoir étudier à loisir l'agencement, la disposition, la décoration et l'ameublement qui conviennent à chacune d'elles.

LES ACCÈS

I. LE VESTIBULE

Parmi les accès, le premier qui s'offre à nous, si nous ha-

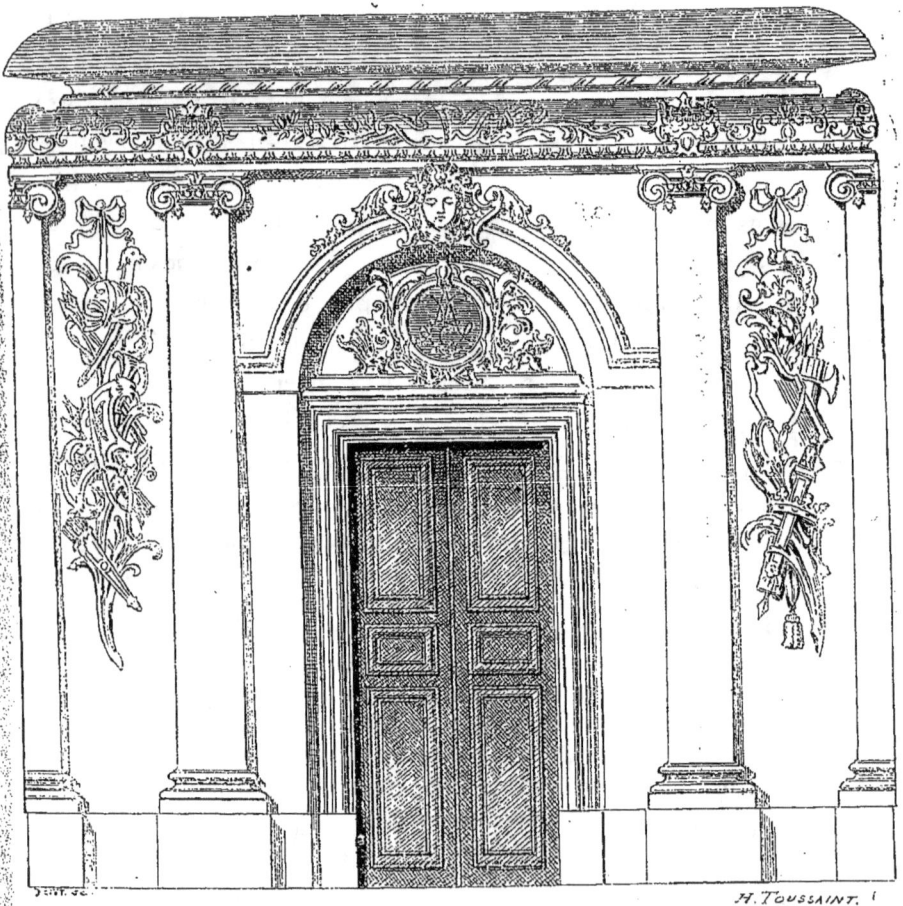

Fig. 39. —Vestibule de l'ancien hôtel de Roquelaure, construit par Le Roux.

bitons une maison isolée, est le vestibule. Nous franchirons rapidement le vestibule. C'est un lieu de passage et non de séjour. Les anciens, si nous en croyons Aulu-Gelle, le consi-déraient un peu comme l'équivalent de la rue, et ils n'avaient point absolument tort. En outre, son mobilier est nul et sa décoration nous échappe. L'architecte permettra que nous déguisions ses angles sous des corbeilles, et que nous l'embellissions de quelques fleurs; mais là se bornera sa tolérance. Le vestibule lui appartient, il règne en maître dans ces lieux, où notre goût personnel n'a, du reste, que peu de choses à voir; car ce premier accès tient encore au dehors. Par plus d'un point, il se rattache à la façade, à son style, à son esprit, et forme une transition naturelle entre l'extérieur et l'intérieur de la maison.

Nous exigerons donc que notre vestibule soit clair, bien aéré. S'il ne l'est pas, nous imiterons le médecin-architecte dont parle l'*Art poétique* :

> Au vestibule obscur, il marque une autre place.

Nous exigerons également que la loge du concierge, si concierge il y a, soit propre et claire, et qu'elle ait une cuisine isolée, afin que le visiteur ne recule pas, suffoqué par une bouffée de ces fumets spéciaux, si chers à Mme de Staël. Pour le reste, nous nous en rapporterons à notre architecte. Nous lui recommanderons, quoique les conditions de confortable se soient modifiées depuis ce temps, de consulter les beaux modèles du dix-septième et du dix-huitième siècle, qui ont si fière tournure, les vestibules de Mansart, de Blondel, par exemple, ou celui qu'avait édifié Le Roux pour l'hôtel de Roquelaure.

Au siècle dernier, le vestibule était ouvert aux quatre vents, et l'escalier, qui prenait naissance à l'une de ses extrémités, formant une gigantesque cheminée d'appel, distribuait un air glacial dans toute la maison. Aujourd'hui, au contraire, le vestibule bien clos, souvent chauffé en hiver, concourt à entretenir, dans les diverses pièces de l'habitation, une température à peu près égale. Aussi, lorsque l'hôtel ou la maison possède une porte cochère, qui donne accès aux voitures et aux équi-

pages, faut-il avoir un second vestibule, fermé soigneusement
à toutes les intempéries. Sous cette nouvelle forme, la pièce
dont nous nous occupons ressemble beaucoup, comme appropriation et comme mobilier, à une antichambre et se confond
souvent avec elle. Aussi renvoyons-nous, pour sa décoration,
à l'article où nous traitons de l'antichambre.

II. L'ESCALIER

Le vestibule franchi, nous voici devant l'escalier. — Ici
nous devons faire un temps d'arrêt. L'escalier, en effet, joue
un grand rôle dans l'habitation. Suivant qu'il est bien ou mal
construit, il prévient le visiteur en faveur de notre logis, ou
l'indispose. Un bon escalier, bien confortable et bien doux,
exerce une véritable influence sur nos habitudes, et par là,
sur nos décisions. La maréchale de Mirepoix pour rassurer
Mme de Pompadour, inquiète sur son crédit, lui disait: « C'est
votre escalier que le roi aime. Il est habitué à le monter et
le descendre[1]; » et Mme de Pompadour ne disait pas non.

L'escalier mérite, en outre, d'autant mieux qu'on l'étudie, que
les enfilades de pièces qu'il nous faudra parcourir tout à l'heure,
devant se trouver de plain-pied, il constitue la seule partie de
notre *home*, qui, par sa structure et la différence de ses plans
successifs, prête naturellement au pittoresque. Enfin, et nous
pouvons le proclamer avec une juste fierté, l'escalier est une
conquête de l'art moderne. Les anciens, nos maîtres en tant
de choses, sont en cela nos inférieurs; car ils ne connaissaient
guère qu'une ou deux sortes d'escalier, les plus primitives et
les moins hardies de toutes.

Les architectes du moyen âge, fort experts, comme chacun
sait, dans l'art de tailler les pierres, et fort habiles à les

---

1. *Mémoires de Mme du Hausset, femme de chambre de Mme de Pompadour*,
page 119.

ajuster, furent, sinon les premiers à employer l'escalier à vis,
puisqu'il fut appliqué dans la colonne Trajane, du moins les
premiers à en généraliser l'emploi, mais il faut ajouter qu'ils
se bornè-
rent à peu
près à ce
modèle. A dire
vrai, ce genre d'es-
caliers répondait à
une foule de *deside-*
rata de premier ordre
pour leurs contem-
porains. En premier
lieu, englobé dans
les constructions, il
pouvait n'occuper
qu'une place res-
treinte. Il pouvait,
en outre, être relé-
gué en hors-d'œu-
vre », c'est-à-dire au
dehors, et devenir
ainsi, pour la façade,
un puissant élément
de décoration ; tels
sont les escaliers de
Jacques-Cœur et de
Lallemant, à Bour-

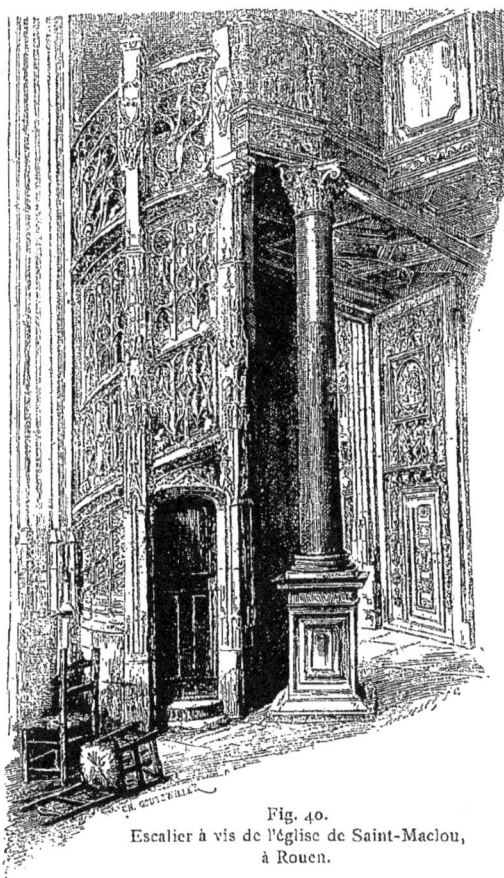

Fig. 40.
Escalier à vis de l'église de Saint-Maclou,
à Rouen.

ges, le ravissant escalier de Blois, celui du château [de Meil-
lant et cent autres. Enfin on pouvait, à la rigueur, le loger
dans l'angle d'un préau ou dans le coin d'une nef, comme le
délicieux escalier ajouré de l'église Saint-Maclou, à Rouen.

Ajoutez à cela qu'il s'éclairait facilement, qu'il permettait d'ouvrir des portes à tous les étages, qu'il pouvait s'élever presque indéfiniment et desservir les pièces les plus hautes de l'édifice, sans que sa solidité fût compromise, et qu'on le barricadait avec une extrême facilité. Certes, c'étaient là bien des avantages, et précieux pour le temps. Il ne faut donc pas être surpris que les architectes du moyen âge aient dépensé beaucoup de hardiesse, de talent et de soin à construire ces *vis* fameuses, dont Sauval nous vante les beautés.

Mais, au quatorzième siècle, les architectes ne se bornaient pas à être hardis, ils étaient encore ingénieux, et leur esprit inventif savait découvrir mille nouveautés heureuses. C'est à eux que l'on doit les curieux escaliers « à giron rampant », comme celui que nous voyons aujourd'hui encore à Amboise, et par lequel une nombreuse cavalcade peut, sans trop de peine et

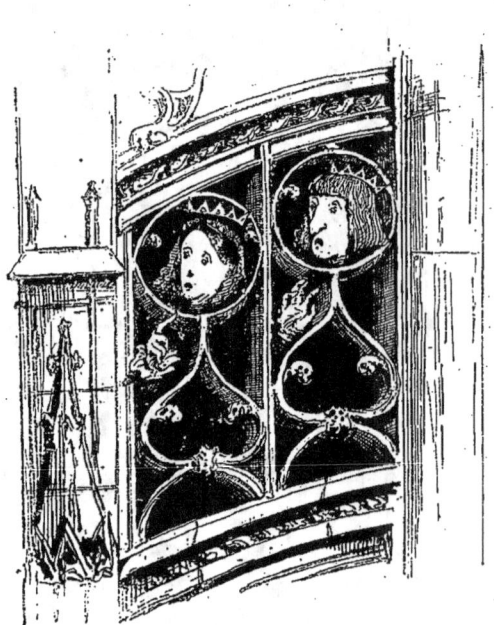

Fig. 41.

« C'est sur cet escalier que les royaux époux « tenoient leur parlement ».

sans fatigue excessive, s'élever jusqu'aux plates-formes du château. On se plaisait alors à ces raffinements de bâtisse. La solution des problèmes les plus ardus tourmentait ces cerveaux en quête de progrès. C'est également de ce temps que datent les escaliers « à double révolution », comme celui du château de Pierrefonds, ou la *vis* de l'église des Bernardins, « vis tournante à double colonne, où l'on entre par deux portes, et où l'on monte dans deux endroits, sans que de l'un on puisse être vu dans l'autre ». Ainsi Pierre Trinqueau n'inventa rien, quand il édifia, à Chambord, ce *degré* admirable, si célèbre encore de nos jours, escalier béni des débiteurs en retard et des gendres timorés, où l'on peut aller et venir, descendre et monter, sans crainte de rencontrer un visage redoutable.

Ne souriez pas, cher lecteur ; en ces temps lointains les belles-mères jouissaient déjà de toutes les prérogatives attachées à leur difficile emploi, et, sans sortir du sujet même qui nous occupe, nous pouvons constater quelle juste et légitime terreur elles savaient inspirer dès le treizième siècle. Écoutez plutôt ce que le fidèle et réservé Joinville nous raconte à ce propos : « La royne Blanche, nous dit-il en son naïf langage, ne vouloit soufrir à son pooir que son filz fust en compaingnie de sa femme. » Or saint Louis trouvait, cela se comprend, de pareilles exigences aussi cruelles que déplacées, et, tout saint qu'il était, cherchait à enfreindre les défenses maternelles. Aussi avait-il fait pratiquer au château de Pontoise un escalier secret, qui conduisait de sa chambre dans celle de la jeune reine, et c'est sur cet escalier que les royaux époux, au dire de Joinville, « tenoient leur parlement ». Conférences toujours hasardeuses, propos souvent interrompus, car, dès que les huissiers voyaient venir l'impitoyable Blanche de Castille, ils frappaient les portes de leur verge, et nos tourtereaux couronnés s'empressaient de regagner leur logis respectif. Mais revenons à nos escaliers.

Si les architectes du moyen âge étaient ingénieux et hardis, il faut avouer que, de leur côté, les charpentiers de ce temps étaient gens singulièrement habiles. Un de leurs successeurs, Mathurin Jousse, dans son *Théâtre de l'Art de charpenterie*[1], rend abondamment justice à ses confrères des siècles précédents, et nous signale quelques espèces d'escalier, déjà hors d'usage à son époque, mais qui font le plus grand honneur à l'esprit inventif de ceux qui surent les imaginer.

1. *Théâtre de l'Art de Charpenterie*, Paris, 1627.

D'abord, il nous décrit les escaliers à révolutions multiples,
qui, tout en ne comportant qu'une seule cage, desservent cependant les différents étages d'une maison, et cela sans établir
entre ceux-ci aucune communication, et sans que les habitants
des divers étages puissent, en montant ou en descendant, se
rencontrer ou s'apercevoir. Appliquez de nos jours un pareil
escalier à une maison de rapport, et vous aurez résolu un des
problèmes sociaux les plus considérables de notre temps : la
suppression des portiers et concierges.

Ce n'est point tout. Mathurin Jousse cite d'autres escaliers,
également en bois, mais montés sur pivot, et « tournant
aisément, de sorte qu'en un demy-tour, ils peuvent fermer
toutes les chambres d'une maison et forclore le passage aux
endroits où auparavant ils le donnoient ». Aujourd'hui que la
contrainte par corps est abolie, ce genre d'escaliers tournants
présente évidemment moins d'intérêt qu'il y a trente ans. Mais,
imaginez Balzac, notre grand Balzac, en possession d'un escalier pareil, et crac! en un demi-tour de clef, la paix règne dans
la maison, la quiétude s'épanouit dans son cœur. Si Balzac
eût connu Mathurin Jousse, notre littérature compterait peut-
être à l'heure actuelle quelques chefs-d'œuvre de plus.

Toutefois, malgré leurs éminentes qualités, malgré leur hardiesse singulière, malgré leur esprit ingénieux et subtil, les architectes et les charpentiers du moyen âge ne virent jamais,
dans l'escalier, qu'un moyen de parvenir aux étages supérieurs
de l'habitation. Il appartenait à leurs successeurs immédiats,
aux Philibert Delorme, aux Pierre Lescot, aux Jean Bullant,
d'y découvrir les éléments d'une décoration architectonique,
capable d'embellir une maison, un hôtel, un palais, décoration
assez importante pour qu'on lui subordonnât souvent des services d'une grande utilité. Depuis lors, personne ne l'ignore,
l'exemple de ces hommes éminents a été scrupuleusement suivi,
et l'histoire a conservé le souvenir de quelques escaliers juste-

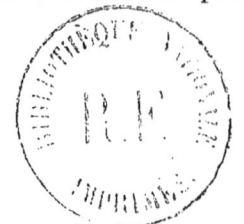

II. — 13

ment célèbres : le grand escalier de marbre de Versailles, par exemple, précieux non seulement à cause de la matière dont il était construit, mais surtout à cause de sa décoration magistrale et des peintures dont Le Brun l'avait orné [1]; l'escalier de Bagatelle en bois d'acajou, « d'une hardiesse à étonner les connaisseurs [2] ». Parmi ceux qui sont parvenus jusqu'à nous, les escaliers de l'Odéon et du théâtre de Bordeaux, pour ne citer que ceux-là, attestent que les maîtres du seizième siècle ont eu de dociles imitateurs, et l'on pourrait citer tel architecte de notre temps, arrivé au comble des honneurs et de la réputation, dont la pièce de résistance, dans chacun de ses grands ouvrages, se trouve être un monumental escalier.

Sans tomber toutefois dans cette dernière exagération, les architectes de la Renaissance et ceux qui les ont suivis nous ont dotés, il faut bien le reconnaître, d'un certain nombre de nouveaux modèles, qui leur font le plus grand honneur. C'est à eux, en effet, que nous devons ces beaux et sévères escaliers à « rampes alternatives », comme l'escalier d'Henri II au Louvre, comme ceux des châteaux de Saint-Germain ou d'Azay-le-Rideau, escaliers droits, à paliers successifs, et qui substituent au noyau de l'escalier à vis un mur d'*échiffre*, qui reçoit les deux rampes tour à tour. C'est à eux également que nous devons l'escalier à « rampes opposées », réunissant sur un même palier deux rampes, qui, parties d'un perron commun, décrivent, avant de venir se conjoindre, une courbe élégante, en forme de fer à cheval. L'escalier fameux de Fontainebleau, ceux, hélas! détruits, des Tuileries et de l'Hôtel de ville ont longtemps témoigné de l'aspect décoratif de ces sortes d'escalier.

Quant à l'escalier à « branchées successives », qui présente

1. Cet escalier magnifique fut détruit en 1752, pour faire communiquer les appartements du roi avec ceux de Mme de Pompadour (voir Barbier, *Journal*, tome V, page 173).

2. *Mémoires secrets*, tome XV, page 188.

une suite de paliers, à l'escalier à « quartier tournant », à l'escalier suspendu « en vis évidée », mis à la mode au siècle dernier et encore de nos jours le plus employé, ce sont là autant de conquêtes récentes, qui vont nous permettre de choisir tout à notre aise et la forme et les dimensions les mieux à notre convenance. Mais, avant de terminer cette petite revue rétrospective; il nous faut rendre un discret hommage à une femme de grand nom et de haut esprit, à laquelle nous sommes redevables d'une amélioration importante.

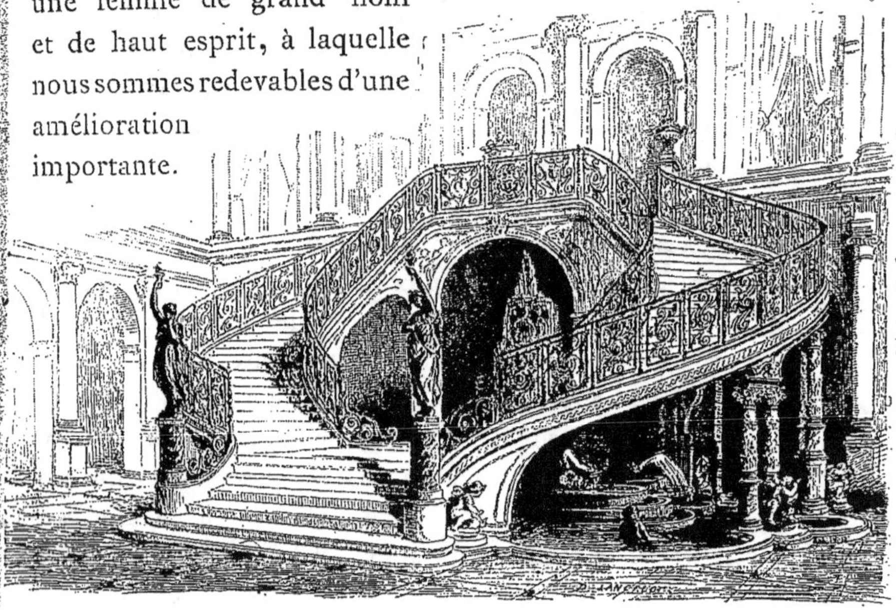

Fig. 42. — Escalier à rampes opposées, ancien Hôtel de ville de Paris.

Pendant un siècle, les architectes de la Renaissance s'étaient obstinés à placer l'escalier au milieu du bâtiment, il ne leur était pas venu à l'esprit qu'il pût occuper une autre place. De la sorte, l'édifice se trouvait toujours coupé en deux parties égales, ce qui ne laissait pas que d'être gênant. Mme de Rambouillet eut l'heureuse idée de reléguer le sien à l'une des extrémités de son hôtel, et son exemple fit école. Une grande difficulté se trouva ainsi résolue. On put dès lors avoir des enfilades de salons se succédant en bel ordre. Et voilà com-

ment c'est à la marquise de Rambouillet, à l'abbesse de ce
monastère de beaux esprits dont on a singulièrement exagéré
les torts littéraires, que nous devons cette précieuse faculté
de pouvoir loger notre escalier où bon nous semble. Qu'elle
en reçoive ici tous nos remerciements.

En toute chose, dit le sage, il faut considérer la fin. Aussi
bien, puisque nous voilà sur le point d'édifier un escalier, à
quelle fin cet escalier est-il destiné? — Telle est la première
question qui se pose.

Le but de tout bon escalier et sa raison d'être, c'est de
constituer entre les divers étages d'une maison, d'une villa,
d'un hôtel, d'un palais, une communication sûre, facile, aussi
peu fatigante que possible, agréable à l'œil, c'est-à-dire élégante de structure et aussi bien décorée que faire se peut. De
toutes ces conditions, celle qui concerne la sécurité est assurément la plus importante. Sans elle, les autres deviennent
llusoires. Comment pourrai-je, en effet, admirer une décoration de bon style, si mes regards sont absorbés par la contemplation des marches, et mon esprit par la crainte de me rompre
le cou. Or, pour que la communication soit sûre, il faut que
l'escalier soit clair, pas trop rapide; il faut en outre que ses
marches soient régulières et suffisamment larges pour que le
pied porte en plein.

Le besoin de clarté dans un endroit aussi dangereux, où
toute progression entraîne un déplacement vertical du corps et
un changement de niveau, ce besoin est tellement impérieux,
qu'il semble presque inutile d'insister sur sa nécessité pressante. Indépendamment d'une chute, qui toujours est ridicule
et qui peut être funeste, il est bon de savoir où l'on est et
de voir où l'on va. — La théorie là-dessus est formelle, et
cependant la pratique n'est rien moins que docile à ses avis.

MM. les constructeurs, en effet, semblent-ils éprouver une

sorte de joie non déguisée à reléguer leurs escaliers dans les
recoins le plus obscurs de leur bâtisse. Ils leur font prendre
jour sur des cours en forme de puits, et s'ils ont ce mauvais
sort d'avoir une cour vaste et bien éclairée, ils affectent de
réduire la dimension de leur ouverture, et d'obstruer les
fenêtres avec des stores et des vitraux, de façon à créer un
demi-jour funeste. On vient du grand air, on a les yeux
inondés de lumière, on pénètre dans cette obscurité relative,
et l'on risque de se casser les
reins.

Un autre travers, auquel
ces messieurs aiment à sacrifier,
c'est de couper diagonalement
les fenêtres. Pour ne pas déranger l'ordonnance de leur
façade, ils risquent de vous
précipiter brusquement sur le
sol par une ouverture béante.
Quoi qu'il dise et quoi qu'il
prétende, obligeons notre architecte à suivre l'exemple de
ses confrères du moyen âge,
qui réglaient leurs ouvertures
sur la hauteur des paliers, et

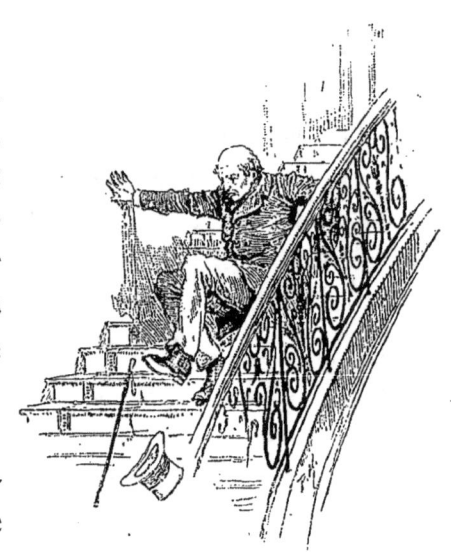

Fig. 43.
« Indépendamment d'une chute qui est
toujours ridicule... »

faisaient ressauter leurs fenêtres, suivant la montée des rampes.

Ce premier point acquis et notre escalier se trouvant suffisamment éclairé, faisons en sorte qu'il ne se trouve point trop
rapide. Rien n'est plus désagréable, en effet, qu'un escalier
trop raide. Si pour la montée, il permet de se livrer à un
indiscret examen sur les mollets des personnes qui vous précèdent, à la descente il produit une sorte de vertige capable
d'entraîner une chute dangereuse. Mme Louise, fille de Louis XV,
questionnée sur ce qui lui avait paru le plus pénible, dans la

vie religieuse qu'elle venait d'embrasser, répondit : « C'est de descendre seule un petit escalier. Dans le commencement, ajouta-t-elle, c'étoit pour moi le précipice le plus effrayant. J'étois obligée de m'asseoir sur les marches, et de me traîner dans cette attitude pour descendre [1]. » Voilà donc qui est bien entendu : notre escalier ne sera point trop rapide ; et pour cela, nous assurerons, à la cage qui doit le contenir, un développement convenable. Nous aurons soin que les contremarches (on appelle ainsi la bande verticale qui sépare deux marches successives, voir fig. 45) ne soient point trop hautes et que les marches soient d'une largeur convenable. L'expérience a démontré que pour être de bonne hauteur, la contremarche doit avoir de 14 à 18 centimètres. — Au-dessous, la descente est dangereuse ;

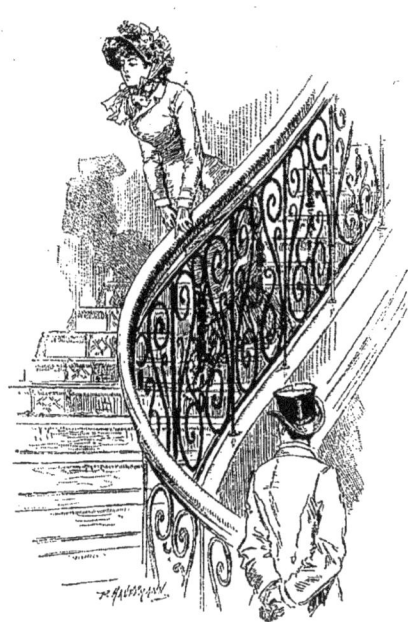

Fig. 44. — « Un escalier trop raide produit une sorte de vertige... »

au-dessus, la montée est pénible. — Quant à la marche ou *giron*, elle doit avoir à peu près le double en largeur. Un

1. Voir *Souvenirs de Félicie*. Ce fait est à retenir, et s'explique. La princesse, qui n'avait descendu que le grand escalier de Versailles, appuyée sur le bras de son chevalier d'honneur, dut éprouver, en effet, une émotion singulière la première fois qu'elle se trouva au sommet d'un petit escalier en « échelle de meunier ». Son esprit, au milieu du bruit et des scandales de la cour paternelle, avait pu se familiariser avec toutes les austérités de la vie religieuse, mais n'avait pas prévu les petits escaliers.

giron de 28 centimètres est suffisant, il ne doit jamais dépasser 36.

Ces premières dispositions étant d'utilité générale s'appliquent à toutes sortes d'escalier, quelle qu'en soit du reste la structure. D'accord sur leur nécessité, il nous reste à choisir le genre et la forme de celui que nous allons édifier.

Tout d'abord nous rejetterons loin de nous l'escalier à vis du moyen âge. Tournant constamment autour d'un pivot, il est d'une désespérante monotonie. Il lui faut, en outre, un développement considérable et fort coûteux, pour que les marches arrivent à présenter cette largeur que nous avons reconnue indispensable.

De son côté, l'escalier *à rampes alternatives*, cher à la Renaissance, convient mieux à un palais qu'à une habitation particulière. On en peut dire autant de l'escalier à *rampes opposées;* mais ce dernier est si gracieux, si élégant,

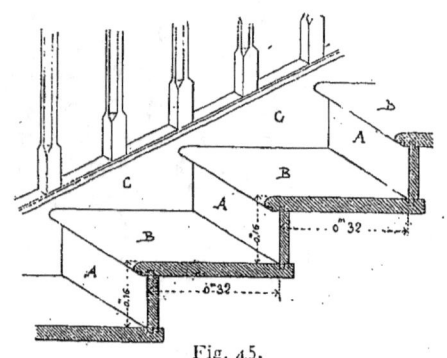

Fig. 45.
AAA contremarches. BBB marches ou girons.
CC limon.

et se prête à des effets si décoratifs, si pittoresques, que n'étaient la dépense considérable qu'il occasionne et la place exceptionnelle qu'il réclame, nous demanderions qu'il fût réservé.

L'escalier *à quartier tournant* n'est guère bon que pour les maisons de rapport. Restent donc l'escalier en bois à *branchées successives*, et l'escalier suspendu en *vis évidée*. C'est entre ces deux-là qu'il nous faut faire notre choix.

L'escalier suspendu en *vis évidée* est le plus usité de nos jours, j'ajouterai qu'il est le plus gracieux et le plus convenable pour les habitations dont le caractère moderne est bien accentué. Toutefois, il n'est vraiment pratique et commode que lorsque la cage est vaste et l'étage à franchir peu élevé. Il lui faut, en effet, un grand développement, pour que ces marches *dansantes*, c'est-à-dire de largeur inégale, puissent permettre à deux personnes de monter ou de descendre de front. En outre, il est tout d'un trait, or si la hauteur de la contremarche doit être calculée de façon à ne pas trop fatiguer les jambes, le nombre de marches, qui se suivent sans arrêt, et qui composent ce qu'on est convenu d'appeler une *volée*, doit être également limité, de façon à ne point essouffler la personne qui monte. L'escalier suspendu qui ne comporte ni paliers ni temps d'arrêt ne convient, par conséquent, que pour les petits étages.

Ici se pose une nouvelle question ; quel est le nombre de marches qu'une personne d'âge moyen, de santé et de corpulence ordinaires, peut franchir sans trop se fatiguer ? L'expérience répond par le chiffre treize. Ce chiffre fatidique est celui qui convient

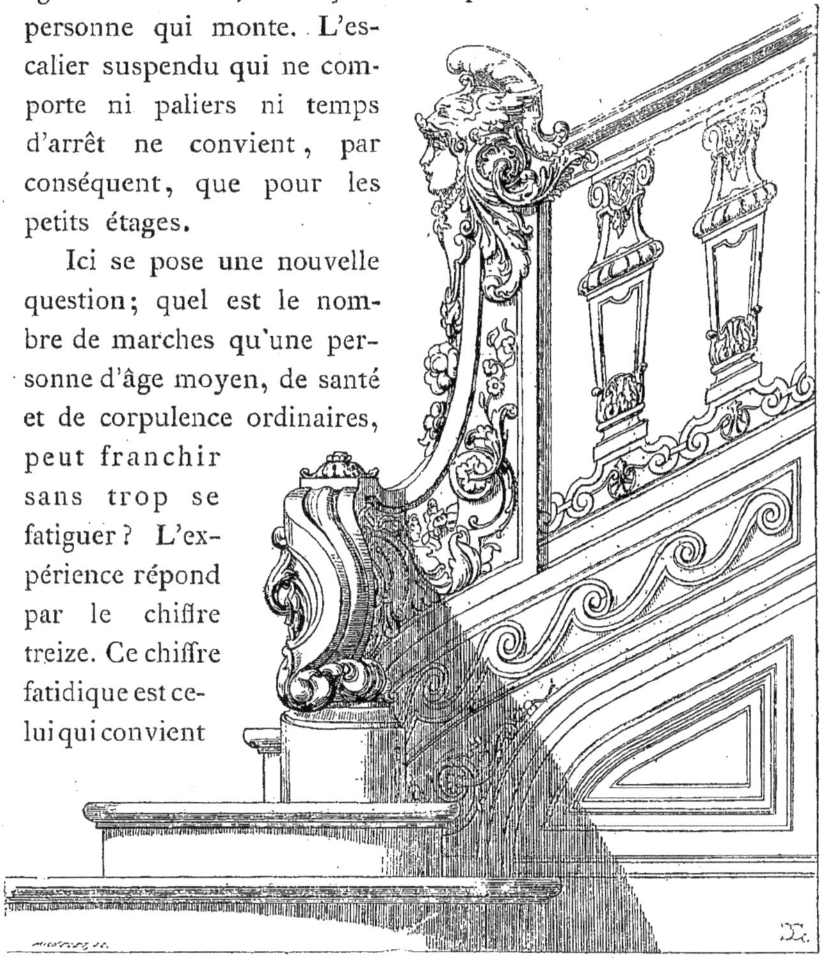

Fig. 46. — Départ de rampe Louis XIV, exécutée en bois par M. Gosselin.

le mieux à la généralité des poumons. Un escalier, comprenant des volées successives de treize marches, séparées par un petit palier, pourrait être franchi, presque sans effort, jusqu'à une hauteur très respectable; mais les escaliers de ce genre sont rares, et l'on peut, à la rigueur, élever la volée (qui doit se composer toujours d'un nombre impair de marches afin de rompre le pas) jusqu'à dix-neuf ou vingt et une marches.

Au delà, l'ascension devient très pénible. Il faut donc éviter, à tout prix, un développement supérieur à ce chiffre de vingt et un. Par con-

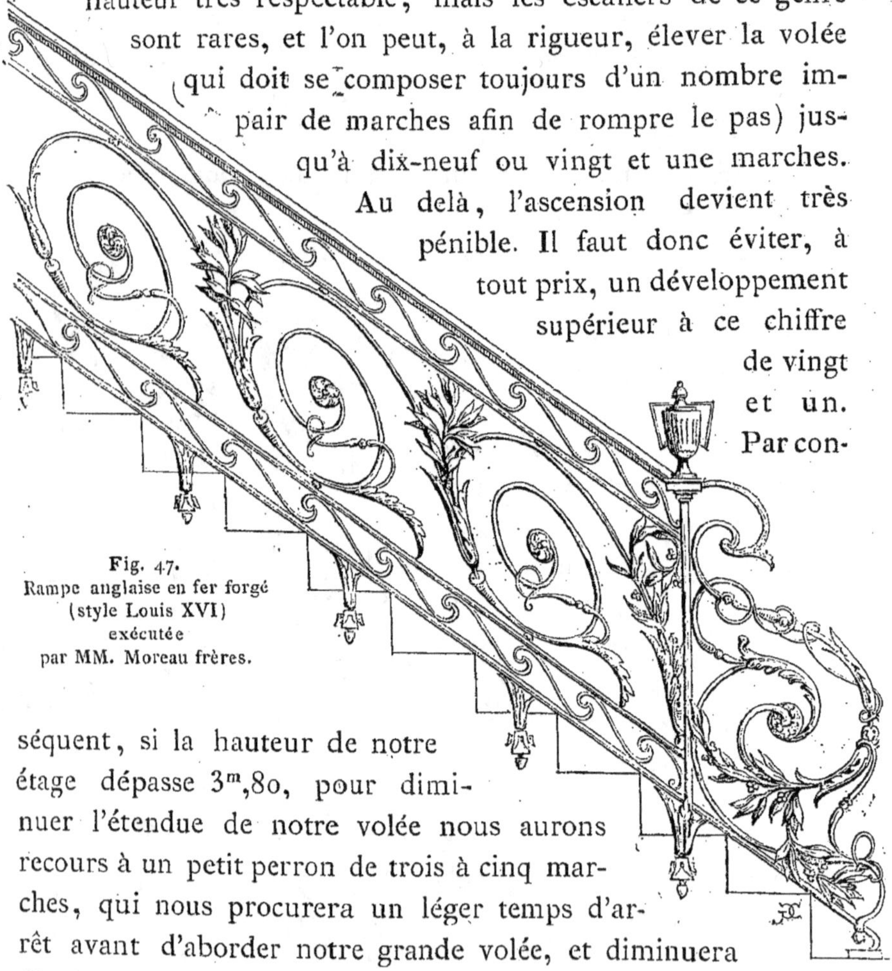

Fig. 47.
Rampe anglaise en fer forgé
(style Louis XVI)
exécutée
par MM. Moreau frères.

séquent, si la hauteur de notre étage dépasse 3^m,8o, pour dimi-nuer l'étendue de notre volée nous aurons recours à un petit perron de trois à cinq mar-ches, qui nous procurera un léger temps d'ar-rêt avant d'aborder notre grande volée, et diminuera d'autant sa longueur.

Tout ceci bien convenu, la cage de notre escalier va se trouver élégamment meublée par une courbe gracieuse, limitée extérieurement par une rampe en fer ou en bronze, et abou-tissant à un robuste piédestal. Il ne faut pas craindre, en effet, de donner un peu de massiveté au *départ* de la rampe; l'ensemble de l'escalier y gagne en élégance et en sveltesse. On peut, au reste, rattacher ce départ à la structure générale de l'escalier et, dès lors, l'établir en marbre ou en pierre. Mais, si l'on préfère le bois ou la serrurerie, il ne faut pas manquer d'attribuer à ce point d'arrêt une solidité de bon aloi.

La rampe, au contraire, doit être légère. Nous l'avons choisie en bronze ou en fer, parce que les rampes en bois ne conviennent guère qu'à des escaliers d'apparence archaïque, et ne se prêtent à de beaux effets que pour les *volées* droites. Quant à la rampe en pierre, son poids énorme nous interdit de l'employer pour un escalier suspendu. Notre rampe en métal peut d'ailleurs comporter une richesse considérable d'exécution. Intimement liée à la forme et aux proportions de la *volée*, c'est elle qui va donner son style à l'ensemble de l'escalier et de la cage.

Si l'escalier affecte de belles dimensions et présente une allure ample et majestueuse, il nous faudra choisir une rampe d'aspect un peu solennel, riche et chargée de nobles lambrequins, dans le goût du style Louis XIV. Si les proportions de l'escalier sont modestes, si la forme de la cage est raide et compassée, une rampe plus simple, dans le goût de Louis XVI, fera mieux notre affaire, et sa richesse discrète s'accommodera davantage avec les dimensions restreintes du lieu. Enfin, si au contraire la courbe de l'escalier est très accentuée, si la vis affecte un aspect contourné, c'est une rampe dans le genre Louis XV qu'il nous faudra commander au serrurier et au ciseleur.

Les panneaux qui, sur le mur d'appui, feront pendant à la rampe, devront s'inspirer du même style et, à moins de vouloir créer une disparate, le reste de la décoration devra suivre. Cette décoration sera de deux sortes : meublante pour le perron de départ et le palier d'arrivée, courante pour le reste. J'entends par là, que dans le vestibule et sur les paliers

nous pourrons disposer non seulement des sièges, des banquettes, une table, mais encore, si la place le comporte, des
tableaux, des vases ; alors que dans l'escalier proprement dit
ce genre de décoration serait déplacé. La *volée*, en effet, est,
par son essence même, un lieu de passage et non de séjour.
Il ne doit donc s'y trouver rien qui accroche nos regards, qui
retienne notre esprit et nous arrête dans notre marche ascendante ou descendante.

Une tapisserie aux teintes assoupies, une étoffe brochée,
une belle boiserie claire ou foncée, réchampie de tons plus ou
moins vifs et d'un peu d'or, des marbres, des stucs, ou encore
de belles moulures prises à même dans la pierre de taille,
conviennent supérieurement à la cage d'un escalier, et peuvent
fournir, suivant le cas, une décoration élégante et coquette, ou
noble et de grand caractère. Toutefois, pour l'emploi de ces
divers éléments d'ornementation, il faudra nous guider sur la
matière même dont est construit l'escalier proprement dit. Si les
contremarches et les *girons* sont en bois, le mur devra être,
de préférence, recouvert de boiseries et d'étoffes. Si les marches,
au contraire, sont en marbre ou en pierre, nous pourrons
habiller la muraille de panneaux de stuc ou de marbre. Mais,
dans tous les cas, nous devrons nous garder de plaquer une
matière relativement très lourde au-dessus d'une matière d'une
densité et d'un poids relativement très faibles. Il importe en
effet de ne commettre, sous aucun prétexte, ce contresens
ridicule, que les peintres en bâtiment cultivent avec une téna-
cité peu commune, et qui consiste à faire régner, au-dessus
d'un lambris en menuiserie, d'énormes plaques de marbre,
qui écraseraient la boiserie, si ces belles conceptions sortaient
du domaine de la peinture.

Un autre élément de décoration qu'il est important de ne
pas négliger, c'est celui qui résulte des lumières. Les torchères,
cariatides, girandoles, appliques, etc., le soir surtout, concou-

rent singulièrement à égayer l'escalier et à l'embellir. Le choix
de ces ornements, toutefois, demande beaucoup de précautions
et de goût. Tous doivent être du style de l'ensemble et se
raccorder à la ferronnerie de la rampe. Quant aux cariatides,
si le vestibule est très vaste, elles pour-
ront être de grandeur naturelle. Si, au
contraire, le vestibule manque d'ampleur,
on devra préférer comme porte-lumière
des vases, des gerbes de fleurs ou des
enfants.

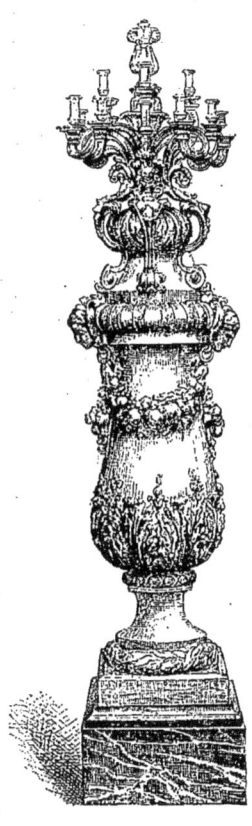

Fig. 48.
Torchère d'escalier en
bronze et marbre.

Le plafond entre aussi parmi les éléments de décoration de tout bel escalier.
Il doit être, autant que possible, allégé
par une série de moulures rétrécissant le
sommet de la cage, et par une peinture
imitant les nuages et le ciel, c'est-à-dire
trouant la maçonnerie. En aucun cas, du
reste, le plafond ne doit avoir une apparence lourde et sombre. On comprend, en
effet, quelle contrainte exerce, sur l'esprit
d'une personne qui monte, une masse
pesante ainsi suspendue.

L'escalier que nous venons d'analy-
ser et de décrire est conçu en vue d'un
hôtel particulier de moyenne importance
et de style moderne. Mais, s'il peut être
regardé comme le type d'un bel escalier,
ce n'est point à dire qu'il soit le seul modèle à suivre.

Nous pourrions citer nombre d'hôtels de construction récente,
celui de M. Cernuschi entre autres, où les proportions que
nous avons indiquées se trouvent singulièrement dépassées, et
où les escaliers affectent des allures magistrales. En outre, pour
un hôtel bâti et meublé dans un style archaïque, ogival ou

renaissance, notre escalier conviendrait mal. On devra choisir, pour ce genre d'hôtel, une autre disposition et un agencement différent. Ou bien il faudra s'inspirer d'un de ces beaux escaliers qui sont l'honneur des châteaux et des palais de la Renaissance, ou bien on devra construire un escalier en bois à montées droites et à paliers successifs.

La rampe de ce dernier s'appuyant sur une balustrade à jour, ses panneaux moulurés qui couvrent la muraille, les tonalités discrètes du vieux bois, mêlées aux teintes adoucies des tapisseries anciennes ou aux brillants reflets des cuirs étampés, produisent une harmonie captivante, pleine de charme. Les avantages de ce genre d'escalier sont, en outre, assez nombreux. Tout d'abord, il tient moins de place; les tapis s'y tendent mieux; les marches étant partout de largeur égale, on peut monter et descendre plusieurs à la fois; les volées sont plus courtes, et les paliers successifs représentant une suite de temps d'arrêt peuvent recevoir cette parure de tableaux, de miroirs, de faïences, qu'au nom même du bon sens nous avons sévèrement proscrite durant la montée. Pour l'amateur de curiosités, pour le possesseur d'objets d'art, il y a donc là une heureuse occasion d'exercer son goût d'arrangement et de faire étalage de ses richesses.

Notre premier escalier était plus solennel, il sentait davantage la cérémonie, l'apparat, la réception. Celui-ci est plus aimable et surtout plus intime. Le premier doit plaire davantage à des cerveaux jeunes, amoureux du décor; le second satisfera mieux les intelligences délicates, revenues du pays des illusions, et qui trouvent, dans l'étude, leurs distractions et leurs plaisirs. Nous dirions volontiers que l'un parle plus aux yeux, et l'autre à l'esprit, si l'escalier n'était précisément le seul endroit du logis où ce dernier n'a que faire. Que le diable, en effet, vous préserve de « l'esprit de l'escalier ».

III.

L'ANTICHAMBRE
ET LE PARLOIR

Après l'es-
calier, c'est de
l'antichambre
qu'il faut nous
occuper. — Nous
avons dit qu'en
maintes circonstan-
ces, et surtout dans
les hôtels particu-
liers, le vestibule
se confondait par-
fois avec l'anti-
chambre. A bien
prendre, cette con-
fusion devrait être
encore plus intime,
et l'antichambre ne
devrait être qu'un
lieu de passage. On

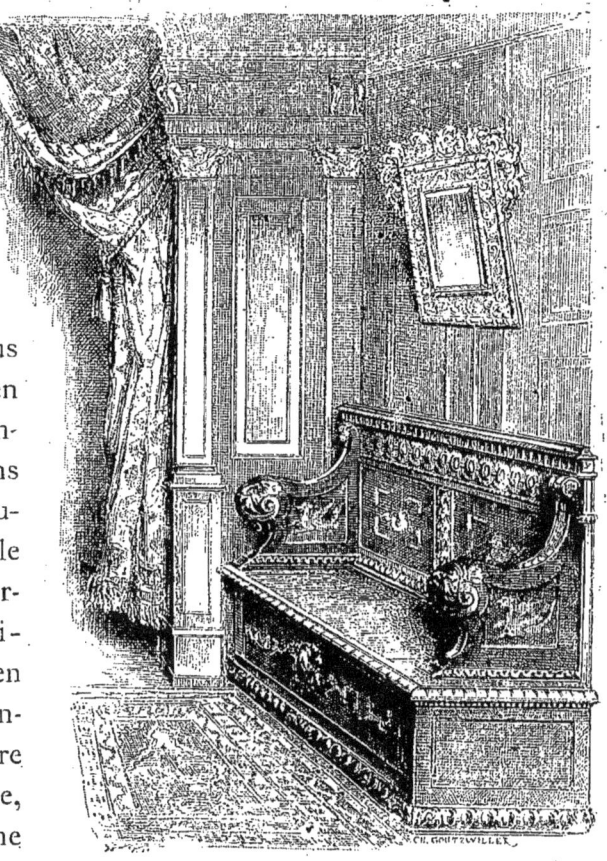

Fig. 49. — Coin d'antichambre chez M. Leclanché.

sait quelle signification peu aimable a conservé la locution
« faire antichambre », et l'on a présente à l'esprit la bruyante
exclamation de don Juan : « Parbleu, coquins, je vous appren-
drai à laisser M. Dimanche dans une antichambre! » En ces
temps déjà lointains, l'antichambre était, sauf dans les demeures
royales [1], exclusivement réservé à la domesticité, et « propos

1. Nous voyons à plusieurs reprises Louis XV et la reine Marie Leczinska dîner
soit aux Tuileries, soit à Versailles ou à Choisy, dans leurs antichambres. Dans
ces palais, on désignait, sous ce nom, les salles d'attente qui précédaient la cham-

d'antichambre » signifie encore de nos jours conversation de laquais.

Il a fallu la singulière étroitesse de nos appartements modernes, pour dénaturer le service de cette pièce indispensable. Dans la plupart des maisons construites en ce siècle, elle est devenue un endroit où l'on séjourne. C'est là qu'on fait attendre les fournisseurs, les créanciers, les solliciteurs, les inconnus, contresens d'autant plus choquant, que l'égalité fait chaque jour dans nos mœurs de plus sensibles progrès.

Mieux inspirés que nous, les peuples qui ont conservé un respect et une vénération sans bornes pour leur intérieur, pour ce *home* dont on ne connaît bien toute la valeur et toute l'importance que dans les pays du Nord, ont laissé au vestibule et à l'antichambre leur véritable caractère. Ces deux pièces sont demeurées, chez eux, lieux de passage, et, dès qu'il faut attendre, ne fût-ce qu'une minute, on est introduit dans une pièce annexe qui porte le nom de salle d'attente ou de parloir [1].

Puisque nous édifions une maison modèle, et que nous avons choisi un terrain de suffisante étendue pour loger convenablement tous nos services, nous ne nous priverons point d'un local si utile. Cette précaution, en effet, est d'autant plus sage, que la crainte de faire faire antichambre à des gens de mérite nous porte très souvent à ouvrir notre salon ou notre cabinet à des fâcheux fort difficiles ensuite à éconduire; car une fois admis dans notre intérieur, les importuns ont sur nous plus de prise. En Angleterre, en Hollande, le maître de maison, averti qu'un inconnu le demande, se rend au parloir, et après l'avoir vu et écouté, s'il juge convenable, il ouvre au

bre à coucher de la reine ou du roi. (Voir à ce sujet les *Mémoires* de Saint-Simon et ceux du duc de Luynes.)

1. En Angleterre, le mot *parlour* signifie également salle à manger et petit salon; il demeure bien entendu qu'il ne s'agit ici que de la petite pièce située auprès de la porte d'entrée, petite pièce qu'on retrouve dans toutes les maisons hollandaises, où elle porte le nom de *spreekkamer*.

visiteur la porte de son intérieur, ou l'expédie rapidement et le congédie sans difficulté. C'est ainsi qu'il défend sa maison de toute intrusion fàcheuse. L'exemple est trop bon à suivre pour devoir être négligé.

Donc nous aurons un parloir. Ce sera un réduit de moyenne grandeur, modestement décoré. — Une table au milieu de la pièce, avec quelques journaux, des *revues* et des livres, des sièges symétriques rangés le long des murs, une glace et quelques cadres : voilà, *grosso modo*, en quoi se résumera le mobilier de notre *spreekkamer*. Cette simplicité un peu rudimentaire nous est commandée, au reste, par la qualité incertaine des visiteurs que doit recevoir notre salle d'attente. Le premier venu pouvant y trouver accès, tout déploiement de luxe qui sentirait l'ostentation deviendrait, par cela seul, d'un goût douteux. Il faut que l'inconnu pauvre, qui vient frapper à notre porte, ne soit pas gêné par un contraste trop marqué entre son dénûment et notre somptuosité. En outre, comment éconduire le solliciteur suspect, comment refuser, au milieu d'un luxueux appareil, au quémandeur dangereux le secours qu'il vient réclamer de notre bienveillance ou de notre faiblesse ?

Si notre mobilier est simple, nos sièges devront en outre être uniformes. Cette uniformité nous est commandée par la qualité diverse des personnes qui peuvent se rencontrer dans une commune attente. La bonne éducation étant marchandise rare en tout temps, le premier arrivé est tout naturellement disposé à s'emparer de la meilleure place, et médiocrement enclin à la céder à qui arrive après lui. Il est donc important d'éviter qu'une personne digne de tous nos respects se voie reléguée sur une petite chaise, alors qu'un maître faquin se carrera tout à son aise dans un large fauteuil.

Nous avons dit que les murailles seront garnies de quelques cadres. N'oublions pas que rien de ce qui sent l'intimité ne doit trouver accès dans notre parloir. On évitera donc d'y suspendre les portraits de parents ou d'amis. De belles gravures, de bonnes photographies convenablement espacées, occuperont pendant quelques instants le regard des visiteurs. Quant à la glace, indispensable pour leur permettre de constater l'état de leur toilette et d'en réparer au besoin le désordre, elle pourra trouver place au-dessus de la cheminée.

On voit que, réduits à ce strict nécessaire, la décoration et le mobilier ne prêteront point matière à de fâcheuses observations. La simplicité y régnera en maîtresse; toutefois, l'ensemble peut en être conçu avec goût. Bien que la pièce doive être largement éclairée, — car il importe que le maître puisse dévisager d'un coup d'œil ceux qui ont recours à lui, — la tenture et les garnitures pourront être d'une tonalité foncée, ce qui ajoutera au caractère sévère, discret et réservé de la décoration générale. Le parquet ciré ou recouvert d'un tapis sombre, une boiserie de un mètre en chêne ou en noyer régnant tout autour de la pièce et la lambrissant de panneaux sobrement moulurés, un papier velouté uni, d'une teinte rouge grenat, vert ou marron, relevé par une bande de même couleur, mais plus foncée, feront ressortir les cadres tout en

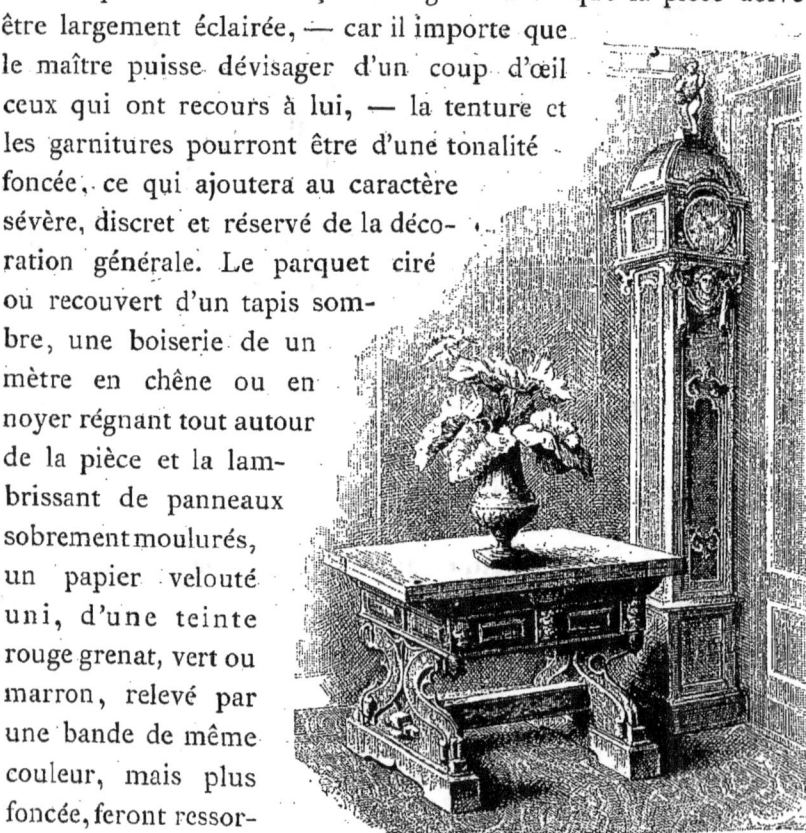

Fig. 5o. — Coin d'antichambre, hôtel de M. V. de M.

donnant à l'enveloppe de notre parloir une allure à la fois austère et distinguée.

Les chaises, en chêne ou en noyer, pourront affecter la forme Louis XIII, avec dossier carré, pieds renflés et croisillons. Le siège et le dos des chaises, en maroquin, en reps ou en velours frappé, seront assortis comme couleur à la bande encadrant la tapisserie. Les rideaux seront de même nuance, en reps ou en velours. Quant à la table, l'ébéniste devra la faire de même style que les chaises, et on pourra la recouvrir d'un tapis oriental, ce qui donnera un peu de gaieté à la pièce. A la rigueur, même si cette dernière est de quelque étendue, en outre des livres et des journaux dont nous avons déjà parlé, on placera au milieu de la table une coupe en faïence ou en cuivre repoussé avec des fleurs naturelles.

La garniture de cheminée, dont nous n'avons encore rien dit, devra, pour ne point créer de disparate, se composer d'une de ces petites pendules dites « religieuses », et de deux candélabres en cuivre, à pieds renflés, ou de deux lampes simples, mais de bon goût. Point d'autres meubles. — Ainsi décorée, notre salle d'attente sera bien conforme au programme que nous nous sommes tracé. Elle aura ce genre de beauté qui résulte de l'observation stricte des convenances, et nous rendra certainement d'inappréciables services.

Si notre parloir, par la nature même de l'emploi auquel nous le destinons, est forcément simple, discret et modeste, il n'en est pas de même de l'antichambre, dont nous allons nous occuper maintenant. Celle-ci est en quelque sorte l'avis au lecteur, l'avant-propos, l'avertissement, qu'une main ingénieuse place en tête du livre, et qui familiarise le lecteur avec les surprises qui lui sont réservées. Une antichambre bien comprise doit donc, comme toute bonne préface, avertir le visiteur de notre position sociale, l'informer de notre fortune, lui laisser entrevoir notre caractère, et par conséquent se proportionner comme décoration à notre degré de richesse et à la somptuosité de nos goûts. Vitruve a, sur ce sujet, émis quelques réflexions excellentes [1]. — « Le style c'est l'homme, » a dit de son côté Buffon ; et cet aphorisme peut s'étendre jusqu'au style de l'ameublement, qui doit toujours être en complète harmonie avec notre situation, notre tempérament et nos mœurs.

Suivant les circonstances, notre antichambre pourra revêtir une élégance aimable, analogue à celle de la Renaissance, la gravité sévère qu'on retrouve dans l'époque Louis XIII, la somptuosité du siècle de Louis XIV, la fantaisie séduisante et rocailleuse du règne de Louis XV, ou la grâce discrète et délicate de Louis XVI. Elle peut, en plus, être sobrement meublée et conçue dans une préoccupation unique, ou décorée à profusion d'objets de provenances diverses. Elle peut respirer l'ordre, la méthode et l'austérité ; elle peut au contraire donner raison au vers fameux de Boileau, et prouver, avec l'*Art poétique*, que

Parfois un beau désordre est un effet de l'art.

Mais, dans tous les cas, nous fuirons l'encombrement. Si rien, en effet, n'est déplacé dans une antichambre, si miroirs, tableaux, faïences, statuettes et mêmes statues, vases, armes, tentures, bibelots, peuvent y figurer à condition d'être disposés avec goût, encore faut-il que la circulation y demeure toujours facile, et que la pièce n'abdique jamais son caractère essentiel, qui est d'être un passage et non pas un lieu de séjour. Ceci bien compris, s'il nous fallait tracer un modèle, voici quelles seraient nos indications.

De belles boiseries lambrissant la muraille et encadrant une tenture de cuir repoussé, gaufré, doré, peuvent constituer notre base décorative. De larges portes sculptées en plein bois

1. Voir *Vitruvii Pollionis opera,* lib. VI, ap. IV.

et enchâssées dans des chambranles renforcés de gracieux pilastres, le tout réchampi de quelques traits d'or, achèveront notre cadre. Là dessus, nous distribuerons meubles et objets d'art, en telle quantité qu'il nous plaira. Pour leur assortiment, nous ne craindrons point les anachronismes, et nous nous montrerons franchement éclectiques.

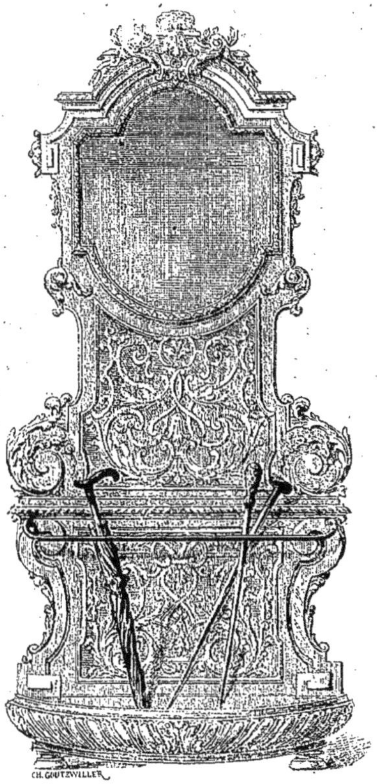

A un joli banc, dans le goût de la Renaissance, orné de coussins brodés ou recouverts en velours frappé, nous associerons de grands fauteuils de style Louis XIV, à large dossier, où nos domestiques pourront sommeiller à l'aise. Un canapé de même genre, sur lequel on peut laisser tomber pardessus, pelisses et manteaux, fera vis-à-vis à une table robuste aux pieds massifs et renflés. Une belle lanterne, en fer repoussé ou en bronze ciselé, descendant du plafond, viendra marquer le milieu de la pièce. Joignez à cela un solide porte-cannes, un miroir de Venise, quelques faïences, ou, si l'on préfère, un ou deux tableaux d'honnête qualité, tout cela d'aspect vaillant, énergique, robuste, car, ne l'oublions pas, nous sommes dans un lieu de circulation constante, où tout est soumis à des frottements, à des heurts, à des coups.

Enfin, nous pourrons encore garnir nos panneaux de quelques armes, mais en petit nombre, et nous les choisirons fran-

Fig. 51. — Porte-cannes en bois sculpté, exécuté par M. Legriel.

chement archaïques, et assez hors d'usage pour qu'elles ne puissent constituer une menace pour nos visiteurs, ni leur faire naître l'idée subversive de les employer contre nous. En conséquence nous éviterons avec soin les trophées de chasse. Quant aux bois de cerfs, de biches ou de daims, nous ne les admettrons sous aucun prétexte et à aucun prix; car, non seulement leurs formes maigres et irrégulières sont peu décoratives, mais ils sentent toujours l'affectation. S'ils nous révèlent, en effet, les goûts cynégétiques du maître de la maison, en affichant trop ouvertement ses triomphes, ils dénoncent une fierté prétentieuse, alors que s'il est marié les plaisants peuvent y découvrir un fâcheux pronostic.

Par contre, si le cœur nous en dit, nous pourrons agrémenter notre antichambre de quelques-uns de ces grotesques en bois sculpté et peint, guéridons amusants, pittoresques, inventés au dix-septième siècle [1], et qui demeurèrent si fort à la mode pendant tout le siècle dernier, courriers, sauvages, singes grimaçants et contorsionnés, qui peuvent, au choix du maître, servir de porte-cannes ou encore de porte-cartes.

Un beau bassin en cuivre repoussé, posé sur notre large table, pourra pareillement servir à ce dernier usage, et jettera par ses reflets une note gaie, tranchant joyeusement sur les teintes sombres de la boiserie. Ajoutons encore quelques corbeilles de fleurs, un épais tapis de Smyrne recouvrant le milieu de notre pièce, pour assourdir le bruit des allées et venues, et un petit réduit ménagé sur l'une des faces latérales, pour servir

1. Ce fut dans une fête offerte, en juin 1651, par la duchesse de Chaulnes à la reine régente Anne d'Autriche, que ces guéridons firent leur apparition pour la première fois.

> ... Elle avoit fait arranger
> A l'entour de la même salle,
> Et dans une distance égale,
> Des mores noirs et pas blonds,
> Faits en forme de guéridons.

C'est en ces termes galants que Loret, dans sa *Muze historique*, signale la première apparition de ces grotesques, qui allaient devenir rapidement à la mode.

de vestiaire, et fournir un discret asile aux vêtements. Ainsi
conçue, décorée et meublée, notre antichambre, riche sans être
trop prétentieuse, luxueuse sans ostentation, se proportionnant,
comme luxe et comme richesse, à la richesse et au luxe dé-
ployés dans les pièces qui vont suivre, ne peut manquer de
prévenir en notre faveur l'étranger ou l'inconnu qui pour la
première fois nous vient faire visite.

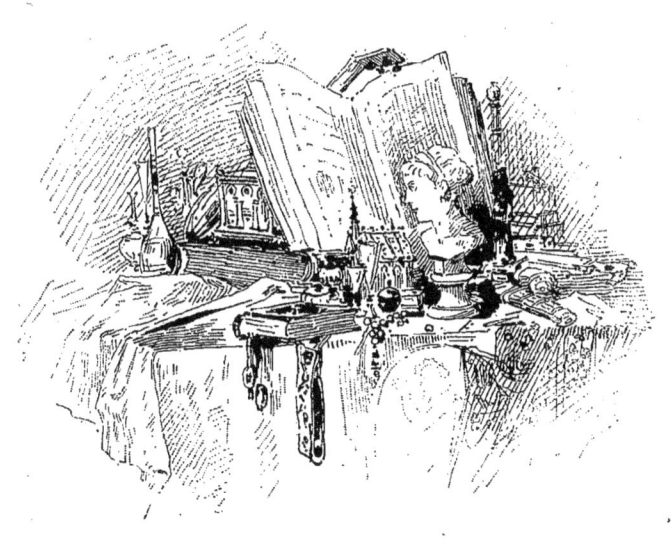

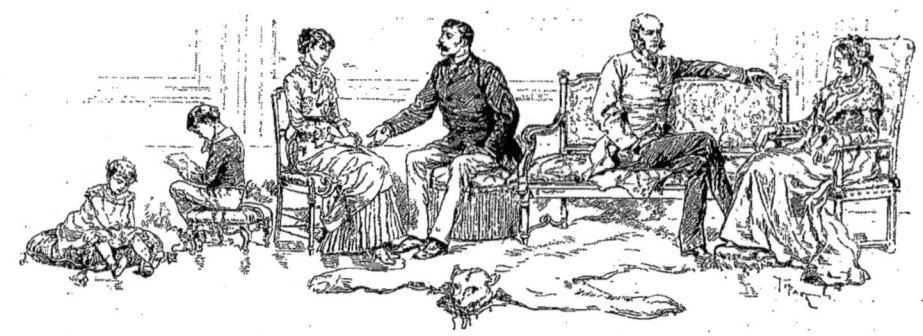

Fig. 53. — « Les coussins sont pour les marmots, les tabourets pour les enfants, les chaises pour les jeunes gens, le canapé pour les amis, le pouf pour les intimes, et le fauteuil pour la personne qu'on vénère. »

LES APPARTEMENTS DE RÉCEPTION

I. LE SALON

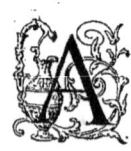PRÈS avoir traversé l'antichambre, nous pénétrons dans le salon. L'ordonnance et la décoration de cette pièce sont des plus importantes. C'est l'appartement de réception par excellence, celui où les étrangers en relations avec nous trouvent directement accès. C'est là, en outre, que nous réunissons nos amis. Visites, fêtes, réjouissances, ont le salon pour théâtre ou pour annexe. Il importe donc de le rendre digne par son aspect du rôle qu'il est appelé à jouer dans l'économie générale de notre existence mondaine.

Tous les hommes de science étant d'accord sur l'influence produite par les milieux, on serait assez malvenu à nier que la physionomie générale d'un salon n'exerce, à la longue, une action plus ou moins directe sur l'humeur, l'esprit et la conversation de ceux qui y sont réunis. Sombre et triste, il portera à la mélancolie. Clair et joyeux, il disposera à la gaieté. Trop étroit, des invités nombreux s'y trouveront gênés et craindront l'asphyxie. Trop vaste, quelques amis réunis autour du foyer y seront mal à l'aise, et sembleront perdus dans son excessive étendue. La convenance, cette grande qualité primordiale, que doit présenter tout d'abord chaque pièce de notre habitation, réside donc ici dans une question d'harmonie et surtout d'équilibre. Elle trouve sa satisfaction dans certaines proportions heureuses, répondant à la fois aux besoins de l'hygiène, aux commodités de l'esprit et à l'agrément des yeux. Voilà pourquoi, dès le principe, il importe de ne point nous égarer dans des combinaisons chimériques, et de réduire le champ si vaste des exemples et des modèles dignes de nous inspirer.

La belle idée, en effet, que nous aurions d'aller, comme on le fit il y a quatre-vingts ans, demander à Rome antique ou à l'Étrurie la décoration de nos appartements de réception !

Et d'abord les anciens ont-ils connu le salon tel que nous le comprenons ? — La chose est au moins douteuse. Cet asile de la causerie, ce sanctuaire de la conversation, ce temple de la politesse aimable et galante, vous le chercheriez vainement dans leurs habitations. A Herculanum, à Pompéi, à Ostia, le salon brille par son absence, et le Palatin, ce palais des palais, cette résidence somptueuse des Césars, renferme un nombre incalculable de chambres, mais ne contient pas un seul salon.

Après l'antiquité, il nous faut sauter au moyen âge. Douze siècles d'intervalle ! le bond peut sembler prodigieux, et cependant le monde au milieu duquel nous tombons n'est guère plus pratique. Ses usages, nous l'avons déjà expliqué, non plus que son mobilier ne sauraient nous convenir. En outre, pour la pièce qui spécialement nous occupe, nous serions aussi mal servis. Pas plus dans le manoir féodal que dans la maison antique, on ne rencontre de salon. La *maître-chambre* en tenait lieu, chambre bonne à tout, excepté à causer; et que serait venue faire, en effet, la conversation chez ces seigneurs illettrés, au milieu des préoccupations guerrières qui dominaient au logis ?

N'oublions jamais que c'est seulement du règne de François Ier, c'est-à-dire, de la Renaissance, que date l'introduction
des femmes à la cour; et que c'est seulement au siècle suivant
que naquit la « sociabilité » française. Limitons, par conséquent,
aux trois derniers siècles la série de modèles et d'exemples

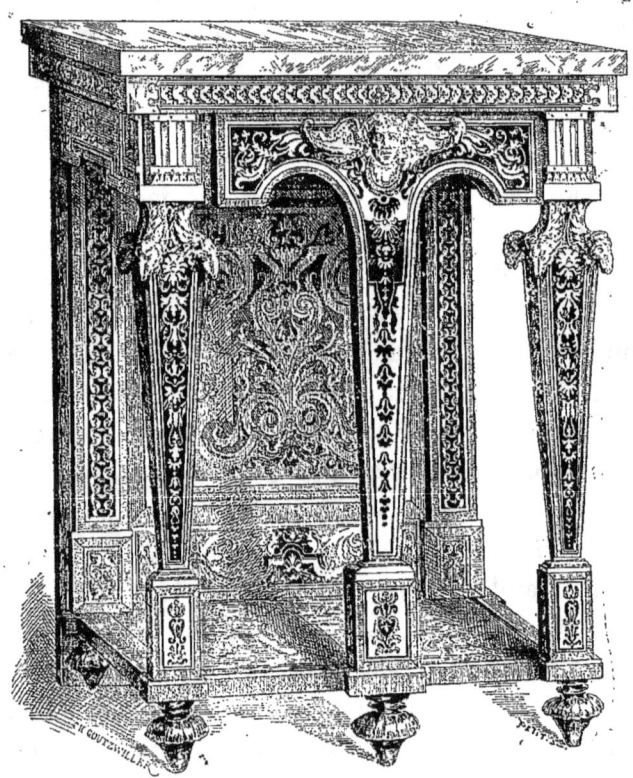

Fig. 54. — Console de salon en marqueterie de Boule (galerie d'Apollon).

empruntés aux époques passées, et souvenons-nous que, pour
nous sembler convenable, une pièce quelle qu'elle soit doit
être avant tout à notre convenance.

Notre salon ne sera donc ni trop grand, ni trop petit, —
nous avons dit pourquoi. — Mais comme nous ne pouvons
non plus lui demander d'être élastique, et que le nombre des

invités et des amis que nous sommes appelés à recevoir est
éminemment variable, le seul moyen de prévenir tout excès
dans un sens ou dans l'autre, c'est d'avoir deux salons, un
grand et un petit: le petit, pour les réunions intimes; le grand
pour les réceptions d'apparat. Au besoin même, ces deux pièces
mises en communication par deux *portes rentrantes*, dont nous
expliquerons bientôt le mécanisme, pourront, dans le cas de
fêtes exceptionnelles, fournir une salle de grandeur inusitée.
De la sorte, nos visiteurs se trouveront toujours dans un milieu
convenable et proportionné à leur nombre.

Commençons par nous occuper du grand salon. Il ne suffit
pas que ce salon soit d'une taille convenable, il faut encore
qu'il soit bien proportionné. J'entends par là que ses diverses
dimensions doivent se combiner pour former un beau cube,
qui satisfasse l'esprit et contente les yeux. Pour cela, il est
indispensable que ni sa longueur ni sa largeur n'affectent un
développement excessif, et que sa hauteur soit en harmonie
avec le reste.

Afin de nous faire bien comprendre, poussons tout de suite
les choses à l'extrême. Supposons un plafond trop bas: il écra-
sera la pièce, et notre salon prendra l'aspect de l'entrepont d'un
steamer. Imaginons-le trop haut : il nous semblera que nous
sommes au fond d'un puits, et la situation ne sera guère plus
agréable. D'un autre côté, si nous développons avec excès l'une
de nos dimensions, longueur ou largeur, notre pièce paraîtra
une galerie, un corridor, une allée ; elle perdra son caractère
de salon. Tout salon, heureusement compris, doit avoir un
centre bien visible, autour duquel tout gravite, invités, amis,
mobilier et décoration. Si le parallélogramme s'allonge trop,
il manifeste, comme l'ellipse, dans laquelle il pourrait s'inscrire,
une tendance à avoir deux *foyers*. Dès lors, il perd son unité,
qui est une de ses qualités plastiques les plus indispensables,
en même temps qu'un de ses charmes.

Est-ce à dire que le carré parfait soit, par excellence, le plan du salon, et le cube régulier sa forme idéale ? — Assurément non. Nos lecteurs n'ont pas perdu le souvenir de ce que nous avons dit plus haut des surfaces concordantes. La parfaite régularité qu'elles présentent entraîne à sa suite l'uniformité qui engendre l'ennui. Voilà pourquoi un salon parfaitement carré est insupportable. Un salon rond est dans le même cas. Il semble que la conversation doive y tourner toujours dans le même cercle. Je vous défie de concevoir idéalement un salon rond sans éprouver le besoin de le cribler de fenêtres et de portes. Or, ces baies multiples, que dans votre pensée vous percez de toutes parts, en ouvrant des perspectives sur les pièces ou sur les terrains adjacents, ont justement pour effet de détruire la parfaite régularité de votre forme première. De bonnes proportions, pour ce genre de pièces, consistent dans une longueur supérieure d'un quart environ à la largeur, et dans une hauteur légèrement inférieure à la plus petite de ces deux dimensions.

Grâce à ces dispositions préliminaires, voici la monotonie bannie de notre salon. Nous sommes sûrs qu'il ne sera point ennuyeux; certes, c'est quelque chose, mais il nous faut maintenant essayer de le rendre gai. Cette gaieté si précieuse dépend presque exclusivement de la quantité de lumière qu'on laisse pénétrer, et du nombre d'ouvertures qui donnent accès, soit au jour, soit même aux visiteurs. Si une pièce brutalement éclairée est parfois fatigante et indiscrète, une pièce sombre, par contre, est presque toujours triste. — Mais rien n'est plus facile que d'augmenter ou de diminuer, dans une très large proportion, la quantité de lumière qui pénètre du dehors. Outre le jeu des stores et des rideaux, nous avons la couleur de nos tentures, qui peut à volonté refléter ou absorber la clarté du jour, et augmenter ou diminuer l'éclairage de la pièce. C'est ainsi que pour tendre un salon largement éclairé, il faut choisir une couleur chaude et profonde, rouge, grenat, ponceau, marron ou vert sombre, et éviter un plafond blanc qui réfléchit toujours brutalement les rayons de la lumière. Pour un salon faiblement éclairé, prenez de préférence une nuance fine et froide, vert clair, bleu tendre, gris ou jaune, détachez le plafond en clair et rattachez les boiseries à la tonalité dominante.

Quant au nombre des ouvertures, portes et fenêtres, reportons-nous à la XXVᵉ proposition développée dans notre *Grammaire*. — Une seule fenêtre et une seule porte donneraient à notre salon un air de recueillement, un aspect retiré, difficilement accessible. Ouvrez deux fenêtres et quatre portes, la pièce, devenant abordable de toutes parts, prendra une figure hospitalière, animée, gaie, joyeuse. Il est bien entendu que si nous sommes forcés de compter avec les murailles, de respecter la construction, nous simulerons les portes qui nous manquent. Pour les fenêtres, nous y suppléerons, dans une large mesure, avec des glaces habilement disposées.

Le cadre convenablement agencé, il s'agit maintenant de bien le remplir, c'est-à-dire de compléter par une décoration de bon goût une pièce distribuée d'après les conseils du bon sens. La décoration de notre salon, nous le savons, peut reposer sur l'un des deux principes suivants: nous pouvons la concevoir fixe, c'est-à-dire résultant de l'architecture même de la pièce; ou mobile, c'est-à-dire résultant des meubles et des objets d'art qui la garnissent.

Étudions d'abord la parure de notre salon au point de vue de la décoration fixe. Nous choisissons naturellement, pour champ de nos expériences, une pièce de proportions normales, où la lumière est abondante, où les portes et les fenêtres sont en nombre satisfaisant et disposées de façon à laisser entre elles des trumeaux de taille suffisante pour recevoir une décoration de convenable étendue. Les points dont, après cela, il nous faut tenir compte, c'est notre âge, notre position, notre tournure d'esprit, nos convenances en un mot; car nous devons surtout éviter les disparates, et créer entre notre personne et le cadre où elle est appelée à se mouvoir une harmonie aimable et rationnelle.

Si donc une gravité de bon aloi est notre fait, si nous sommes revenus de ces rêves ensoleillés, où l'avenir joyeux, bruyant et tapageur apparaît sans nuages, où la vie se montre encore far-dée de lis et de roses, les nuances vives doivent être bannies,

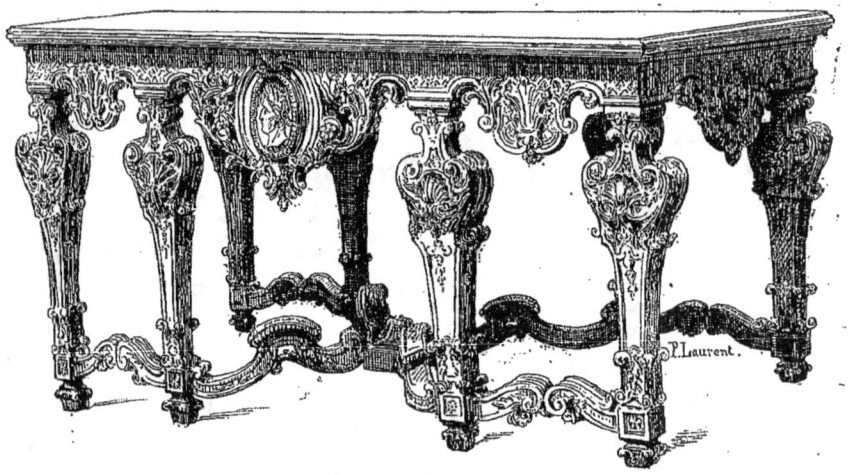

Fig. 55. — Table de salon en bois sculpté et doré (Mobilier national).

les lignes ondoyantes doivent être proscrites. Partout des teintes sobres, discrètes, assoupies, reposant nos yeux, absorbant la lumière, partout des lignes droites et calmes, n'engageant point l'esprit dans des méandres de combinaisons difficiles à suivre, mettront la décoration de la pièce à l'unisson de nos besoins et de nos goûts. Cette décoration pourra trouver, dans une belle tapisserie représentant une action héroïque, une chasse, un bocage, ou dans un damas de Lyon à large dessin, encadré dans une boiserie noblement sculptée, son premier élément d'ornementation. Une corniche également sculptée, ornée de

festons et de denticules, relevés par quelques traits d'or, viendra raccorder la muraille au plafond divisé en caissons colorés
dans un ton neutre, et voisin, comme *valeur*, de celui de la
boiserie.

Au milieu de la pièce, un grand lustre en bronze ou en
cristal, de forme sévère; aux fenêtres, des rideaux de velours
frappé, de lampas ou de damas; des portes en bois brun,
sculptées et relevées d'un peu d'or, compléteront la toilette de
notre salon, dont une cheminée un peu vaste achèvera la
parure. Cette cheminée en marbre de couleur devra, comme
dimensions et comme formes, se rassortir au style général de
la pièce. Elle sera surmontée d'une peinture décorative, et s'il
se peut d'un portrait. — Une glace placée aussi haut serait
inutile, et par conséquent ridicule.

Si cet appareil vous semble un peu sévère, substituez une
brocatelle à votre damas; abaissez d'un ton la couleur de la
boiserie; peignez-la en un gris un peu monté, largement relevé
d'or; agrémentez les portes de quelques attributs, fleurs, armoi-
ries, emblèmes, vivement enlevés par un leste pinceau;
dorez les denticules de la corniche, et aux caissons du plafond
substituez une peinture dans le goût de Le Brun, de Restout,
de Coypel. Vous récupérez ainsi en magnificence ce que vous
aurez perdu en discrétion.

Si vous êtes jeune, aimable, galant, amoureux des plaisirs
et dans l'âge des fêtes, empruntez au dix-huitième siècle ses
beaux lambris dorés. Que les boiseries sculptées, peintes en
vert clair ou en gris, ton sur ton, et réchampies d'or, garnissent
les murailles du sommet à la base; que Cupidon dirige cette
fête des yeux, en y prodiguant ses attributs charmants; que le
petit dieu malin se niche aux angles de vos corniches; que son
arc, son carquois, son flambeau, couronnent les cintres gracieux
qui terminent vos panneaux, et que ses tourterelles viennent
animer les élégants rinceaux qui s'enlacent sur la muraille.

Multipliez les glaces; que partout les cristaux étincellent et que la cheminée, réduite à ses modernes proportions, devienne le centre des galants propos, la tribune aux harangues aimables.

Mais ces teintes claires et cet or offusquent vos regards. Sans cesser d'être accueillant, vous voulez paraître plus modeste et plus sage. Cupidon vous déplaît ainsi niché partout. — C'est dit. — Redressons vite ces courbes molles et lascives. Remplaçons ces méandres par des lignes plus austères. Que le goût fin et charmant des contemporains de Louis XVI vienne inspirer notre décoration. Un pinceau délicat va meubler, de gracieuses arabesques, ces panneaux encadrés de moulures classiques, à moins qu'une tapisserie fleurie ou un lampas broché de couleur tendre n'en vienne varier l'aspect de ses reflets nacrés. Ainsi compris, le salon, sans abdiquer sa coquetterie, va gagner en grâce et en modestie tout ce qu'il perdra en splendeur et en faste.

Le style général de notre pièce fixé, le reste découle de soi. Sans nous montrer étroitement exclusifs, ce qui serait une maladresse, et en nous conformant à ces principes éclectiques, adoptés par nous comme une nécessité de notre temps, nous devons faire en sorte que l'harmonie règne entre le cadre que nous venons d'achever et les meubles meublants qui vont en former la parure. Pour le principal du mobilier, la dépendance doit être clairement écrite. Nos meubles de fond s'accorderont donc avec la décoration murale, et notre fantaisie s'exercera seulement sur les petits meubles secondaires.

Si, au contraire, nous accordons la préférence à la décoration mobile, les choses changent d'aspect. Avec elle, nous l'avons dit, l'ornementation du salon ressort avant tout et surtout du mobilier lui-même. C'est donc au mobilier que le reste doit être subordonné. Toutefois, pour que cette décoration réponde aux exigences du goût et des convenances, pour qu'elle présente une correction plaisante à l'œil et agréable à l'esprit, il faut qu'elle revête, elle aussi, un caractère suffisant d'unité et qu'elle répudie les discordances trop visibles. Pour cela, il est indispensable que tout entière elle découle d'une source unique, c'est-à-dire qu'elle ait pour origine un seul et même point de départ.

Pour bien établir cette dérivation, nous allons donc choisir, dans notre salon, un meuble dont l'importance nous paraîtra capitale, et ce meuble nous fournira notre base de décoration. Le procédé, du reste, n'est pas pour nous absolument nouveau. Nous l'avons déjà employé pour l'escalier, où la forme de la volée nous a fourni le style de la rampe, qui, à son tour, a décidé

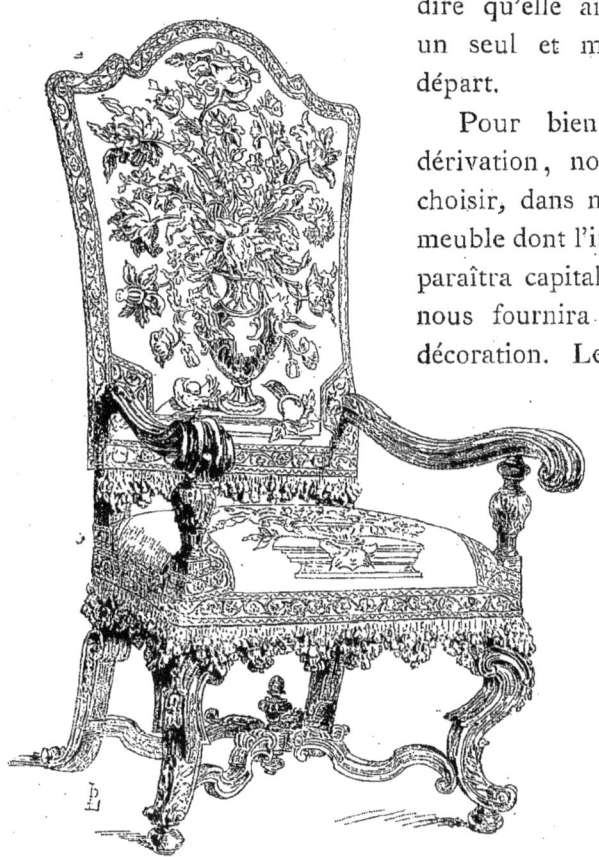

Fig. 56. — Fauteuil style Louis XIV, à grand dossier, en bois sculpté, couvert d'un « velours à parterre ».

de toute la décoration intérieure. Donc, quel est dans un salon le meuble capital, le « meuble de style » ? — Assurément c'est le fauteuil. Ce n'est pas sans raison que les *précieuses*, dans leur langage alambiqué, l'ont appelé le « véhicule de la conversation ». Sans fauteuils, point de récits bien contés, point de propos aimables, de réparties délicates, de *concetti*, en un mot point de conversation possible. Or, la conversation est l'âme même du salon, c'est sa parure, son attrait, son charme et sa raison d'être. Voilà pourquoi on peut à la rigueur concevoir un salon sans glaces, sans tables, sans lustre, sans piano, sans tableaux, mais non pas sans fauteuils. Enlevez les fauteuils d'un salon, et la pièce semblera toute dégarnie. C'est un crâne sans cerveau ; c'est une salle, ce n'est plus un salon.

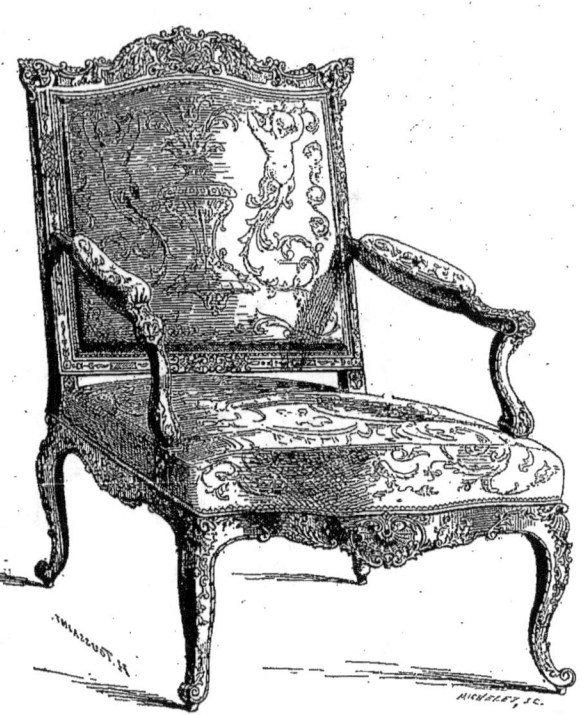

Fig. 57. — Fauteuil Louis XIV, à dossier bas, couvert en tapisserie, exécuté par M. Legriel.

Ajoutez encore que le fauteuil n'est pas seulement un meuble indispensable. Il est le siège par excellence, et dans la hiérarchie des sièges il occupe le premier rang. Il règne, domine, commande, et les autres, qui semblent ses sujets, se plient et se modèlent sur son enveloppe et sur ses formes. Enfin il est le siège honorable entre tous, celui que la maîtresse de maison assigne, comme une faveur spéciale, aux personnages importants. Les coussins sont pour les marmots, les tabourets pour les enfants, les chaises pour les jeunes gens, le canapé pour les amis, le pouf pour les intimes, le fauteuil est réservé à la personne qu'on respecte, qu'on vénère, que l'on fête et que l'on choie. Place d'honneur pour les étrangers, il devient, pour la maîtresse de maison, le poste autoritaire, où trône, dans l'appareil de sa toute-puissance, la reine du logis. Pour en déterminer la taille et les allures, c'est donc sur le caractère, la position, l'âge et les goûts de la maîtresse de maison qu'il va falloir nous régler.

Les années, chère lectrice, ont-elles argenté votre longue chevelure ? La neige des ans vous a-t-elle poudrée à frimas ? Vos pensées ont-elles pris cette tournure calme, cette teinte grise, dont l'âge estompe nos passions ? Dédaignez la bergère dont le nom prétentieux est toujours ridicule; méprisez la ganache qui ne saurait vous convenir; repoussez le voltaire dont les allures philosophiques ne sont point de votre sexe; choisissez le grand fauteuil Louis XIV : lui seul est votre fait. Son luxe un peu massif, son élégance solide et cossue, ses formes amples et géné-reuses indiquent une situation qui désormais échappe aux caprices du sort. Son gigantesque dossier, pareil à un abri, semble per-sonnifier la barrière discrète, dont l'homme revenu de ses douces erreurs, qui sont, à franc parler, le meilleur bagage de la vie, aime à s'entourer. C'est le siège qui convient le mieux à l'âge mûr. C'est, au milieu de la famille, au coin de la grande cheminée, le port béni, auquel aboutit une existence honnête et bien remplie.

Mais, comme la vieillesse est toujours et partout une excep-tion, il faut bien vous garder d'assigner à tous vos autres sièges ce caractère un peu trop spécial. Sans créer de disparate, en restant dans ces mêmes données, sans renoncer à ce style sévère, à ces formes amples et robustes, vous pouvez abaisser les dos-siers et donner à vos fauteuils une allure plus dégagée, une forme plus moderne. Pour les autres sièges, chaises et tabou-rets, la dimension en est réglée par le choix du type principal; nous n'avons donc rien à en dire.

Au contraire, les années, chère lectrice, vous sont légères, les fils d'argent ne se faufilent pas encore parmi vos noirs cheveux ; comme la pompe et l'appareil majestueux cadrent mal avec la jeunesse, à moins que l'étendue de votre salon ne vous contraigne à l'emplir de meubles aux larges proportions, le mobilier du grand roi ne saurait être votre affaire.

Le style Louis XV non plus ne vous convient pas ; il est trop tourmenté, point assez sérieux, et son extravagance contournée commande trop impérativement à la décoration murale. Mais le style Louis XVI, dans sa modestie coquette, avec ses bois marquetés ou peints, grâce surtout à la dorure qu'il emploie, aux étoffes claires et brillantes qu'il déploie, ouvre un large champ à votre fantaisie. Toutefois, le fauteuil continuera de conserver son importance hiérarchique. Quoiqu'il se montre moins majes-

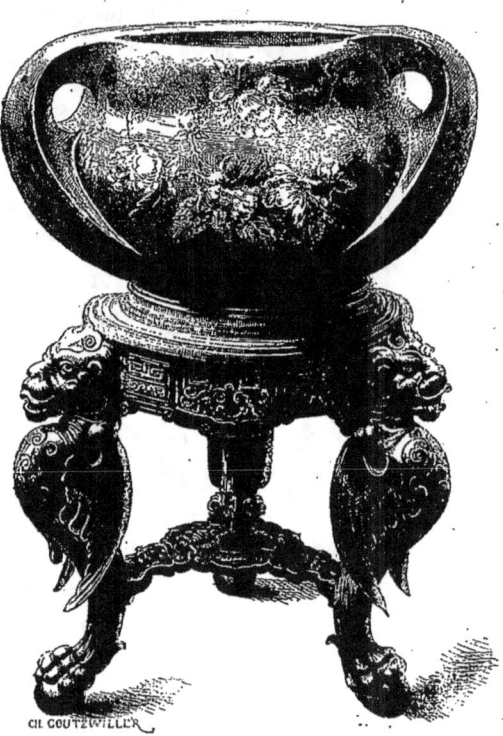

Fig. 58.
Grand vase en faïence, décoré au grand feu, exécuté par M. Haviland.

tueux, son empire n'en continuera pas moins de s'étendre sur une foule de nouveaux sujets aimables et familiers. Mille petits meubles douillets, pimpants, coquets, sveltes, gracieux, légers, attestent par leur variété l'intervention d'une imagination féminine, jeune et active. Le tête-à-tête, la marquise, l'S, le vis-à-vis, la causeuse, la chaise volante, le

bout-de-pied, viennent grossir l'armée des sièges de fantaisie.
Constatons, en outre, que ce ne sont pas seulement des formes
nouvelles qui s'accusent, c'est l'habit qui change et offre plus
de variété. Les soieries brochées, damassées, moirées, pailletées,
brodées de mille façons, nuancées de mille couleurs, composent
un bouquet charmant, et communiquent à tout l'ameublement
une fraîcheur délicieuse.

Enfin, pour compléter le mobilier de notre salon, et pour
en bien marquer le milieu, installons à son centre une table,
une jardinière, un grand vase ou une *borne,* largement capi-
tonnée, et servant de base à une corbeille fleurie, dont les
gerbes audacieuses s'élèvent vers notre lustre. Disposons avec
goût les guéridons, consoles, etc., qui ont leur place marquée
dans les coins et entre les trumeaux; mais refusons rigoureusement l'accès de la pièce aux tables de travail, aux paniers à
ouvrage; point d'encrier non plus, point de papiers, point de
livres ni de journaux traînant sur les meubles. Le grand salon,
ne l'oublions jamais, est par excellence un lieu de réception,
d'entretiens un peu cérémonieux et de causerie. Il ne doit être
qu'accidentellement un des refuges de la famille. Les réunions
amicales ont pour théâtre exclusif le petit salon.

II. LE PETIT SALON

Réduit plus intime, consacré non plus aux réceptions d'apparat, mais aux réunions familières, à ce discret comité que
composent les parents et les amis d'élite, le petit salon doit se
distinguer de son grand frère par des proportions plus modestes, par une ornementation moins pompeuse, par un
mobilier plus confortable et un aspect plus dégagé. Sa physionomie doit être, en outre, plus franchement moderne. Lieu de
constant séjour, il est de son devoir de se mettre à l'unisson de
ceux qui passent entre ses murailles une bonne part de leur

vie. On doit y percevoir le reflet de nos préférences, l'empreinte
de nos préoccupations dominantes, l'indice certain de notre goût.

Cette modernité, toutefois, peut ne point résulter de formes
essentiellement nouvelles. Elle
peut trouver son expression
dans un éclectisme ingénieux,
rassemblant en un étroit espace
mille objets divers, dans l'assortiment, le groupement de
ces divers objets, et dans les
contrastes plus ou moins inattendus, mais toujours artisti-
ques, créés par leur réunion.
Autant nous avons mis de soin
à proscrire du grand salon
tout ce qui ressemblait à du
désordre, autant nous pouvons ici donner libre cours à
notre fantaisie.

Sans toutefois présenter de
fouillis, notre petit salon offrira
donc un gracieux assemblage
de jolis meubles d'époques
différentes et de styles variés.
Il pourra renfermer quel-
qu'un de ces cabinets italiens
chargés de peintures ou marquetés d'ivoire, quelqu'un de

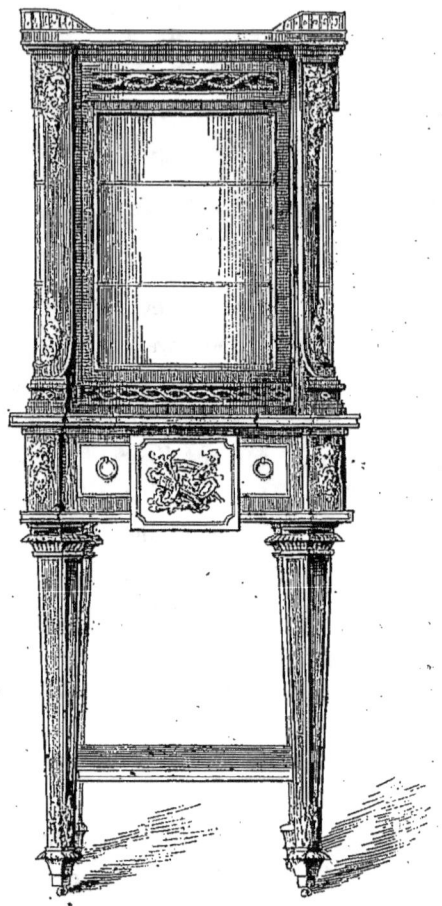

Fig. 59. — Petite vitrine en marqueterie
et bronze doré,
exécutée par M. Lippmann.

ces *stipi*, ou cabinets *gemmés*, relevés de colonnes et de
cabochons en pierres dures, ou encore une de ces fines crédences en noyer sculpté, si chères à Catherine de Médicis
et à son entourage. La présence de la maîtresse de la maison
s'y révèlera, de son côté, par ces petits chefs-d'œuvre d'ébé-

nisterie, corbeilles, tables à ouvrage, bureaux étroits, guéridons, etc., gracieusement nommés « meubles à la reine ». Ajoutez à cela les consoles, les tables volantes, les encoignures laquées, les étagères, les vitrines doublées de velours ou de peluche, dans lesquelles les émaux, les ivoires fouillés, les argenteries délicates, les nielles, les petits bois sculptés, trouvent un asile coquet et un confortable refuge. Je passe sous silence toute cette cohorte de délicieux bijoux, si chers à nos fringants ancêtres, montres, étuis, bonbonnières, tabatières et drageoirs chargés de miniatures, enrichis de brillants, innombrables fantaisies, qui donneraient à cette énumération les proportions et les allures d'un catalogue.

Qu'on ne s'y trompe point, toutefois; il ne suffit pas d'entasser bibelot sur bibelot, ni de placer côte à côte des objets d'une indiscutable valeur, et comme art et comme prix, pour obtenir un groupement harmonieux. C'est même là le point délicat, où se manifeste d'une façon spéciale le goût du maître ou de la maîtresse du logis. C'est par la manière dont ces mille riens, si précieux, sont choisis et disposés que le petit salon revêt un cachet personnel.

Si, plus que partout ailleurs, l'éclectisme est ici de règle, cependant, cet éclectisme que nous prônons ne consiste point — il ne faut pas craindre de le redire — à entasser, dans un même lieu, une multitude de choses diverses, rassemblées sans méthode, rapprochées au « petit bonheur ». Une orfèvrerie de Germain, un bronze de Caffieri; une *rustique figuline* de Bernard Palissy, une terre cuite de Clodion, un plat de Gubio, une pâte tendre de Sèvres, une statuette de Tanagra, un émail de Jean Ier Penicaud, tous ces objets pris isolément sont choses admirables; mais, rapprochés imprudemment, ils peuvent se nuire au point d'amoindrir, d'atténuer, de paralyser, leurs beautés respectives, et de faire un désastreux effet. L'art, en ces matières, consiste à combiner ces précieux éléments, de façon que notre œil soit capivé, notre esprit satisfait, et que les gens sévères et délicats ne trouvent rien à reprendre aux anachronismes dont il faut se rendre coupable.

Nous avons dit également que notre petit salon pouvait chercher sa parure principale et trouver sa note intime et légèrement familière dans l'introduction d'un certain nombre

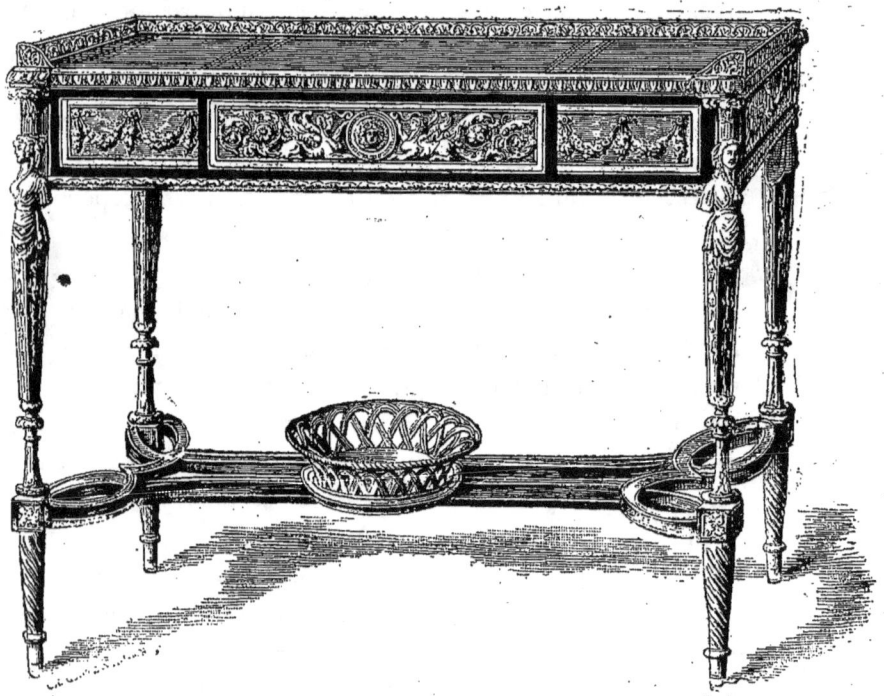

Fig. 60. — Table à ouvrage, ornée de bronzes ciselés et dorés, époque Louis XVI (Mobilier national).

de meubles nouveaux. Gardons-nous, toutefois, d'ouvrir ses portes aux gros meubles, dont le caractère d'utilité domestique s'étale avec trop d'évidence. Point de commodes, point de bahuts robustes, ni de buffets à un ou deux corps. Aucune armoire, aucun meuble un peu haut ne doit être toléré, s'il a des portes pleines. — Pour que notre petit salon conserve intact son caractère de pièce de réception, il importe que rien de caché ni de fermé ne vienne faire soupçonner à nos hôtes qu'on a pour eux quelque secret. Aux encoignures mêmes et aux cabinets, il est de bon goût de laisser la clef sur la serrure.

Ceci convenu, voyons un peu par quels liens notre petit salon se rattache au reste de notre appartement. Tout d'abord, nous pouvons le supposer absolument indépendant. Il constitue alors une pièce à part, ayant sa destination spéciale, ne relevant d'aucune autre. Dans ce premier cas, notre fantaisie peut se donner libre cours et vagabonder à sa guise.

La décoration, l'ornementation, le mobilier de la pièce se trouvant livrés complètement à notre choix, si c'est plus spécialement l'hiver que nous habitons notre petit salon, nous pouvons en faire une sorte de nid chaud et douillet, garni de moelleux tapis, tendu de damas épais ou de « verdures » flamandes. S'il doit nous recevoir en d'autres saisons, nous pouvons, à l'aide d'une tenture de satin, de brocatelle ou plus simplement de cretonne ou de perse, lui donner un aspect printanier. On pourra encore le concevoir lambrissé de belles boiseries colorées en des tons moyens, — ni trop clairs, ils seraient indiscrets, ni trop sombres, ils porteraient à la mélancolie, — ou même simplement garni de papier d'une nuance chaude, et d'un dessin ramagé à la fois élégant et sobre.

Reste maintenant à fixer l'esprit général dans lequel doit être conçu notre ameublement. Là, notre embarras ne saurait être long. Nous avons déjà expliqué que c'est seulement avec le règne de la femme, inauguré par la Régence, que les petits appartements ont fait chez nous leur apparition. C'est en ce temps légèrement licencieux, que les salons intimes se sont substitués aux salons d'apparat, comme aussi c'est à lui qu'appartient la création de ces recoins élégants, de ces discrets réduits, cabinets de toilette et boudoirs, dont, paraît-il, l'impérieux besoin ne s'était point fait antérieurement sentir. Nous voilà donc condamnés à être franchement modernes.

Une autre raison vient encore s'ajouter à ces obligations en quelque sorte historiques. Dans une pièce d'importance réduite, une grande et vaste cheminée, avec son ordonnance monumentale et son attirail de gigantesques chenets, de crémaillères et de landiers, serait au moins déplacée. La petite cheminée de marbre s'impose donc à nous; et elle s'impose

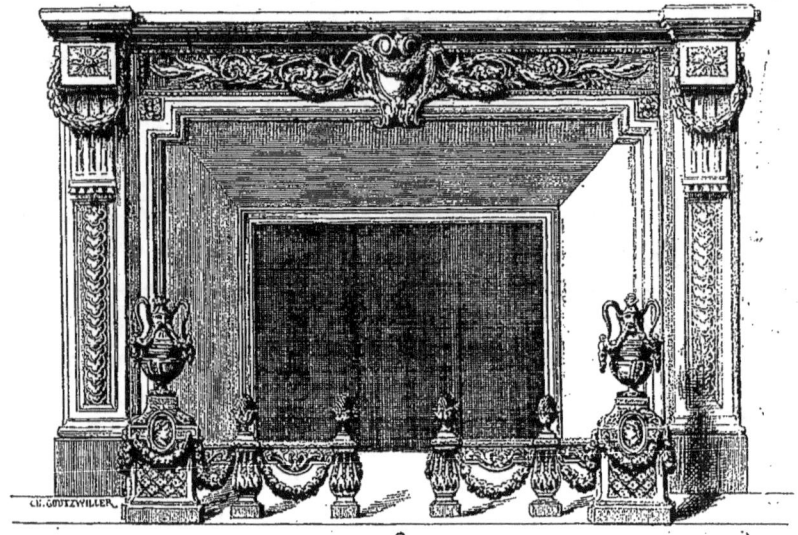

Fig. 61. — Cheminée de petit salon, exécutée par M. Parfonry.

non seulement parce que ses dimensions se trouvent mieux en harmonie avec la taille réduite de notre petit salon, mais encore parce qu'elle joue, dans l'économie générale de cette pièce, un rôle de tout premier ordre.

Elle ne se borne pas, en effet, avec sa grande glace, avec sa tablette de marbre ou de velours, chargée d'une coquette et brillante garniture, à égayer notre élégant réduit, elle forme encore un centre naturel de sociabilité, autour duquel tout gravite. C'est autour de la cheminée que vont se grouper en bel ordre les fauteuils, chaises, tables et guéridons formant le demi-cercle. C'est autour de la cheminée que parents et amis prennent place. Il importe par conséquent que notre foyer, pour qu'il n'abdique pas son caractère familier, se proportionne par ses dimensions à son entourage immédiat, et que sa taille réduite et ses formes modestes répudient toute apparence solennelle et toute fausse majesté.

Mais cette petite et gracieuse cheminée, qui s'impose ainsi à notre choix, était inconnue avant le règne de Louis XV; nous voilà donc encore une fois ramenés à ce dix-huitième siècle, qui dès la première heure s'est lui-même désigné à nous comme la limite extrême de nos incursions dans le passé. Au reste, tout emprunt fait à un siècle plus lointain ne nous profiterait guère. Il nous mènerait, par des chemins bien connus, à un mobilier sévère ou pompeux, et la pompe comme la sévérité sont choses dont il faut, ici, nous garder par-dessus tout.

Bien loin de vouloir augmenter la solennité de notre mobilier, nous chercherons au contraire à la diminuer, en substituant au bois doré, ou au bois noir relevé de bronzes ciselés, qui flamboient et sentent toujours, de près ou de loin, le mobilier d'apparat, un bois laqué de gris ou de blanc, rehaussé de légers lisérés d'une couleur délicate et tendre. Rien n'est frais et galant comme un meuble couvert de satin broché, quand il est encadré de la sorte; — ou encore, si cet attirail nous paraît trop champêtre, trop coquet, trop féminin, nous conserverons à nos bois, chêne ou noyer, leur couleur naturelle, en la réchampissant de quelques légers traits d'or.

Voilà, n'est-il pas vrai? qui semble marcher à souhait. Cela provient assurément des principes généraux dont nous sommes pénétrés, mais surtout de ce que nous avons conçu notre petit salon en dehors de toute préoccupation extérieure, sans chercher à raccorder sa décoration à celle d'aucune autre partie de notre logis, sans tenter |de résoudre d'autres problèmes que ceux découlant naturellement des nécessités d'habitation, de commodité et de convenance. Il peut arriver, toutefois, que notre petit salon soit appelé à rendre encore d'autres services. Il se peut, et nous l'avons prévu, que nous nous croyions obligés de le disposer de telle façon qu'il devienne, à l'occasion, une précieuse annexe pour notre grand salon de réception. — L'idée en soi n'a rien de condamnable. Elle est fort sage au contraire. Cette combinaison nous offre même, pour les jours de réception nombreuse, des dégagements précieux, mais en même temps elle nous impose des préoccupations nouvelles.

Pour que notre petit salon puisse remplir commodément et convenablement son rôle d'annexe, il faut non seulement qu'il se trouve à proximité de notre grand salon, mais encore qu'il communique avec lui d'une façon commode et spacieuse. Cette communication pourra s'établir de deux manières différentes, soit par une très large porte centrale, dont les battants sont remplacés par des panneaux montés sur des coulisses, et rentrant dans la muraille, soit par deux portes à deux battants, laissant entre elles un vaste trumeau plein, ou crevé avec une glace sans tain, qui permet de voir d'une pièce ce qui se passe dans l'autre.

Le premier moyen, usité en Angleterre, très répandu en Hollande où il est d'un emploi général, mais peu pratiqué chez nous, se prête à de jolis effets décoratifs, surtout dans les appartements où le pittoresque domine. En outre, il établit, pour l'œil, une communication plus nette et plus franche. Avec lui, la réunion est plus complète, plus intime. Étant dans une pièce, on est moins étranger à ce qui se produit dans l'autre. Il est donc préférable à beaucoup d'égards, surtout dans les habitations de médiocre étendue. Le second, plus généralement usité en France, laisse la démarcation plus tranchée, et réserve davantage à chaque pièce son caractère particulier. Mais, dans l'un comme dans l'autre cas, du moment que nos salons sont exposés à être réunis et à constituer un

ensemble, encore doit-on faire en sorte d'éviter tout disparate qui semblerait trop choquant.

   Si notre grand salon de réception est agencé, décoré, meublé franchement à la moderne, notre embarras sera presque
nul. Pour constituer cette ressemblance indispensable, pour
donner à nos deux pièces cet air de famille auquel elles ont
droit, il suffira de continuer, avec quelques ingénieuses va-
riantes, la décoration du grand salon dans le petit. Mais si
notre grand salon est conçu dans des données archaïques, par
conséquent, plus austères, plus sé-
rieuses, plus magistrales, plus
grandioses, la solution
du problème ne
laisse pas que
d'être parfois diffi-
cile, et réclame
toute notre atten-
tion.

   Toutefois,
c'est moins le
mobilier qui doit
nous préoccu-
per ici, que la
décoration des
surfaces mu-
rales. Grâce
à l'habileté
des tapis-
siers, les
meubles se
plient assez
bien à leurs
destinations

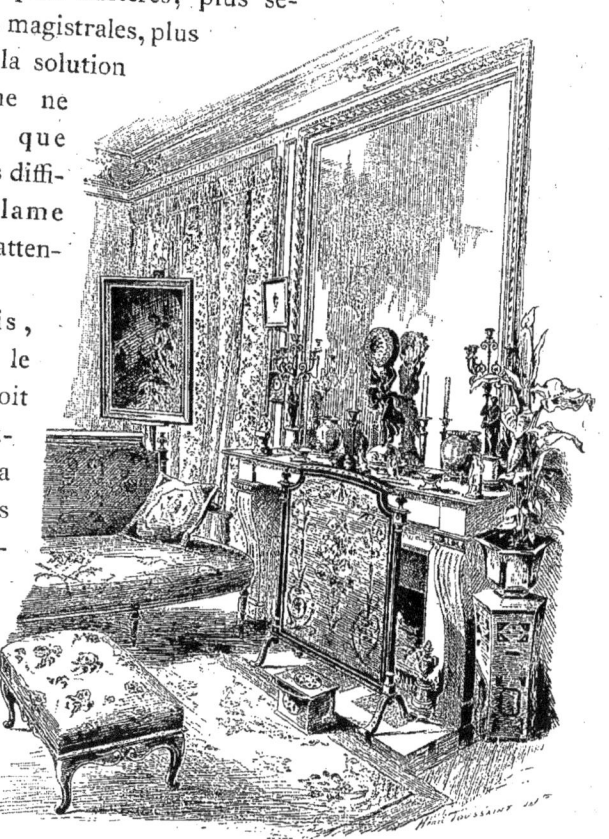

Fig. 62. — Coin de petit salon.

multiples. Sans que le style en souffre trop, les proportions s'amoindrissent, les couleurs s'éclaircissent, les formes se tempèrent. Dans le petit salon, le fauteuil austère, asile où trône la maîtresse du logis, sera remplacé avec avantage par la *marquise*, siège moins sévère, plus gracieux, moins solennel, et tout le reste des sièges viendra se modeler sur ce nouveau chef hiérarchique. Mais pour la décoration fixe, la transformation est moins aisée.

L'harmonie, dans ce cas, résulte — nous l'avons longuement expliqué — d'une heureuse combinaison de lignes et de couleurs. Or, ces lignes, ces couleurs ont une signification, un langage. Ce langage dans nos deux pièces doit être presque semblable, pour qu'elles ne s'infligent pas un formel démenti, et cependant nos deux salons doivent exprimer des idées suffisamment différentes. Comment sortir de cet embarras?

Un seul moyen, semble-t-il, s'offre à nous : conserver, dans la décoration de notre petit salon, tous les niveaux de notre grand salon c'est-à-dire continuer toutes les lignes horizontales, mais varier les verticales suivant nos besoins ; augmenter le nombre des panneaux, choisir pour les tentures des sujets plus gais, des couleurs de même nuance, mais moins sombres et moins sévères ; multiplier les glaces, les appliques, et enlever à l'ensemble son austérité, par la présence de ces petits meubles coquets, de ces mille bibelots auxquels un réduit intime peut sans inconvénient servir de refuge et d'asile.

Grâce à ces atténuations, nous parviendrons à donner à notre petit salon un caractère suffisamment avenant et familier. Alors même que son grand frère, dont il lui faut s'inspirer, serait lambrissé de sombres boiseries, garni de tapisseries de haute lisse, et surmonté d'un plafond magistral divisé en robustes caissons, nous arriverons à composer un lieu de réunion, où les plus mondaines causeries et les entretiens les moins cérémonieux seront encore à leur place.

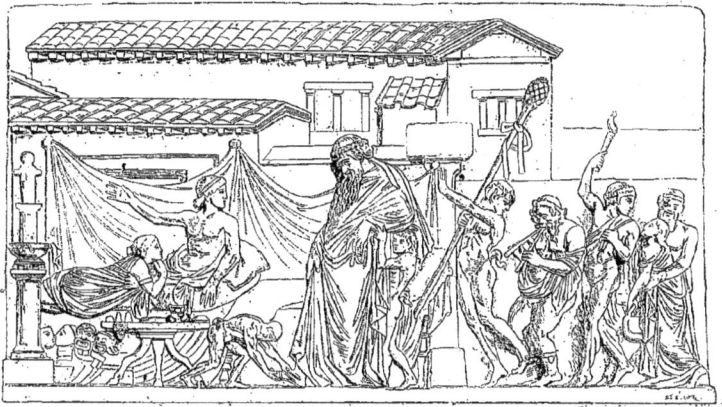

Fig. 63. — Repas antique, bas-relief en marbre (Musée du Louvre).

III. SALLE A MANGER

Qui dit « Table » prononce un grand mot. C'est de tout
le mobilier celui qui contient le plus en ses cinq lettres, celui
dont le son est le plus doux à l'oreille, et parle le plus clairement à l'esprit. Il réveille en nous une quantité de souvenirs agréables et gourmands ; il personnifie, dans la langue,
une foule de sensations charmantes, légèrement coupables,
mais qu'on peut confesser, toutefois, sans embarras et sans
honte.

C'est que — gourmandise et même gastronomie à part
— l'histoire de la table est intimement liée aux idées de
patrie, d'hospitalité, de sociabilité et de douce intimité. La
table est dans la vie le trait d'union par excellence. Elle est
en quelque sorte le refuge, le port béni, où l'on vient, dans
l'abandon d'une conversation aimable, se délasser des fatigues
du dehors. Elle est l'autel où journellement on sacrifie aux
joies pures de la famille et de l'amitié. Elle constitue, enfin,
le lien le plus sûr pour retenir autour d'un même foyer

ceux que leurs intérêts ou leurs convenances tendraient à entraîner au dehors [1].

Voilà pourquoi un grand nombre de philosophes anciens,
Platon, Plutarque, Lucilius, ont rattaché une quantité de *dits*
agréables, de *propos* ingénieux, au repas pris en commun.
Ajoutez à cela que l'origne de la table se perd dans la nuit
des temps. Les Égyptiens (leurs peintures le prouvent) en
faisaient usage pour leurs repas. Chez les Grecs et les Romains,
elle apparaît dès l'antiquité la plus haute. A toutes les époques,
elle fut l'objet d'un soin spécial et d'une vénération avouée.
En tous temps, les plus grands personnages lui prodiguèrent
leur attention. Quelques-uns, comme Lucullus, Hortensius,
Apicius, lui durent leur célébrité ; Antoine récompensa son
cuisinier en lui donnant une ville ; Lucius Vérus n'hésita pas
à dépenser plusieurs millions pour un seul repas ; et Caton,
le farouche Caton, faisait administrer les étrivières à son chef
de cuisine, pour un ragoût incorrect ou un rôti manqué.

L'histoire moderne, de son côté, n'est pas moins instruc-
tive. Les tables des Mazarin, des Fouquet, des Condé, marquent
leur place dans les fastes de la gastronomie nationale. Pendant
les dix-neuf années de son « règne », — c'est le terme dont elle-
même aimait à se servir, — Mme de Pompadour dépensa pour sa
bouche la bagatelle de 3,504,800 livres [2]. Le prince de Conti, en
1750, recevant Louis XV à sa petite maison de Saint-Ouen,
déboursa pour le souper royal une somme ronde de 200,000 liv. [3]

1. Mme la marquise du Deffand savait si bien cela, que, devenue aveugle et
sentant les attaques de l'âge, elle fit comparaître devant elle son cuisinier, et lui
dit qu'elle avait besoin de plus de monde que jamais, et que par conséquent il
eût à soigner la chère de la maison. « Ses soupers, dit à ce propos un de ses contemporains (Bachaumont, tome XVI, page 6), furent encore plus exquis et plus
nombreux que de coutume, et c'est ainsi que cette femme spirituelle put atteindre
à son dernier jour sans connaître la solitude et le délaissement. »

2. *Relevé des dépenses de Mme de Pompadour*, etc., manuscrit aux archives de
Seine-et-Oise, publié avec notes par M. Le Roi, bibliothécaire de Versailles.

3. Barbier, *Journal*, tome V, page 459.

Samuel Bernard en payait annuellement 150,000 pour sa table[1], et celle de M. d'Aguesseau ne lui coûtait pas moins de 80,000 francs[2]. En 1720, quand le parlement fut exilé à Pontoise, on vit un simple conseiller, M. Rouillé de Meslay, offrir au premier président de Mesmes un dîner de 7,000 livres[3]. On n'en finirait pas, si l'on voulait noter les sacrifices que se sont imposés, en tout temps, les personnages les plus considérables, pour avoir une table dignement servie.

Mais la chronique de la table française ne se borne pas à des chiffres, quelque persuasifs qu'ils puissent être ; elle compte aussi ses fastes héroïques. Si elle enregistre avec douleur la mort de Vatel, elle s'enorgueillit à juste titre de cette *Tactique des plats*, qu'on trouva après sa mort, parmi les papiers de Léonor de Valençay, archevêque de Reims[4], et surtout du fameux menu « tout de bœuf », que composa le maréchal de Richelieu. Bien mieux, par un sentiment de justice et de reconnaissance, trop rare en ce monde, elle a immortalisé les noms des plus hautes familles de l'ancien régime, en les attachant à certains plats de qualité spéciale.

En ce siècle, les annales de la table réservent une place d'honneur au chancelier Séguier, au duc d'Abrantès, aux comtes de Cussy et de Ségur, au baron de Rothschild, à MM. de Fontanes, Grimod de la Reynière, Gilbert des Voisins et Brillat-Savarin. Elles nous montrent M. de Talleyrand visitant chaque jour son office, Alexandre Dumas surveillant ses fourneaux, et Rossini délaissant la musique pour confectionner, de sa main « divine », des timbales supérieures à celles de Mme Bontoux. Enfin, il n'est pas jusqu'aux poètes que la table n'ait inspirés. Berchoux et les virtuoses du caveau en sont la preuve éloquente, et, avant eux, bien des vers

1. Barbier, *Journal*, tome II, page 418.
2. *Ibid.*, tome V, page 5.
3. *Ibid.*, tome Ier, page 69.
4. Tallemant des Réaux, *Historiettes*, tome II, page 192.

agréables avaient été consacrés aux jouissances qu'elle pro-
cure.

> Digérez-vous? voilà l'affaire :
> L'homme n'a rien s'il ne digère,
> Car, sans cela, plaisirs et jeux
> S'envolent au pays des fables.
> L'esprit fait les mortels aimables,
> Et l'estomac fait les heureux[1] !

Brillat-Savarin n'a-t-il pas, du reste, résumé le culte de la
table dans un axiome culinaire : « Les animaux se repaissent,
l'homme mange, l'homme d'esprit seul sait manger ! »

Si donc nous avons eu raison de prendre le fauteuil pour
le meuble type du salon, c'est sur la table que nous devons
nous modeler pour distribuer l'ordonnance de notre salle à
manger, pour la bien proportionner et pour en régler l'étendue. C'est pourquoi il nous faut, avant tout, étudier avec soin
ses proportions.

Qu'on la choisisse ronde ou à angles droits, la table peut
avoir environ un quart de plus en longueur qu'en largeur,
parfois le tiers, moitié même, très exceptionnellement, c'est-à-
dire dans les dîners nombreux, jusqu'aux trois quarts — jamais plus. Au-dessus de ces proportions, l'équilibre est rompu
et l'ordonnance du service perd son unité et son aplomb.

Notre table devra, en outre, être proportionnée de telle
façon que chaque convive ait au moins de soixante à soixante-
quinze centimètres de place, et nous aurons soin de conserver
entre le dossier des sièges et la muraille une distance de deux
mètres, de telle sorte que les domestiques puissent librement
circuler sans gêner les convives. Ces proportions indispensables
au bon fonctionnement du service ne nous entraîneront pas,
toutefois, à un développement aussi considérable qu'on pourrait le supposer au premier abord, car nous aurons soin que

---

1. Vers adressés à Dorat, à la suite d'une indigestion qu'il avait eue (voir
Mémoires secrets, tome III, page 83).

nos couverts soient en nombre limité. Les dîners fins, les seuls où l'art ait à démêler quelque chose, ont toujours lieu en petit comité. Là dessus, depuis l'antiquité la plus reculée, la gastronomie s'est montrée uniformément intraitable.

Le Pharaon Menès, auquel la tradition assigne l'honneur d'avoir su, le premier, composer le menu d'un dîner, n'admettait jamais plus de quinze personnes à sa table royale. Solon, dans ses lois athéniennes, défend qu'on invite plus de trente convives. Lucilius se montre encore plus sévère. « Il ne faut pas, écrit-il, que leur nombre soit inférieur à celui des Grâces ni dépasse celui des Muses. » Le plus beau repas donné par Auguste fut, au dire de Suétone, un repas de douze couverts. L'amphitryon et ses amis y représentaient les douze grands dieux.

Durant le moyen âge et la Renaissance, on retrouve cette même préoccupation de restreindre le nombre des convives. A Marseille, Lyon, Saint-Quentin, dans d'autres villes encore, des lois somptuaires interdisaient les repas de plus de trente couverts. De nos jours, c'est le goût qui a substitué son autorité à celle des magistrats, pour proscrire les réunions trop nombreuses. Les ordonnances de nos gastronomes émérites ne sont pas, en effet, moins explicites que celles des anciens législateurs.

C'est ainsi que nous avons vu Brillat-Savarin rééditer à son profit l'aphorisme de Lucilius. « Si vous méconnaissez cette loi, ajoutait M. Fayot, si vous ne respectez judaïquement sa lettre et son esprit, vous vous approchez de l'encombrement du dîner bourgeois et de l'enferrement du dîner normand. Soyez dix, onze, douze, jamais treize ni quatorze. Règle : peu de monde à table fine, sept et plutôt huit et neuf ».

Constatons encore que, pour donner une sanction à cette prescription fondamentale, tous les piliers de la gastronomie française ont prêché d'exemple. M. de Cussy, qui fut assurément l'un des plus éminents gourmets de la Restauration, n'admettait jamais plus de neuf convives à sa table, plus souvent sept ou cinq. MM. d'Aigrefeuille, le président Séguier, Camerani, de Cobentzel, se conformèrent à cet intelligent exemple. M. Gilbert des Voisins et le comte de Ségur allèrent jusqu'à douze. Grimod de la Reynière, qui ne perdait jamais l'occasion d'un bon mot, aimait à répéter celui-ci : « Quelques personnes redoutent à table le nombre treize ; ce nombre n'est réellement à craindre qu'autant qu'il n'y aurait à manger que pour douze. » Mais il se défiait des dîners nombreux, témoin cette recommandation, que nous trouvons parmi ses *Maximes gastronomiques* : « Les dîners fins se font en petit comité ; un repas de vrais amateurs ne doit pas excéder dix personnes. »

M. le prince de Talleyrand est presque le seul, en notre siècle, qui ait réussi à composer et à servir un dîner absolument irréprochable de trente couverts. Encore le dut-il, non seulement au dévouement et à la science admirable de MM. Bouché et Plumerey, ses deux maîtres d'hôtel, officiers de bouche d'un mérite supérieur, mais aussi à sa haute situation, à son goût

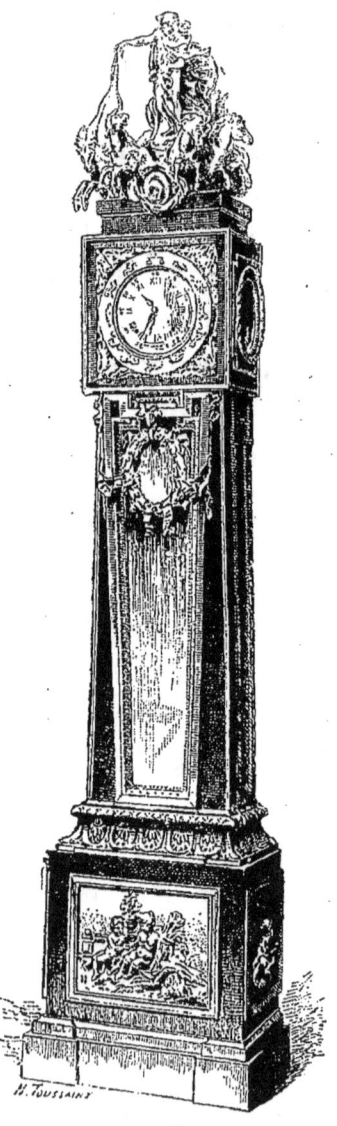

Fig. 64.
Horloge de salle à manger
(Mobilier national).

exceptionnel et à une sévérité excessive. Songez qu'il suffit d'un seul retardataire pour compromettre un fin dîner.

M. de Rothschild, il est vrai, renouvela ce prodige, au temps où le fameux Carême était à son service. Toutefois, ce chef incomparable, qui avait déserté la maison du Régent d'Angleterre « parce qu'elle était trop bourgeoise », répétait volontiers, qu'au dessus de vingt couverts il ne répondait de rien. Après M. de Talleyrand et le baron de Rothschild, M. de Palhen, ambassadeur de Russie, lord Seymour, le duc Pasquier, s'exercèrent à donner de ces dîners un peu nombreux, mais avec moins de bonheur. Puis vint le docteur Véron, chez lequel le sceptre culinaire tomba en quenouille ; à Laguipierre, à Jay, à Richaut, à Lasne, à Robert, à Bouché, à Carême, à Jules Gouffé, à Chevet, succéda la fameuse Sophie. Aujourd'hui, il faut l'avouer à notre honte, on aime encore à dîner en ville, mais peu de personnes savent manger.

Ces considérations, un peu longues peut-être, n'auront point été inutiles, puisqu'elles nous ont permis de fixer le plan général de notre salle, et de régler ses dimensions, en limitant son étendue. Grâce à elles, nous savons désormais que notre pièce doit être plus longue que large, sans que cependant sa longueur puisse excéder sa largeur de plus d'un tiers. Notre table comptant, aux grands jours, douze couverts espacés comme nous avons dit plus haut, nous fournit en outre exactement la mesure de notre salle, puisque celle-ci doit mesurer environ deux mètres sur chaque face de plus que notre couvert.

Si notre table est ovale, notre salle à manger pourra également être ovale ; l'on obtient avec cette disposition des effets ravissants, quoiqu'il soit toujours difficile de caser les meubles, en les appuyant sur des surfaces curvilignes. A défaut d'un plan ovale, nous pouvons, du reste, pratiquer des pans coupés. Toutefois, ni le bon goût ni la logique n'auront à protester si nous donnons à notre salle à manger la forme rectangulaire. Cette dernière disposition, qui prête également à de jolis effets, est, d'ailleurs, celle qu'on rencontre le plus généralement.

Enfin, à ces conditions premières, essentielles, il nous faut ajouter un développement en hauteur assez grand, afin que la température puisse se maintenir à un degré convenable, pendant toute la durée du repas.

De son côté, le nombre des fenêtres doit être suffisant pour que la lumière, pénétrant en abondance, égaye la pièce. Il importe, en outre, que l'air puisse en être renouvelé presque instantanément; et, quant aux portes, une bonne salle à manger en doit compter au moins deux : l'une qui communique avec le salon et par où pénètrent les convives, la seconde allant à l'office et par laquelle s'effectue le service. Ces deux portes devront, s'il est possible, se faire face, de manière qu'au moment où les convives pénètrent dans la salle, les domestiques, rangés en bel ordre devant la porte de l'office et leur faisant vis-à-vis, n'encombrent pas les dégagements, et ne gênent point les invités dans la recherche de leurs places.

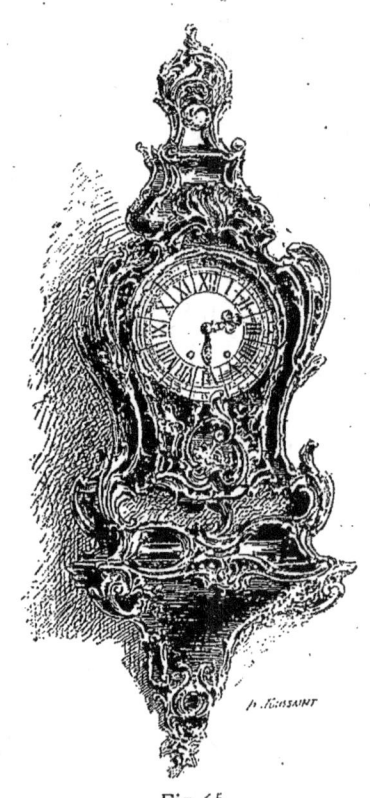

Fig. 65.
Cartel de salle à manger
en vernis Martin.

Aussitôt les convives placés, les domestiques pourront disposer, devant chacune de ces portes, un riche paravent. Les avantages de ce meuble sont nombreux. Il garantit des courants d'air, il limite la partie habitée de la pièce, en diminue l'étendue apparente, et quand on est en très petit comité, de trois ou quatre couverts, empêche qu'on ne se trouve comme égaré dans une salle qui pourrait sembler beaucoup trop vaste. De plus, il sert de repoussoir aux toilettes, et peut fournir à la décoration générale une note chaude et brillante.

Sous la table, un tapis moelleux, ou mieux encore une épaisse fourrure, devra en hiver maintenir à une chaude température les pieds des convives. Mais nous ne tolèrerons point d'autres tapisseries dans la pièce. Pas de « verdures » de Flandre aux murailles, pas de drap, pas de cretonne, pas de lampas, pas d'étoffes d'aucune sorte. Les tissus, semblables à de vraies éponges, s'imprègnent avec une facilité trop grande de toutes les émanations culinaires, dont la salle à manger est saturée aux heures des repas, et finissent par se pénétrer de parfums écœurants et médiocrement hygiéniques. Nous ne ferons grâce qu'à un passage en moquette, disposé derrière les sièges pour amortir le bruit des allées et des venues. Il importe, en effet, que le service se fasse sans tapage d'aucune sorte. L'idéal d'un fin dîner, c'est qu'on soit servi et desservi presque sans qu'on s'en aperçoive.

Toute distraction intempestive, qui détourne l'attention et entrave la dégustation des mets ou des vins, tout bruit malséant qui interrompt une phrase commencée, froisse l'oreille ou préoccupe l'esprit, doivent être sévèrement bannis. C'est pourquoi la cheminée, avec ses pétillements, ses étincelles, le craquement de ses tisons, les reflets dansants de sa flamme, spectacle agréable dans un salon, mais déplacé en face d'un repas délicat, a été exclue de la salle à manger, depuis le milieu du dernier siècle. C'est par un poêle qu'on a généralement remplacé cette cheminée proscrite ou réduite, dans certains hôtels, à des services purement platoniques. Grimod de la Reynière aida à généraliser l'emploi de ce mode de chauffage, en déclarant qu'il remplit assez bien les conditions indispensables, qui sont de maintenir une température à peu près égale dans toutes les parties de la pièce, et de pouvoir se régler d'une façon méthodique. Les poêles toutefois chauffent généralement trop. Leur chaleur est lourde, elle entête. C'est là un inconvénient d'autant plus grave que la température de la salle à manger ne doit, en aucun temps, être très élevée. Un maître en la matière, le comte de Cussy, de gourmande mémoire, recommandait qu'on la tînt entre treize et quinze degrés Réaumur. C'est là une sage précaution. L'éclat des lumières, la chaleur du vin et des autres aliments ne tolèrent point une entrée en matière supérieure à ce chiffre. M. de Cussy demandait également que la salle à manger fût exposée au Nord. Selon nous, c'est une erreur. L'exposition au levant nous semble mieux choisie. Mais, dans tous les cas, le Nord est préférable au couchant et au Midi qu'il faut éviter à tout prix.

Tels sont les principes supérieurs qui doivent présider à la disposition et à l'installation de toute bonne salle à manger. D'accord sur ces points essentiels,

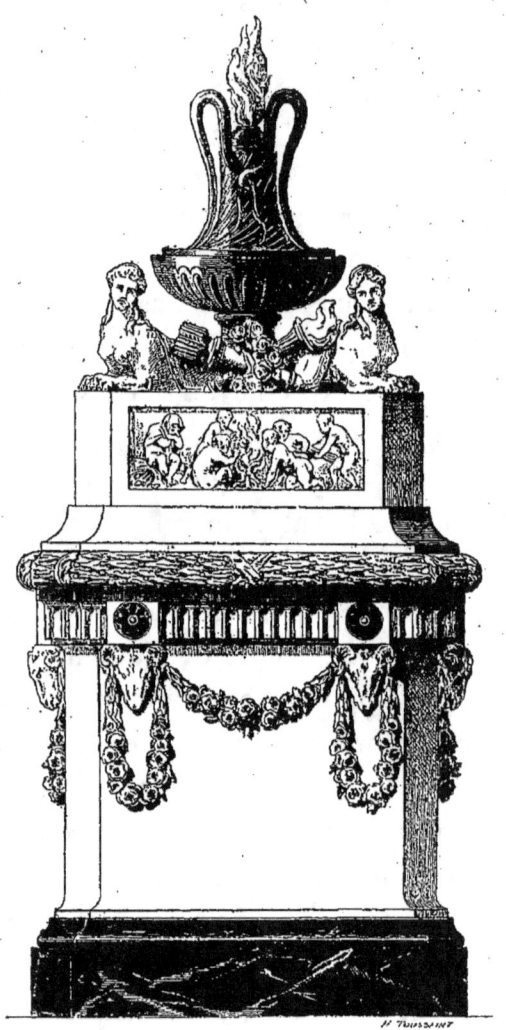

Fig. 66.
Modèle de poêle céramique pour salle
à manger.

sur ces généralités premières, nous allons nous occuper maintenant de la décoration de cette pièce et de son mobilier.

Au commencement de ce siècle, un homme de goût, en quête d'une salle à manger idéale, n'eût pas manqué de la souhaiter revêtue, à l'antique, de stuc ou de marbre, ornée de colonnes ou de pilastres, de corniches et de frises, claire et froide, avec des murs nus, ou bien simplement décorés de bas-reliefs ou d'arabesques pompéiens.

De nos jours, un homme de goût, voulant réaliser une salle à manger idéale, comprendrait les choses de façon toute différente. Il combinerait une pièce sombre et chaude, lambrissée de boiseries dans le style Henri II, peut-être même dans le style ogival, encadrée de lourds rideaux et de portières pesantes, avec une tenture brun Van Dyck, ou grenat, servant à faire valoir les faïences, les émaux, les armes ou les tableaux accrochés à la muraille.

Lequel de ces deux amateurs est dans le vrai? — A notre humble avis, ni l'un ni l'autre. Cependant, à ne consulter que le bon sens et la raison, le premier semble plus proche de la vérité; car tout cet amas de tentures, de coussins, d'étoffes, d'objets de toutes sortes et de toutes provenances, qui forment la parure de nos salles à manger modernes, s'imprègne rapidement, nous l'avons déjà dit, des fumets culinaires, et finit à la longue par exhaler une senteur spéciale, qui ne possède rien d'éminemment apéritif. En outre, aucune pièce ne se prête moins que la salle à manger à recevoir une décoration relativement ancienne [1], et un attirail foncièrement archaïque encadre assez mal le meuble essentiel qui, lorsqu'il est paré pour le combat, est d'une modernité radicale, complète, absolue.

Supposez, en effet, la pièce dans tout son éclat, prête à

1. Il n'est point prouvé, en effet, qu'avant le siècle dernier la salle à manger ait existé avec ses attributions fixes et parfaitement définies. A Versailles, à Marly, aux Tuileries, même sous le règne de Louis XV, le roi, la reine, les princes, prenaient leur repas tantôt dans une pièce, tantôt dans une autre. — Constamment on voit le roi dîner dans l'antichambre, la reine dîner dans le vestibule. Plus souvent encore, le roi soupe dans les *cabinets,* nom qui, détourné de son sens primitif, sonne aujourd'hui singulièrement à nos oreilles. (Voir à ce sujet Dangeau Saint-Simon, de Luynes, etc.)

recevoir ses convives, ruisselante de lumières et de chaudes clartés. Sur la table qui, tout de suite, attire les regards, que découvrons-nous? Une nappe éclatante en linge damassé, des serviettes de même genre, pliées avec art et symétrie, des fourchettes, des cuillers, des couteaux d'un modèle récent, des porcelaines et des verreries, mêlant leurs reflets éblouissants aux reluisances des argenteries. Mais ne voyez-vous pas que tous ces objets, qui n'ont rien que de très moderne, jurent avec la vénérable enveloppe que vous leur avez donnée? Ils détonnent dans ce milieu ancien, comme un bijou sortant de chez l'orfèvre détonnerait dans un écrin vieux d'au moins deux cents ans.

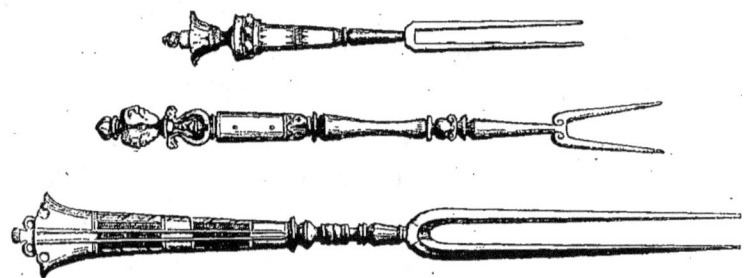

Fig. 67 à 69. — Fourchettes du seizième et du dix-septième siècle (Musée du Louvre).

Point de cristaux, en effet, au beau temps d'Henri II, quelques très rares et peu commodes verres de Venise, et une armée de coupes, de hanaps, de gobelets en corne, en ivoire, en argent, en étain ou en or. Point de porcelaine fine et délicate, pas même de faïence, une lourde et coûteuse vaisselle d'argent chez les princes, chez les autres de l'étain ou du bois. Peu ou point de serviettes non plus; chacun, à table, tirait un coin de la nappe et en usait du mieux qu'il lui était possible. Ce fut seulement vers la fin des Valois qu'on vit apparaître, sur les tables, les serviettes artistement pliées. Au temps de Tallemant on parlait, avec une admiration non déguisée, « d'un homme muet et sourd, qui plioit le linge admirablement bien en toutes sortes d'animaux [1] ». C'était encore une nouveauté pour le moment, et les auteurs ne manquaient point de la consigner dans leurs livres [2]. Ainsi, de toute cette époque il nous resterait uniquement l'argenterie. Mais nous savons que celle-ci a été régulièrement détruite.

Admettons toutefois, pour un instant, que nous puissions reconstituer un service d'argenterie de l'époque Henri II, avec toute sa pureté désirable, dans quel désarroi ne serions-nous pas jetés? Il faut bien reconnaître, tout d'abord, que les coupes et les plats émaillés, si fort à la mode alors, nous sembleraient peu propres à l'usage qu'on leur destine. Ensuite nous serions singulièrement embarrassés par l'absence de fourchettes. La fourchette, en effet, est, sinon d'invention, du moins d'habitude récente. Édouard Ier d'Angleterre fut, dit-on, le premier qui en posséda une. La reine Clémence de Hongrie et Jeanne d'Évreux étaient aussi mal fournies. Pierre Galveston, favori d'Édouard II, en eut trois, Charlotte d'Albret deux, et notre roi Charles V alla jusqu'à la demi-douzaine. Peut-être est-ce à cette particularité qu'il dut le nom de *sage*, dont l'a gratifié l'histoire! Gardons-nous toutefois de professer à son endroit une admiration trop enthousiaste. Si nous interrogeons M. de Lasteyrie, il nous apprendra que ces fameuses fourchettes servaient à faire des rôties, à piquer des fraises. Semblables aux héros d'Homère, les plus grand seigneurs du moyen âge et de la Renaissance mangeaient avec leurs doigts. Ce fut seulement tout à la fin du seizième siècle, qu'à la cour de France on renonça à ces malpropres habitudes. Encore, l'apparition des

1. Tallemant des Réaux, *Historiettes*, tome VI, page 96.

2. « Estant venus au quartier de madame Icéosine... nous vismes une fort longue table, couverte d'une nappe mignonnement damassée... Cette nappe avoit été ployée de telle façon qu'elle ressembloit fort bien à quelque rivière ondoyante, qu'un petit vent fait doucement souslever. Les assiettes étoient rangées tout à l'entour, et chacune avoit son pain chappelé couvert de serviettes desguisées en plusieurs sortes de fruits et d'oiseaux. » *Le Philaret divisé en deux parties*, etc., Arras, 1611, page 52.

fourchettes, sur la table royale, ne manqua-t-elle point de provoquer un véritable scandale. Les philosophes enflèrent la voix,
les puritains se voilèrent la face, les pamphlétaires flétrirent ce
raffinement coupable [1] ; et il faut croire que ces prédications
portèrent en partie leurs fruits, car Louis XIV lui-même dédai-
gnait les fourchettes, et n'en faisait que rarement usage. Eh
quoi, direz-vous, un pareil roi, et dans une pareille cour ! Si le

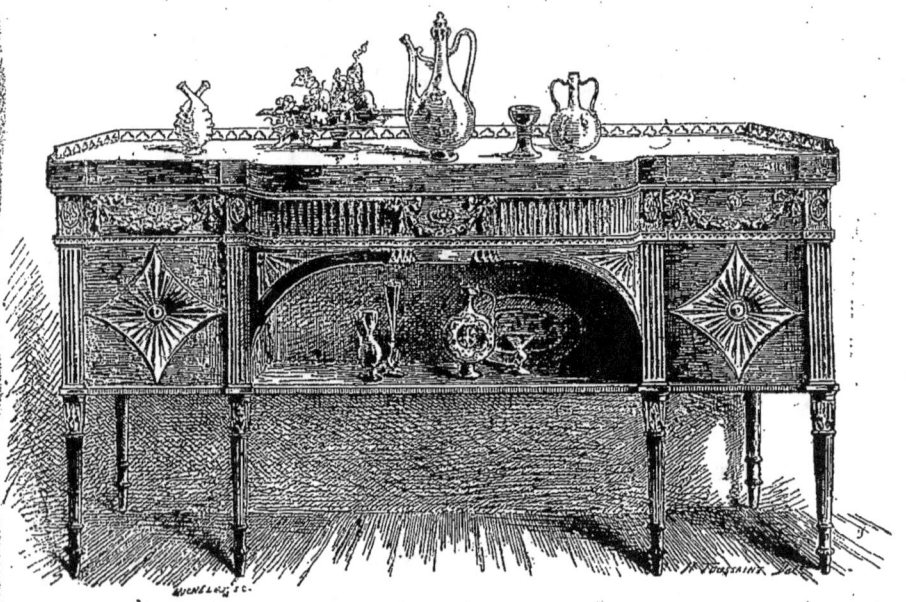

Fig. 70. — Servante en bois de placage, orné · de bronzes dorés.

superbe monarque s'était borné à cet oubli, il n'eût été que
médiocrement coupable, mais en dépit de sa majesté et de sa
sereine grandeur, il faut bien reconnaître qu'il manquait absolument de tenue et de propreté [2].

1. Les pamphlétaires du temps reprochaient au roi et à sa cour l'emploi des
fourchettes comme un des plus condamnables excès. Un de ces libelles, intitulé :
l'*Ile des Hermaphrodites*, nous dit : « On servoit de la salade dans de grands plats
esmaillés qui estoient tout faicts par petites niches, les convives la prenoient avec
des fourchettes ; car il est défendu en ce pays-là de toucher la viande avec les
mains, aimant mieux que ce petit instrument touche leur bouche que leurs doigts. »
Il faut bien avouer, en effet, que c'était là l'indice d'une singulière dépravation !

2. Pour taquiner Mme de Montespan et Mme de Thianges, qui « toutes deux

Soyons donc modernes, puisque aussi bien nous y sommes condamnés par nos usages les plus intimes et les nécessités de notre existence. Que cet éclectisme aimable, dont nous nous sommes faits les apôtres, nous autorise à quelques incursions dans le passé ; — fort bien. Mais ne tentons point de reconstituer, avec une fidélité dangereuse, une salle à manger archaïque, où le défaut de convenance serait d'autant plus sensible qu'un soin plus grand aurait présidé à notre restitution. N'oublions pas, en outre, que les règles générales dont nous avons reconnu ailleurs l'excellence sont également applicables ici. Souvenons-nous que cette pièce doit être surtout gaie, et par conséquent claire dans toutes ses parties. Évitons de l'encombrer de vieux meubles, dont les ténébreux profils augmentent la masse des ombres; et n'ajoutons point, par des sombres tentures, à la faute des architectes qui relèguent le plus souvent la salle à manger dans la partie la moins éclairée de toute la maison.

Surtout pénétrons-nous de cette vérité, que la salle à manger est un lieu de séjour, mais de séjour spécial, limité à un acte dont la nature et la durée sont prévues. Comprenons bien que, pendant toute la durée de cet acte, l'attention doit se concentrer sur la table et non ailleurs. Gardons-nous donc d'accrocher aux murailles ou d'étaler sur des dressoirs une profusion d'objets divers, sollicitant à tout instant l'attention de nos convives, et leur causant de fâcheuses distractions. Que les quelques faïences, les armes, les tableaux, qui occupent nos panneaux, se relient aux lignes générales de la décoration; qu'ils se fondent en elle et s'y absorbent; qu'ils ne viennent jamais, par leur éclat intempestif, s'imposer à l'esprit des invités, et leur faire oublier le but de la réunion ainsi que sa raison d'être. Que les tableaux,

étoient fort propres pour le manger, le roi prenoit plaisir à leur faire mettre des cheveux dans du beurre et dans des tourtes, et à leur faire des vilainies pareilles. Elles se mettoient à crier, à vomir, et lui à rire de tout son cœur. Mme de Thianges vouloit s'en aller, chantoit pouille au roi sans mesure, et quelquefois à travers la table faisoit mine de lui jeter ces saletés au nez. » (Saint-Simon, tome VI, p. 88.)

tout en demeurant de haute qualité, soient toujours d'un sujet simple et facile à comprendre. Les paysages, les natures mortes, sont des spécialités qui conviennent le mieux à la salle à manger. Évitons, surtout, qu'une composition énigmatique se dresse, comme un point d'interrogation fatal, devant un honnête homme qui dîne.

Nous conformant à cette règle essentielle que nous nous sommes imposée, de créer une sorte d'unité dans notre instal-

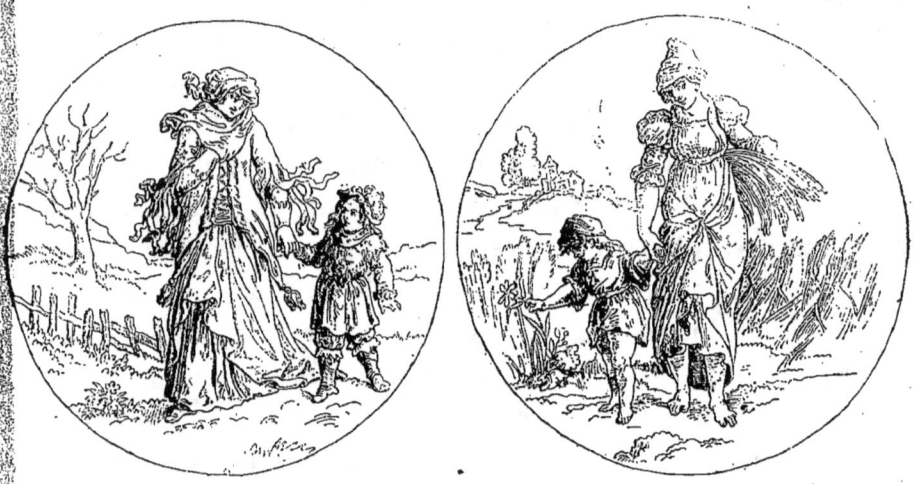

Fig. 71 et 72. — L'Hiver et l'Été, vitraux de salle à manger, exécutés par M. Mikel.

lation, en faisant découler l'ameublement et la décoration de chacune de nos pièces d'un meuble style ou d'un meuble type, dont l'importance prime celle des autres, — cette règle nous amène à chercher quelle forme doit avoir notre table, puisque c'est d'elle que le reste dépend. Doit-elle être carrée, comme le style Henri II le réclame ? Doit-elle être ovale ou ronde, au contraire, comme c'est l'usage de notre temps ? La table carrée, avec son haut et son bas bout, présente bien des inconvénients ; elle est, de plus, médiocrement plastique et fort incommode dès qu'on est un peu nombreux. La table ovale n'offre aucun de ces ennuis. Elle est élastique et peut, avec un jeu de rallonges, s'augmenter

ou se rétrécir à volonté. En outre, elle évite les « angles morts »
toujours disgracieux, et gênants à cause des pieds de la table;
elle épargne des enchevêtrements de couverts et de jambes, peu
conformes aux bienséances et souvent ennuyeux; chaque convive possède, grâce à elle, des voisins immédiats et des vis-à-
vis directs; enfin elle rend moins sensible l'inégalité des places,
elle adoucit la progression hiérarchique, qui conduit des sièges
d'honneur à ceux des invités de moindre situation.

Il est encore à remarquer que l'introduction chez nous de
la table circulaire coïncide avec l'avènement de ces mœurs
sociables, aimables, de cette cordialité, que le dix-septième siècle
a généralisées en France. On renonça à la table carrée, lorsqu'on commença à placer ses invités sur des chaises ou sur
des escabeaux, et non plus sur de longs bancs incommodes et
droits [1]. Le cardinal de Richelieu avait une table ronde pour
ses officiers [2]; le cardinal de Mazarin également, et les tables
à manger du roi, à Versailles, étaient de même forme [3].

Nous voilà donc, une fois de plus, ramenés à ces deux derniers siècles, qui nous ont déjà — non pas pour des copies
serviles, nous avons établi qu'il ne faut rien copier servilement,
mais en tant qu'inspiration — fourni des motifs précieux.
L'ensemble de notre habitation y gagnera certainement, car nous
éviterons ainsi ces brusques transitions, qui nous projettent brutalement d'un siècle dans un autre, et nous font franchir, en
moins d'une seconde, un espace de deux cents ans. De son côté,
la pièce dont nous nous occupons n'y perdra rien; car, comme
matériel et comme lignes, les deux derniers siècles nous four-

---

1. L'inventaire de Gabrielle d'Estrées mentionne encore à la salle à manger :
une longue table, un buffet, deux longues *formes* (banquettes) et une *forme* plus
petite; tandis que celui de Mazarin mentionne, outre la table, huit fauteuils et
trente-deux escabeaux en bois noir à filets d'or, garnis de damas à clous dorés.
Voilà pourquoi la table de la belle Gabrielle était carrée, alors que celle de Mazarin était ronde.

2. Tallemant des Réaux, tome III, page 376.

3. Saint-Simon, tome Ier, page 326.

nissent tout ce que nous pouvons désirer. Le dix-septième et le dix-huitième siècle sont, en effet, l'époque de ces beaux lambris, sévères, un peu massifs dans le principe, majestueux cinquante ans plus tard, riches et capricieux ensuite, et qui finissent par être ciselés comme de la pure orfèvrerie. Rien n'est plus réservé et plus discret que ces jolies boiseries Louis XIII, avec leurs colonnes annelées, leurs frises et leurs panneaux incrustés d'ébène. Rien n'a plus grand air que celles contemporaines de Louis XIV, surtout lorsqu'elles sont réchampies d'or. Les étranges rinceaux et les rocailles Louis XV ont une désinvolture qui séduit, alors que la discrétion et la modestie n'ont pas d'expression plus délicate et plus chaste que les boiseries Louis XVI. On n'aura donc, de ce côté, que l'embarras du choix.

Puis, en dehors des boiseries sculptées, nous avons encore à choisir entre ces beaux cuirs étampés, argentés et dorés, dont les chauds et généreux reflets habillent si vaillamment la muraille ; entre ces laques japonais ou chinois, dont les tons délicats ont une harmonie si vibrante; entre ces peintures décoratives, espaçant au milieu de montagnes un peu bizarres des châteaux à terrasse qui dominent un beau lac bleu, ou groupant, dans un harmonieux désordre des amoncellements de fleurs et de fruits exotiques. Les fables de La Fontaine, celles de Florian, les aventures de don Quichotte, sont également des sujets charmants pour décorer une salle à manger.

Les murailles ainsi parées prendront le soir, à l'éclat des bougies, un aspect féerique. Nous disons à l'éclat des bougies, car il demeure bien entendu que le gaz est sévèrement banni de notre salle à manger. Les lampes, elles aussi, devront n'y trouver qu'un accès limité, leur lumière trop uniforme et trop recueillie manque de brillant, de gaieté, d'entrain. Nous nous garderons surtout des suspensions qui fatiguent les yeux, accentuent les traits, et font uniformément paraître nos invitées plus

vieilles. — Comme le remarque Mercier : « C'est à table, c'est
à la clarté des bougies que les femmes aiment à se montrer, »
et c'est là aussi que nous aimons à les voir.

Et maintenant, complétez la décoration de votre salle à
manger avec un beau cartel, avec une pendule de Boule ou en
vernis Martin, posée sur son socle; occupez-en les angles par de
jolis bustes en terre cuite ou en marbre, placés sur leurs piédes-
taux, ou par des corbeilles fleuries; enfin, achevez de la meubler
avec les guéridons, consoles et servantes qui sont sa naturelle
parure, en choisissant, suivant le style de la pièce, cette dernière
série de meubles parmi ces larges ébénisteries, bravement sculptées et dorées, ou parmi ces meubles rehaussés de bronzes ciselés, à l'exécution desquels s'est immortalisé Gouthière; — faites
toutes ces choses, et vous aurez une salle à manger, non seulement agréable, mais qui décèlera un esprit logique, pratique,
et une dose suffisante de bon goût.

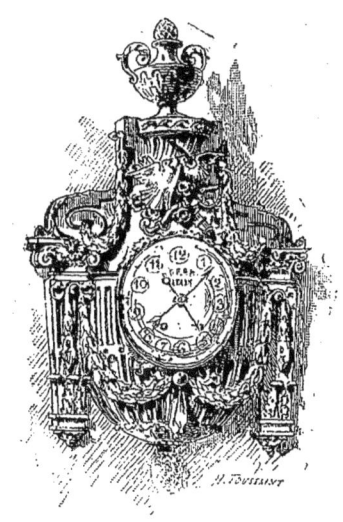

LES PIÈCES D'HABITATION

I. LA CHAMBRE A COUCHER

Nous voici parvenus aux pièces de notre logis les plus spécialement consacrées à l'habitation. Avec elles, notre étude
doit revêtir un nouveau caractère. Jusqu'à présent — tout en
nous efforçant de composer un intérieur correct, agréable, portant, dans une large mesure, le cachet de notre personne,
l'empreinte de nos goûts — nous avions encore à tenir un
large compte de certaines convenances qui ne nous étaient pas
uniquement personnelles, et surtout de l'agrément de ceux qui
sont assez aimables pour venir nous visiter. La politesse exigeait ce sacrifice, comme elle exige de notre personne une certaine toilette et de certains soins. Ici, nous rentrons plus intimement chez nous, dans la partie de l'habitation qui ne relève
que de nous-mêmes; et n'ayant plus à compter qu'avec nos
besoins, nos plaisirs et nos caprices, nous pouvons donner
plus libre cours à notre fantaisie et suivre sans restriction la
pente de nos goûts.

Cabinet de travail, bibliothèque, boudoir, chambre de bain,
cabinet de toilette et chambre à coucher, sont des pièces où
nous ne laissons pénétrer que nos proches parents et nos intimes.
Elles peuvent donc, dans leur mobilier et leur ameublement,
s'imprégner absolument de nos idées et de nos sentiments. L'hygiène, en outre, doit tenir plus de place dans nos préoccupations. Il est clair qu'un endroit où l'on ne fait que passer,
exerce sur notre organisme général, moins d'influence qu'une
pièce où l'on séjourne. Il faut également considérer que, dans
la chambre à coucher, nous demeurons enfermés de huit à dix
heures de suite, sans que l'air en soit renouvelé. En cas de

maladie, les heures peuvent se changer en journées et les journées en semaines. Il importe donc, tout d'abord, de faire en
sorte que la masse d'air y soit suffisante pour une consommation aussi prolongée, et que rien ensuite ne vienne la vicier et
la corrompre. Ce sont là des préoccupations nouvelles qui
s'imposent, et qu'il n'est pas permis de négliger.

Il s'est trouvé, dans ces temps derniers, une école de médecins qui, s'occupant uniquement des droits de l'hygiène, en
ont poussé le respect jusqu'aux plus ridicules excès. Suivant
ces intransigeants, une chambre à coucher doit être absolument nue, sans tenture, sans papier, avec des murs blanchis à
la chaux et un parquet peint à l'huile, verni, et lavé à grande
eau au moins une fois par semaine. Le lit, pour ces docteurs,
se réduit à une simple couchette faite en métal, dépourvue de
rideaux, et n'ayant comme garniture qu'un sommier surmonté
d'un matelas de crin. Comme mobilier, à peine s'ils admettent
un vase ou deux — les plus indispensables, — une table, une
chaise, et voilà tout. Pourquoi cette nudité ? Par crainte des
miasmes. Point de corniches au plafond, ils pourraient s'y
loger ; point de saillies aux portes, ils s'y déposeraient peut-
être. Il s'est même trouvé un homme d'esprit et de talent
pour défendre aux domestiques d'épousseter les meubles, de
peur que leur plumeau perturbateur ne vienne à projeter, dans
la circulation, des résidus délétères et des poussières miasma-
tiques.

Eh ! bonnes gens, calmez, s'il vous plaît, ce généreux em-
portement ! Excès en tout est un défaut, même excès de
logique. Si l'homme était encore à l'état primitif, et ne con-
sidérait, en ce monde, que son corps, cette chère guenille,
peut-être pourrait-on vous prêter une oreille attentive. Mais
l'esprit, que devient-il dans votre système ? Mais ce spectacle
aimable, attachant, auquel concourt notre mobilier, et qu'
influe si directement sur la marche de nos idées, qu'en faites-

us ? Mais cet attrait, qui doit faire naître en nous l'amour
logis et nous inspirer le goût d'y demeurer, qu'en reste-
l au milieu de cette nudité désolante ?

Encore n'est-il pas bien prouvé que cette chambre, telle que
us la rêvez, soit aussi hygiénique qu'elle paraît tout d'abord.
uchán a dit avec infiniment de raison : « Les rhumes tuent
us de monde que la peste. » Or un petit lit, isolé dans une
ande chambre, sans rien qui le protège des courants d'air
du refroidissement de la nuit, pourrait bien devenir un
yer de rhumes. Pour ma part, rien qu'à la pensée de cette
ambre glaciale, je me sens tout transi.

Le rhume à son aspect se change en pleurésie.

Donc point d'excès, faisons à l'hygiène de larges conces-
ons. Exigeons avant tout que notre chambre à coucher soit
dimensions suffisantes pour y pouvoir vivre, et respirer à
ise. Sacrifions les tentures de laine. Point de vieilles tapis-
ries, à cause de la facilité dont elles s'imprègnent des mias-
es et des odeurs. Remplaçons, pour la même cause, les tapis
laine par des fourrures, qui sont plus douces au pied, et
i se peuvent secouer et battre. Ne laissons à notre lit que
s points de contact indispensables avec la muraille. Choisis-
ns-le en bois, mais simple, sans sculptures trop accusées qui
viennent des nids à poussières, et sans aspérités qui peuvent
ous blesser, nous égratigner, ou même qui présentent au
ucher un contact désagréable. Comme rideaux, continuons
e proscrire la laine, et réservons nos préférences pour le
ton, le fil et la soie. Garnissons nos murs de boiseries, de
eintures ou de papier peint, et, pour ce dernier évitons même,
ernière concession, les papiers veloutés, quoique nous sa-
hions, depuis longtemps, que les procédés de teinture en usage
ans leur fabrication ont perdu tout caractère toxique et que
oute idée de danger doit être bannie. Tenons, en outre, la

main à ce que la propreté la plus méticuleuse règne dans notre
chambre, à ce que les rideaux soient battus au moins une fois
par mois, et le dessus des hauts meubles et des cadres essuyé
deux fois par semaine. Mettons surtout en pratique la recommandation du *Ménagier de Paris*. « Gardez en yver qu'il
ayt bon feu et sans fumée... et en esté gardez que en vostre
chambre ni en vostre lit n'ayt nulles puces[1].... » Et après cela,
si MM. les hygiénistes ne sont pas contents, eh bien! qu'ils
aillent chercher ailleurs des gens qui les contentent.

Bien résolus à ne point faire d'autres concessions, étudions
maintenant l'agencement général de notre chambre. Le premier point, avons-nous dit, est qu'elle soit assez vaste pour
qu'on y puisse vivre et respirer à l'aise. Chaque être humain,
écrivent les physiologistes, consomme par heure, au repos et
à jeun, et par une température de quinze degrés environ, 26
litres 1/2 d'oxygène. La consommation pendant le travail de la
digestion s'élève jusqu'à 37 litres 689 par heure. L'oxygène
n'entrant dans la composition de l'air que pour à peu près
un quart, c'est donc en moyenne de 100 à 125 litres d'air
pur qu'il nous faut, par chaque heure, pour alimenter nos
poumons.

Cette quantité, au premier abord, n'a rien que de fort modeste ; avec 2 mètres cubes, il semble qu'on puisse suffire à
la provision d'une nuit. Mais quand on approfondit le problème, les choses changent d'aspect. Pour que le jeu de la
respiration ne soit ni troublé ni gêné, il faut que l'air, par
nous absorbé, continue d'être à peu près pur, c'est-à-dire
que les 1,500 litres qu'une paire de poumons vicie en douze
heures se trouvent noyés dans une telle masse d'air ambiant,
que la composition de cette masse n'en soit pas sensiblement
altérée.

1. Voir le *Ménagier de Paris*, manuscrit du quinzième siècle, imprimé en 1857
par la Société des bibliophiles français.

Voilà pourquoi une chambre d'une certaine étendue est in-
ispensable, non pas qu'il soit nécessaire de la tailler sur le
atron de la chambre du roi au Louvre, ou sur celle que
l'archevêque de Rouen possédait à Gaillon, et qui mesurait
o pieds de long sur 17 de large [1]. Non; de 30 à 40 mètres
ubes suffisent pour une seule personne, et ces chiffres n'ont

Fig. 74. — Bureau de chambre à coucher, en bois laqué, exécuté par M. Lippmann.

rien de particulièrement excessif. Une chambre de trois mètres
de long, sur quatre de large et trois de haut, fournit à peu
près le cube exigible ; or, ces dimensions sont celles usitées
dans beaucoup de maisons de Paris.

Il demeure bien entendu que la chambre dont nous nous
occupons n'est destinée qu'à une seule personne. Pour deux,
on doit presque doubler ses proportions. — Mais alors même

1. De Luynes, *Mémoires*, tome VII, page 35.

qu'on habite seul, quelque jeune et vaillant qu'on soit, on peut tomber malade, et dès lors il faut prévoir la présence, à son chevet, d'une garde qui consomme, elle aussi, de l'oxygène. En outre, s'il nous plaît de lire, de tenir un flambeau, une lampe, une veilleuse allumée, il ne faut pas que la combustion, produite par cette lampe ou cette veilleuse, s'opère aux dépens de nos poumons, et limite plus que de raison la quantité d'air respirable. Voilà pourquoi, dans notre logis modèle, nous ne craindrons pas d'attribuer à la chambre à coucher quelques mètres cubes de plus.

Ce premier *desideratum* obtenu, la seconde chose à laquelle il nous faut prendre garde, c'est la bonne aération de notre chambre. Une des plaies des habitations modernes consiste dans ce que les médecins appellent l'*air confiné*. On nomme ainsi les couches d'air qui, se trouvant en dehors de toute circulation et de tout courant, s'immobilisent dans un coin, et finissent par y entretenir une sorte de *mal'aria* locale. L'action sur l'économie de cet air confiné est tellement délétère, que les praticiens n'hésitent pas à lui attribuer l'anémie générale qui s'empare si souvent des paysans malades, dès qu'une indisposition sérieuse les empêche de sortir de leurs chaumières. La crainte de payer l'impôt des portes et fenêtres transforme, en effet, leurs maisons en tanières qui deviennent rapidement des foyers d'empoisonnement.

Évitons avec soins ces fàcheux errements. Que nos portes et nos fenêtres ouvrent en haut jusqu'à la corniche ; qu'elles soient larges et disposées de telle façon qu'on puisse, quand la chambre cesse momèntanément d'être habitée, y établir d'abondants courants d'air. Que la cheminée de son côté, ne soit, même en été, jamais absolument close ; qu'elle fasse un continuel appel d'air, et, pour alimenter cet appel, évitons soigneusement de garnir de bourrelets la partie supérieure de nos portes. De cette façon, l'air entrant par en haut, et redescenant doucement à mesure qu'il se refroidit, se trouvera en continuel mouvement; il entretiendra, dans notre appartement, une série de déplacements rotatoires, qui, opérant un mélange constant d'air nouveau avec l'air ancien, maintiendront celui-ci dans un état de pureté suffisante.

La bonne aération de notre pièce assurée, il importe maintenant de disposer notre lit, conformément aux prescriptions de l'hygiène. « Ce n'est que depuis que les appartements ont été tracés sur des plans exigus, que, pour gagner de l'espace, l'on a placé les lits dans les angles des chambres à coucher, ou l'un des grands côtés contre la muraille, » écrit Viollet-le-Duc. Nous qui n'avons pas à compter avec l'espace, laissons à notre lit, comme nous en avons pris l'engagement, le moins de contact possible avec le mur.

Donc, point de ces alcôves que Mᵐᵉ de Rambouillet eut la mauvaise inspiration d'emprunter à l'Espagne, pour les introduire en notre pays, et que le bons sens et le bon goût avaient déjà condamnés dès le siècle dernier [1]. — Point d'encoignure non plus. Installons notre lit au milieu du panneau, la tête seulement approchant du mur, disposition intelligente qui permet aux domestiques de faire le lit sans avoir à le mouvoir, qui donne à celui qui doit l'occuper la facilité de pouvoir l'aborder à droite et à gauche suivant son désir, et, lorsqu'on fait lit à deux, d'en pouvoir descendre sans gêner la personne avec qui l'on couche.

Mais le choix du panneau sur lequel notre lit doit s'appuyer n'est pas indifférent. Il nous faut éviter soigneusement jusqu'à la possibilité d'un courant d'air passant directement sur nous, pendant notre sommeil. En conséquence, que jamais

1. « Les bourgeois de Paris font un sépulcre de leurs appartements; c'est partout la répétition du même tableau (motif) dans les tentures. Puis, c'est la chambre à coucher, avec l'alcôve et les rideaux. Mais les lits des princesses, des duchesses ne sont point accolés à un triste mur. On peut tourner autour de l'autel où repose la beauté. » (Mercier, *Tableau de Paris*, tome IX, page 146.)

notre lit ne soit placé entre une fenêtre et une porte, jamais
entre deux portes non plus. Refroidissements, bronchites,
rhumatismes, maladies d'yeux, pourraient fondre sur le dormeur avec une navrante abondance.

Au siècle dernier, c'était la coutume de disposer le lit au
fond de la chambre, les pieds tournés vers les fenêtres, et
comme les grandes portes, placées dans le voisinage des croisées, se faisaient vis-à-vis, il n'y avait, de cette façon, aucun
courant d'air à craindre. Nous respecterons, si vous le voulez
bien, cette disposition dont on peut encore voir les bons effets
dans les grands hôtels du faubourg Saint-Germain, ainsi qu'à
l'hôtel Soubise, au Palais-Royal, etc. Elle n'a rien d'illogique,
et, en outre, elle communique à notre chambre à coucher un
aspect ordonné, un peu solennel peut-être, mais qui justement
proteste contre ces allures débraillées, qu'il nous faut redouter
par-dessus tout. Un peu de régularité, sagement introduite
dans une pièce d'habitation constante, finit toujours, en effet,
par réagir heureusement sur notre esprit.

Pour en terminer avec l'hygiène, il ne nous reste plus à
nous occuper que de l'orientation. Vitruve recommande l'Est :
« *Cubicula ad Orientem spectare debent : usus enim matuti-
num postulat lumen*, — Les chambres à coucher, dit-il, doivent regarder l'Orient, car leur usage réclame la lumière du
matin. » Xavier de Maistre était du même avis, et la chambre
autour de laquelle il entreprit son peu aventureux voyage
affectait cette même orientation [1]. Nous nous rangeons à l'opi-
nion de ces deux hommes illustres.

La disposition des fenêtres au levant, qui, à l'ouverture de
nos rideaux, permet au soleil de pénétrer chez nous et de
tout illuminer de sa joyeuse lumière, — cette disposition jette,
dès le réveil, une teinte de bonne humeur sur toute la jour-

---

[1]. « Sa direction est du levant au couchant. » (*Voyage autour de ma chambre,*
chap. IV.)

ée. De plus, étant admis pour les besoins de l'hygiène, que
le soleil doit visiter notre habitation, il faut considérer que le
matin est le seul moment où il ait occasion de nous rencontrer

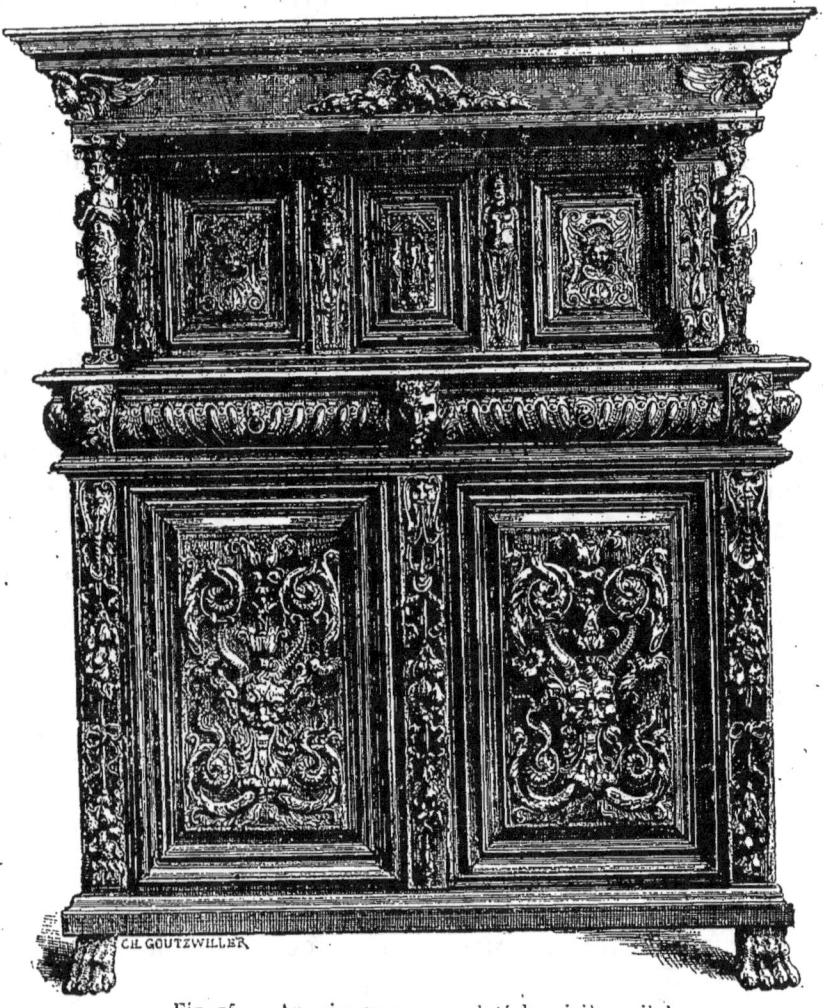

Fig. 75. — Armoire en noyer sculpté du seizième siècle.

dans notre chambre, sans compter que le soleil de midi, comme
aussi celui du couchant, sont tous deux trop brûlants, pour
que nous puissions, pendant huit mois de l'année, leur donner
leurs franches entrées dans une pièce dont la température doit,
autant que possible, être toujours égale.

C'est surtout quand on s'occupe de la chambre à coucher, qu'on reconnaît vite combien il est imprudent de se faire le copiste attentif et obséquieux du passé. Il s'en faut de beaucoup, en effet, que la chambre à coucher ait conservé, de nos jours, l'importance qu'elle avait sous les règnes de Louis XIII et de Louis XIV. Jusqu'au siècle dernier, scrupuleuse héritière des prérogatives de cette *maître-chambre* que nous avons vue si fort en honneur dans les habitations féodales, elle était demeurée, par excellence, le lieu de réception.

Le salon, en effet, est une invention relativement moderne. Cherchez-le dans le vocabulaire des *précieuses*, dans les *Historiettes* de Tallemant, dans les romans de Mlle de Scudéry, dans les lettres de MM^mes de Sévigné, de Lafayette, de Coulanges, etc. : partout il brille par son absence. Il apparaît seulement dans les *Mémoires* de Saint-Simon. L'hôtel de Rambouillet, ce logis modèle, renfermait une chambre bleue, discret asile de la parfaite Julie d'Angennes, d'autres chambres rouges, grenat, cramoisies, des cabinets dont quelques-uns donnaient vue sur le jardin du duc de Chevreuse, sur ceux des Quinze-Vingts et de l'hôtel de Rambouillet; mais on y eût cherché vainement un salon. Versailles, à cette époque, n'en possédait pas davantage, et les visites les plus officielles étaient reçues dans une chambre de parade, qu'on décorait à cause de cela avec une somptuosité toute spéciale.

Le lit même, dans cette occasion, jouait un rôle d'une importance très marquée. Ce n'est pas sans surprise, en effet, qu'en parcourant les Mémoires du temps, nous voyons les plus grandes dames s'étendre sur leur lit ou sur celui d'une amie, pour donner audience aux plus hauts personnages de la cour. C'est ainsi que Saint-Simon nous montre la duchesse de Lauzun à l'hôtel de Lorge [1], Mme de Saint-Simon dans l'appartement de la duchesse d'Arpajon [2], et Mme de Maintenon

1. Saint-Simon, tome Ier, page 280. — 2. Ibid., page 278.

ans sa chambre, recevant toute la cour sur leur lit. A l'oc-
asion du mariage de M. de Thiange, M. de Coulanges écrit[1]
ue Mme de Montespan ouvrit sa porte au public, et reçut,
tant couchée, les compliments de tous ceux qui voulurent lui
arler. Mme de Fontanges est faite duchesse avec vingt mille
cus de pension, elle en reçoit les compliments sur son lit, et
a chose semble si naturelle que, malgré l'origine scabreuse du
itre et de la dotation, personne n'y entend malice[2].

Beaucoup d'auteurs se sont demandés, non sans étonnement,
uelle pouvait être la cause d'un usage qui nous paraît si
irgulier, et disons même aussi choquant. Nous croyons en avoir
rouvé la raison dans un passage d'un livre peu connu de
^me de Genlis : « Les princesses, nous dit cette dame, rece-
aient les visites des cardinaux sur leur lit afin de se dispenser
e les reconduire[3]. » On en peut conclure, semble-t-il, que la
ersonne qui recevait au lit, considérée par ce fait comme ma-
ade, se trouvait de la sorte délivrée de tout le cérémonial
'étiquette, lequel était à cette époque non seulement d'une
complication extrême, mais parfois encore humiliant et gênant
au possible.

Suivant le même auteur, ce serait également à ce cérémonial que nous serions redevables de l'invention des chaises
longues. « Lorsque le roi honore d'une visite un particulier
malade et forcé de rester couché, nous dit Mme de Genlis, on
établit un second lit de repos à côté de celui du malade, sur
lequel le roi se couche (sic)[4]. » La raison de cette autre habitude était que le roi pouvait, à la rigueur, permettre à un de

1. Voir *Lettres de Mme de Sévigné* (4 mai 1695).
2. *Ibid.* (6 avril 1680), tome V, page 303.
3. *Étiquettes de la cour*, tome Ier, page 189. Cette explication de Mme de Genlis
est confirmée par une note de Dangeau. Parlant de la visite que le doge de Gênes
fit en 1685 à Versailles, il dit : « Les princesses du sang le reçurent sur leur lit,
afin de n'être point obligées de le reconduire. » (Dangeau, tome Ier, page 303.)
4. *Étiquettes de la cour*, tome Ier, page 320.

ses sujets de prendre, devant lui, une attitude ou une posture
semblable à la sienne, mais qu'il n'en pouvait tolérer une plus
abandonnée ou plus familière. Lorsque Louis XIII fut reçu par
le cardinal de Richelieu malade, ce cérémonial, qui nous semblerait aujourd'hui ridicule, fut scrupuleusement observé. Il en
fut de même quand Louis XIV alla voir le maréchal de Vil-
lars blessé, et, à partir de ce temps, il sembla de bon ton
d'avoir à demeure, dans sa chambre, un second lit de repos,
comme si l'on s'attendait à recevoir, d'un instant à l'autre,
quelque visite royale.

Les usages de la Cour étaient alors trop en honneur, pour
que la Ville ne se conformât pas scrupuleusement à ces coutumes
venues d'en haut. Non seulement à la Ville on n'avait point
d'autre salon que la chambre à coucher, les gravures d'Abraham Bosse, les gracieux tableaux d'Antony Palamède, de Ter-
burg, de Metzu, en sont une preuve suffisante, et le grand lit
encourtiné qui sert de fond à la plupart de leurs compositions
ne nous laisse là-dessus aucun doute; mais encore on conserva
longtemps l'habitude de recevoir au lit, ou sur son lit, comme
la *femme de qualité* que Saint-Jean nous représente « reposant
sur un lit d'anges ». Enfin, en ces temps déjà lointains, la
chambre à coucher conservait, même après la mort, son caractère de pièce d'apparat. A l'instar des princes, beaucoup de
simples particuliers demeuraient exposés sur leur lit, parés,
gantés, vêtus de leurs plus beaux atours, et le public venait
leur rendre une suprême visite, où la curiosité tenait souvent
plus de place que le respect.

C'est ainsi que Marion de Lorme subit gratuitement l'em-
pressement de tout Paris. « On la vit morte vingt-quatre
heures, sur son lit, avec une couronne de pucelle, » écrit
Tallemant [1] qui alla la contempler. Il fallut que le curé de
Saint-Gervais, qui avait reçu sa confession, fît sentir aux nom-

1. *Historiettes,* tome III, page 142.

reux amis de la défunte combien cette couronne était ridicule
our qu'on pensât à la retirer. D'autres fois, au lieu de pro-
oquer un sourire, la parure du mort provoquait un mouve-
ent d'horreur. « Mlle de Sens mourut, écrit Mme de Genlis [1].
I. Donnesan n'ayant jamais été de sa société particulière eut
envie de l'aller voir sur son lit de parade. Il y fut un soir
avec le chevalier de Chastelleix. Ils y arrivèrent tard, y trou-
vèrent une grande foule, et ne purent approcher du lit; mais
ils virent parfaitement, à la lueur d'une multitude de cierges,
la princesse morte, assise sur son lit, appuyée sur des oreil-
lers. Elle avoit du rouge et des gants blancs, elle étoit très
parée [2]. M. Donnesan la regardoit fixement lorsque, tout à
coup, il la vit lever le bras et passer la main sur son visage.....
Étrangement surpris de cette vision, il la regarda avec plus
d'attention encore et vit distinctement la princesse, qui parois-
soit tenir un mouchoir, le passer une seconde fois sur sa
figure. Ce mouvement fait avec rapidité fut remarqué d'un
grand nombre de personnes qui tressaillirent, en faisant diverses
exclamations de surprises et d'effroi..... Plusieurs femmes épou-
vantées se précipitèrent même vers la porte pour s'enfuir.
« Sortons, dit le chevalier, je connois la première femme de
« chambre de la princesse; elle nous fera passer derrière le
« lit, nous pourrons examiner de près ce prodige. » Ils sor-
tirent, et, après avoir fait le tour de l'appartement, ils entrè-
rent dans un cabinet dont la petite porte dérobée donnoit dans
l'alcôve de la princesse; là, le mystère fut dévoilé. La princesse morte rendoit un abcès par le nez, et pour épargner au
public le dégoût que devoit causer un tel objet, on avoit ima-

1. *Souvenirs de Félicie* (édition Barrière), page 44.
2. L'usage, pendant tout le dix-huitième siècle, fut de farder les mortes. Lors
de la mort de Madame Henriette de France, « à une heure après minuit, écrit Barbier, on songea à Versailles à transporter la princesse à Paris, aux Tuileries. Elle
fut mise sur un matelas dans des draps. Elle étoit en manteau de lit, coiffée en
négligé avec du rouge... » (*Journal de l'avocat Barbier*, tome V, page 166.)

giné de placer, derrière l'oreiller de la princesse, une femme
de garde-robe, dont on ne voyoit que les bras gantés qui parois-
soient être ceux de la princesse, parce qu'ils étoient passés sous
son manteau de dentelles, et cette femme, qui tenoit un mouchoir, avoit reçu l'ordre d'essuyer de minute en minute le bas
du visage de la défunte..... »

Aujourd'hui, nous avons changé tout cela. Ces usages ont
cessé d'être les nôtres et, avec la complète abdication de ses
principales prérogatives, la chambre à coucher a dû renoncer
à son luxe excessif. Nous n'avons plus guère idée, en effet,
d'un lit de 40,000 écus, comme celui que Mme de Montespan offrit, en 1694, à son fils le duc du Maine [1]. Le meuble
de chambre à coucher que Louis XIV commanda au célèbre
Losné, pour sa nièce, fille de Monsieur, lors du mariage de
cette princesse avec le prince de Lorraine, nous semble pareillement étourdissant [2]. En dépit des progrès du luxe, il n'est
pas un ecclésiastique de nos jours qui oserait s'offrir un lit
de 80,000 francs comme celui où l'abbé Terrai reposait son opu-
lente et douillette personne [3]; et, dans un genre plus léger, le
mobilier de Mlle Hus, estimé en 1762 un demi-million de
francs [4], celui de Mlle Deschamps, dont la vente fit, en 1760,
une si vive sensation et que Barbier décrit avec tant de soin [5],

1. Voir *Correspondance de Mme de Sévigné*. Lettre de Mme de Coulanges (19 novembre 1694).

2. « Le roi lui donna un meuble de 40,000 écus. On ne peut rien voir de plus
beau. Il est en drap d'or épais et frisé de Venise. Dans les fleurs, il manque un
tout petit peu de couleur de feu. Le meuble se compose d'un lit, d'un tapis de
table, de six fauteuils, de vingt-quatre chaises. C'est le plus bel ouvrage du monde·
Le célèbre *Losné* l'a fait. » (*Correspondance de Madame duchesse d'Orléans*, t. Ier,
page 208.)

3. Parlant de l'hôtel que l'abbé Terrai venait de se faire construire rue Notre-
Dame-des-Champs, l'auteur des *Mémoires secrets* dit : « Tout y est d'un luxe très
recherché; on y va voir, entre autres choses, un lit qu'on disoit devoir coûte[r]
400,000 livres, mais qui n'en coûte que 80,000, prix encore énorme pour un pareil
meuble. » (Bachaumont, tome VII, page 86.)

4. Bachaumont, tome Ier, page 5.

5. La chambre de Mlle Deschamps était entièrement tendue de damas cramoisi,

dépassent de beaucoup ce que nous sommes habitués à considérer chez nos plus jolies contemporaines.

Ce fut la Révolution qui porta un coup décisif à ce luxe
d'alcôve. La chambre de Mme Récamier, dont J.-Ch. Krafft[1]
nous a conservé le croquis, toute coquette qu'elle soit, n'a
plus rien à démêler avec ces somptuosités débordantes. Déjà
la chambre à coucher de Mlle Dervieux, que nous décrit minutieusement Caillot[2], avait perdu ce caractère de richesse
excessive. Son mobilier n'avait coûté que 36,000 francs, une mi-
sère! et le lit représentait à peine le tiers de cette somme.
Aujourd'hui, avec le prix seul d'un pareil lit, on se tire généralement d'affaire; on meuble la chambre entière, souvent
même ce chiffre n'est pas atteint.

Mais si nous sommes amenés à concevoir l'ordonnance et
la décoration de cette pièce dans des données plus simples
et mieux en harmonie avec nos ressources et nos moyens,
encore ne faut-il pas oublier que notre chambre fait partie
d'un ensemble, qu'elle n'est pas absolument indépendante des
salons qui l'avoisinent, et qu'elle doit, par conséquent, ne
point trop s'en écarter, sinon comme somptuosité, du moins
comme goût. Il faut bien prendre garde, encore, que si notre
chambre ne figure plus parmi les pièces de réception du logis,
elle peut accidentellement servir encore à cet usage, et que
nous pouvons être obligés d'y recevoir non seulement des
amis, mais aussi des étrangers. Gardons-nous donc de choquer
ces visiteurs par une trop grande disparate. Ne les faisons
point passer d'un salon étincelant de dorures dans une chambre

---

et de chaque côté se trouvaient « deux cabinets, l'un de toilette, l'autre de lieux à
l'angloise, et le tout orné de glaces. » (*Journal* de Barbier, tome VII, page 246.) On
voit que Mlle Deschamps était une personne de précaution.

1. *Plans, coupes et élévations des plus belles maisons et des hôtels construits à
Paris.*

2. *Mémoires pour servir à l'histoire des mœurs et usages des François.* Paris,
1827, tome II, page 99.

pauvrement meublée, et, sans tomber dans l'ostentation, dispen-
sons-nous de paraître ainsi concentrer tout notre luxe dans les
appartements de réception, pour éblouir les yeux et tromper
sur notre situation.

Ceci admis, à quel modèle de chambre à coucher nous
arrêterons-nous? On en compte quatre, au dire d'un écrivain
du siècle dernier, particulièrement expert en ces matières [1] :
1° les chambres de parade, avec estrade, dais, galeries et
doubles ruelles, dont nous n'avons pas à nous occuper ici,
puisque le salon a pris leur place; 2° celles en alcôve, et celles
en niches, dont nous ne nous occuperons pas non plus, l'hygiène en proscrivant l'usage; 4° enfin celles dont le lit, isolé
sur trois de ses faces, est placé au milieu de la pièce. Ce modèle est celui que nous avons déjà reconnu le meilleur. Nous
voilà donc du coup hors d'affaire. Il ne nous reste plus
maintenant qu'à essayer de créer une harmonie aimable dans
notre mobilier, et pour cela, fidèles à un procédé qui nous a
déjà réussi, nous allons choisir le meuble principal, qui donnera sa note aux autres et leur imposera ses couleurs, son
cachet, sa livrée, si je puis dire ainsi.

Ce meuble principal, essentiel, prédominant, se trouve tout
indiqué. C'est le lit. Sans lit, pas de chambre à coucher. Ses
rapports avec nous sont en outre trop intimes, ses services trop
précieux, sa compagnie trop fidèle, pour que nous lui mar-
chandions une préférence à laquelle ses fonctions l'ont en
quelque sorte prédestiné. « C'est dans ce meuble délicieux, dit
avec humour Xavier de Maistre, que nous oublions pendant
une moitié de la vie les chagrins de l'autre moitié. Un lit nous
voit naître et nous voit mourir : c'est le théâtre variable où le
genre humain joue tour à tour des drames intéressants, des
farces risibles et des tragédies épouvantables. C'est un berceau

---

1. Roubo fils. Voir *L'Art du menuisier en meubles* (seconde section de la
deuxième partie).

garni de fleurs. C'est le trône de l'amour; c'est un sépulcre[1]!»

Nous avons vu, dans la première division de ce livre, que le lit se compose de deux parties distinctes, le *châlit*, et le *ciel* ou *pavillon*. Nous avons vu également que si le châlit demeure à peu près fixe dans sa forme essentielle, il n'en est pas de même de l'autre partie. Consultez un tapissier expert en son métier et connaissant quelque peu l'histoire du mobilier, il vous citera plus de cent sortes de lits. Il vous parlera de lits à colonnes, à pilastres, à dôme, à flèche, à couronne, de lits à l'antique, à la romaine, à la grecque, à l'étrusque, à la polonaise, à la française, à la duchesse, à la dauphine, à la sultane, de lits drapés, de lits en forme de tente, de pavillon et de tombeau, de lits à dais, à arcs, à thyrse, à aigle, à estrade, de lits à flasques, en gondole, en corbeille, en bateau, des lits d'ange, que sais-je encore? Mais, sur ces cent modèles divers, il n'en est pas cinq dont le nom ne soit motivé par la forme du ciel et par la combinaison des draperies.

Retracer l'histoire et essayer la description de chacun de ces modèles différents offrirait peut-être quelque intérêt au point de vue de l'archéologie mobilière, mais semblerait singulièrement fastidieux à des gens qui, comme nous, se mêlent bien moins d'être savants que d'être pratiques. Aussi bien, au point de vue de l'art et du goût où nous nous sommes placés, nous n'avons à retenir de toutes ces variétés, que deux modèles, le premier et le dernier : le lit à colonnes ou à quenouilles, et le lit d'ange. Ceux-là seuls, ou à peu près, peuvent nous convenir, la plupart des autres ne formant qu'une sorte de variété de ces deux formes primordiales, ou ayant des accointances trop intimes avec la muraille.

Nous n'avons pas besoin, semble-t-il, de décrire le lit à colonnes, tous nos lecteurs connaissent ce beau meuble un peu monumental, sévère d'aspect, d'allure discrète, qui ne se borne

1. *Voyage autour de ma chambre*, chapitre v.

pas à offrir un refuge au dormeur, mais encore l'abrite complètement et du contact de l'air et des regards étrangers. Le
lit à colonnes fut pendant longtemps considéré comme le lit
noble par excellence. Jusqu'en 1745, le lit de la reine continua d'allonger vers le *ciel* ses quenouilles sculptées. Ce fut
seulement à cette date, que Marie Leczinska obtint la permission
de coucher dans un *lit à la duchesse*. Pour nos chambres modernes, le lit à colonnes semble une parure singulièrement robuste, un peu trop austère pour abriter une femme, surtout si
elle est jeune et jolie ; mais il convient cependant admirablement
dans une pièce vaste, très haute de plafond, longue et large, et
principalement si cette pièce a conservé une décoration ancienne.
En tout cas, sa mâle austérité s'harmonise bien avec la vie et
les occupations du sexe fort.

Toutefois, s'il vous plaît d'adopter le lit à colonnes, ne lui
conservez pas cette armature formidable de draperies qui l'en-
veloppaient autrefois. Le lit « encourtiné », c'est-à-dire complètement garni de pantes, de bonnes-grâces et de lourds rideaux isolant complètement le dormeur, était une sorte de
nécessité au milieu de ces pièces énormes de nos vieux châteaux, mal chauffées, et, par le fait de leurs cheminées gigantesques et de leurs fenêtres à vitraux, ouvertes aux quatre vents
du ciel. Le lit, ainsi étoffé, était comme la continuation, comme
le résumé de ces *clotets* de menuiserie, derrière lesquels les
tapissiers prudents du moyen âge abritaient les lits des seigneurs
et des riches. Son armature constituait en quelque sorte une
manière de cloison, et formait une petite chambre dans la
grande.

Aujourd'hui qu'une meilleure installation intérieure nous
dispense de ces précautions, nous pouvons encore adopter, pour
une chambre un peu vaste, le lit à colonnes, mais à condition
de le débarrasser de son excédent de tentures. Laissons les
pantes tomber élégamment à l'entour de notre ciel ; permettons

aux bonnes-grâces d'accompagner le fût de nos colonnes, et
qu'un léger rideau de taffetas, se mouvant sur une tringle,
vienne nous abriter de l'air ou du jour quand besoin est ; mais
ne nous enfermons plus hermétiquement, ne nous calfeutrons
plus avec de lourdes tentures de tapisserie ou de drap brodé,
ne cherchons pas à ressusciter le *clotet* de nos ancêtres. Que
nos rideaux jouent le rôle d'un paravent qui nous garantit, et
non celui d'une cloison qui nous claque-
mure.

Si la forme du lit à colonnes est con-
nue de nos lecteurs, celle du lit d'ange
ne leur est guère moins familière. On
appelle de ce nom le lit placé au milieu
de la chambre, la tête au mur, les pieds
en avant, et dont le ciel plus ou moins
orné, mais moins long que la couchette[1],
est rattaché à la muraille par deux
rideaux retenus au moyen d'embrasses
fixées au chevet même du lit.

D'où vient ce nom singulier de « lit
d'ange » ? Personne ne le sait au juste.
Peut-être en faut-il chercher l'explication
dans certains dessins de Bérain, représen-

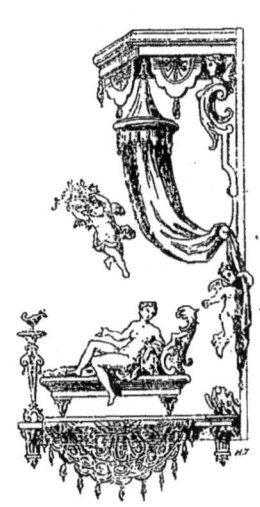

Fig. 76.
Dessin de Bérain représentant
un lit d'ange.

tant des pavillons de ce genre, soutenus par de petits génies.
Le nom, au reste, importe peu ; le principal c'est la forme, qui
convient admirablement à des pièces d'une étendue restreinte
et à des tempéraments dont l'austérité n'est pas la qualité
dominante. Mais trouve-t-on que ce genre de lit manque un peu
de modestie, nous dirons alors, choisissez un lit à la romaine.
Son ciel supporté par quatre tiges en fer et relié au châlit est
moins prétentieux, et ses quatre rideaux, qu'on peut compléter

1. Ceci est essentiel, car lorsque le ciel est de la même longueur que le châlit,
le lit prend le nom de « lit à la duchesse ».

par de grands rideaux de mousseline ou de guipure, semblent former un asile modeste autant que discret.

Donc, pour nous résumer, si nous avons à meubler une chambre très vaste, très haute de plafond, un peu grave, destinée à un homme arrivé « à cet âge incertain qu'on nomme un certain âge », nous accorderons notre préférence au lit à colonnes. Si, au contraire, la pièce est de moyenne grandeur et largement éclairée, gaie d'aspect et destinée à de jeunes époux ou à des personnes en âge de l'être, nous prendrons le lit d'ange; si enfin c'est pour une jeune fille que nous entendons disposer notre chambre, nous choisirons le lit à la romaine, et la forme de chacun de ces lits déterminant la nature de son ornementation et le cachet de sa parure, tout le reste du mobilier et de l'ornementation de la pièce devra se conformer à la forme et au style du meuble principal.

La parure de la chambre à coucher, toutefois, ne doit pas être seulement en harmonie avec la forme et le style du lit, elle doit être aussi conséquente avec sa propre destination. La chambre, il ne faut pas l'oublier, est avant tout l'asile des actions mystérieuses, des grands et des petits secrets, le refuge des souvenirs. C'est dans le logis un véritable sanctuaire; et aussi le lieu fatal où le plus puissant comme le plus humble se trouve seul à seul en face de soi-même, où la vérité si souvent trahie, fardée, bannie, se révèle brusquement dans son déshabillé parfois peu flatteur, où pendant la nuit, qui porte conseil, l'esprit se recueille, l'imagination vagabonde, revit le passé, évoque les images évanouies, calcule, suppute, cherche à prévoir, combine, arrange, décide et finalement prépare l'avenir. La parure de la chambre à coucher doit donc être avant tout intime et recueillie.

Ce serait une faute, une grande faute, que de ne pas tenir compte de ce caractère tout spécial. Aussi, dans la disposition générale de notre ornementation, dans sa plus ou moins grande richesse, dans le choix des lignes, des tons et des couleurs,

sans cependant créer de disparate trop sensible avec la pièce
voisine, gardons-nous de tout ce qui pourrait sentir l'ostentation. Alors même que le cours naturel de nos idées nous por-
terait à rechercher la magnificence, défendons-nous d'une affectation qui pourrait paraître trop solennelle; alors même que

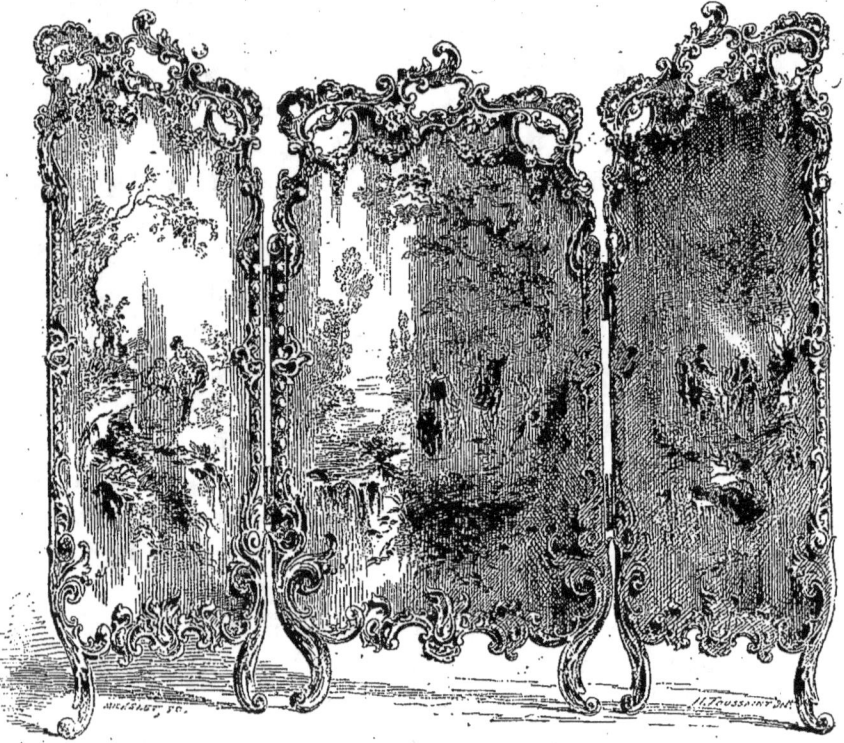

Fig. 77. — Paravent laqué en vernis Martin, exécuté par M. Lippmann.

nos rêves viseraient la grandeur, évitons avec soin tout ce qui
ressemblerait à une trop grande somptuosité.

Il n'est pas de grand homme, dit-on, pour son valet de
chambre. Dans notre chambre, nous sommes à toute heure du
jour et de la nuit un peu notre propre valet. Sans renoncer à
l'élégance, au luxe de bon goût, non plus qu'au confortable,
fermons la porte à tout ce qui sent l'étalage, la fiction, la convention et la pose. Ces précautions sont d'autant plus souhai-

tables, pour les femmes surtout, qu'il est une classe de beautés trop aimables, pour lesquelles la chambre à coucher se trouve être la principale pièce de réception. Évitons à tout prix qu'une vaine recherche puisse servir de prétexte à des méprises fâcheuses.

Nous bannirons donc avec soin les dorures bruyantes, les étoffes d'apparence trop somptueuse; nous proscrirons les brocatelles à couleurs heurtées, les « velours à parterre », les lampas tapageurs. Tout ce déploiement déplacé d'un luxe débordant semblerait un culte excessif rendu à nous-mêmes. Sombre ou claire, sévère ou gaie, d'un prix élevé ou de peu de valeur, nous assortirons notre tenture à notre personne, nous souvenant que le monde, toujours moqueur, n'épargne guère ceux qui commettent des rapprochements intempestifs. S'il pardonne, en effet, à Mme de Genlis d'avoir eu, au Palais Royal, « une chambre tapissée de damas bleu avec des baguettes dorées [1] », il ne peut se défendre de hausser les épaules quand on lui dit que « les appartements du Grand-Frédéric étoient tendus de draperies couleur rose et argent, que son lit étoit de même couleur, et qu'il y couchoit souvent avec ses bottes [2] ».

Ne manquons pas surtout de choisir la tenture et le meuble de notre chambre de la couleur qui nous convient le mieux et moralement et physiquement, et, pour les marier avec elle, donnons la préférence aux tons et aux nuances qui s'harmonisent avec cette couleur préférée. Etes-vous embarrassée, chère lectrice, pour savoir comment garnir ce discret asile? Distinguez la fleur qui s'accommode particulièrement à votre teint, ou qui répond le plus exactement à vos habituelles pensées, et puis consultez-la avec soin. Depuis les variétés sans nombre de la rose orgueilleuse jusqu'à l'humble myosotis, chacune de ces frêles compagnes vous montrera, répandus dans son calice, sa corolle, ses étamines et

1. *Mémoires de Mme de Genlis* (édition Barrière), page 179.
2. *Ibid.*, page 323.

ses pistils, à côté de sa couleur dominante, toute une suite de nuances parmi lesquelles vous n'aurez qu'à choisir.

Evitez, en outre, que votre tenture présente des dispositions trop marquées, et qui se répètent d'une façon trop régulière. Les alternances prononcées préoccupent involontairement nos regards. Répudiez les fleurs, les vases, les bouquets également distancés sur le fond ou disposés en losange, qui finissent par imposer à notre esprit flottant le travail sans cesse renaissant d'une numération fastidieuse. Choisissez, s'il est possible, un fond uni, ou, en tout cas, un motif suffisamment confus, dans des tons suffisamment éteints, pour que rien ne vienne arrêter le cours de nos idées, et les forcer à tourner dans un cercle unique et monotone.

Par contre, ne redoutant plus ici les regards indiscrets ni les allusions malveillantes, en meublant votre chambre, couvrez ses murailles d'aimables souvenirs.

« Les murs de ma chambre sont garnis d'estampes et de tableaux qui l'embellissent singulièrement, » écrit X. de Maistre. Imitez son exemple. Que les portraits de vos parents les plus chers, de vos amis les plus aimés, s'alignent au-dessus des lambris, se groupent autour de votre lit, et l'encadrent en quelque sorte. Que les armes, les œuvres d'art, les gravures et les photographies rapportées de lointains pays par vous-même ou par quelque compagnon fidèle prennent place ici. Rien n'est meilleur, plus moral, ni plus sain que de vivre au milieu de ces cadeaux intimes, témoins de notre passé, qui marquent les étapes de notre vie, et nous sont surtout précieux par la main qui nous les a donnés.

Mais tous les souvenirs ne se peuvent étaler aux yeux. Il en est qui doivent demeurer cachés, ou tout au moins qui ne doivent sortir de leurs cachettes qu'à certaines heures. Pour ceux-là, toute une série de meubles élégants, variés de destination et de forme, nous offrent un asile sûr et discret. La chambre à coucher, en effet, est la place naturelle des armoires, des coffres, des commodes, des cabinets. — En nombre limtié s'entend, car nulle pièce de notre logis ne doit se laisser encombrer, ni présenter un amoncellement de meubles d'aucunes sortes. Mais autant un coffre, qui ferme à clef, et qui derrière ses panneaux pleins semble vouloir dérober aux regards des visiteurs les trésors renfermés dans ses cavités mystérieuses, est déplacé dans un grand ou dans un petit salon, autant sa présence se trouve justifiée dans une chambre.

Donc, armoires à un ou deux corps, cabinets, crédences, sont la parure en quelque sorte rationnelle, indispensable de notre chambre, surtout si celle-ci est haute de plafond, vaste, un peu austère et si son ameublement archaïque s'inspire des formes magistrales du lit à colonnes. Tandis que bonheurs-du-jour, chiffonniers, secrétaires, commodes, petits bureaux coquets, forment le complément logique d'une chambre à coucher d'un goût plus moderne, d'une tonalité plus gaie, d'une tenue et d'un esprit moins sévères.

Enfin, il est encore un genre de meubles à bâtis et panneaux, qu'il ne nous est pas permis d'oublier dans cette chambre moderne — meuble contemporain en quelque sorte, mais qui a si bien pris droit de cité chez nous, qu'il nous est devenu en quelques années absolument indispensable. — Je veux parler de l'armoire à glace. C'est, en fait, un meuble assez peu plastique, que ce grand coffre planté debout au milieu d'un panneau ou à l'angle d'une pièce. Droit, rigide, il présente sa masse toute d'une venue sans que ses façades plates, dépourvues de saillies, offrent rien qui arrête le regard et l'occupe. Mais son utilité est si grande, il est si bien passé dans nos mœurs, qu'il y aurait injustice à le bannir de notre présence.

Toutefois dans ces derniers temps et par un compromis des plus heureux, d'ingénieux artistes ont adapté à l'armoire

à glace la disposition et l'aspect de cette belle armoire nor-
mande, éminemment française, en quelque sorte classique, et
qui sans prétention à une architecture bien compliquée, n'af-
fectant point d'autres lignes que celles nécessitées par sa construction même, offre avec une forme sinon gracieuse, du moins
vaillante et robuste, une énorme cavité fort appréciée des maî-
tresses de maison.

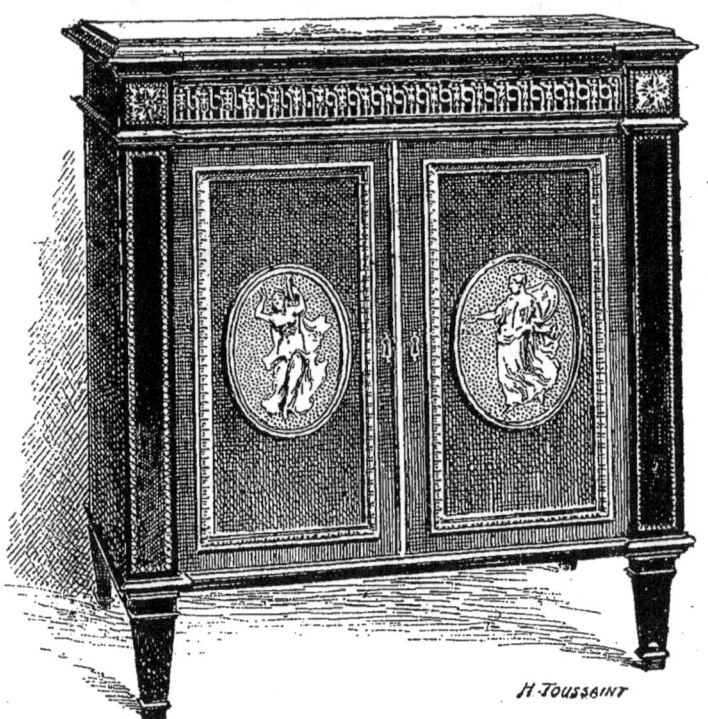

Fig. 78. — Petite commode, époque du Directoire (Mobilier national).

Pour la commode nous n'avons pas à revendiquer les mêmes perfectionnements que pour l'armoire à glace. En dépit
de ce joyeux humoriste, ami de Borel le lycanthrope, qui écrivit
une amusante dissertation sur l'*Incommodité des commodes*,
nous avons hérité de peu de meubles méritant mieux leur
nom, et il n'en est pas dont la place soit mieux indiquée dans
la chambre à coucher. La commode, en effet, tient à la fois

de l'armoire et de la console. Elle remplace la table à dessus
de marbre sur laquelle on peut tout poser, tout placer, sans
craindre les rayures et les taches, et l'ancien coffre, l'ancien
bahut, l'antique huche dans laquelle on serrait ses habits,
avec cette supériorité toutefois que ses tiroirs superposés faci-
litent singulièrement le classement, l'inspection et le manie-
ment des effets qu'elle recèle en ses flancs. En outre, comme
variété de formes, comme élégance, comme puissance de contours, comme richesse de décor, il semble que le dix-huitième
siècle ait épuisé en sa faveur et son ingéniosité et son bonheur d'invention. Rien de plus curieux et de plus magnifique
à la fois, que ces meubles rebondis, marquetés, rehaussés de
cuivres et de bronzes; rien de plus confortable, de plus meublant, de plus accueillant surtout, que leurs formes arrondies,
qui n'offrent au toucher aucun angle aigu et ne présentent aucune aspérité qui blesse.

Quant aux chiffonniers, tables, bureaux, secrétaires et bonheurs-du-jour, leurs formes sont trop connues pour que nous
ayons beaucoup à nous appesantir sur elles. Tous ces meubles
appartiennent, d'ailleurs, comme conception et comme confection, à une époque trop voisine de la nôtre, pour ne pas présenter un air de famille avec le « lit d'ange » ou le lit à « la
romaine » dont ils sont les compagnons naturels. Nous les
choisirons, toutefois, de façon qu'ils se raccordent, aussi
bien que possible, au style particulier de la pièce qui est, on
s'en souvient, réglé lui-même par le lit. Mais, tout en évitant
les disparates trop choquantes, nous n'oublierons pas que c'est
dans la chambre à coucher moderne que l'éclectisme est surtout de mise.

Revenant à la chambre vaste et austère, archaïque d'esprit
et de décor — où la note dominante est fournie, avons-nous
dit, par le lit à colonnes, — avec les crédences, les bahuts, les
armoires en bois sombre, à un ou deux corps, et les gracieux

cabinets qui en sont la parure naturelle, nous pourrons, sans grand effort, composer un magistral ensemble.

Enfin, pour ce qui est des sièges, leur première qualité sera d'être confortables. N'oublions pas que notre chambre est

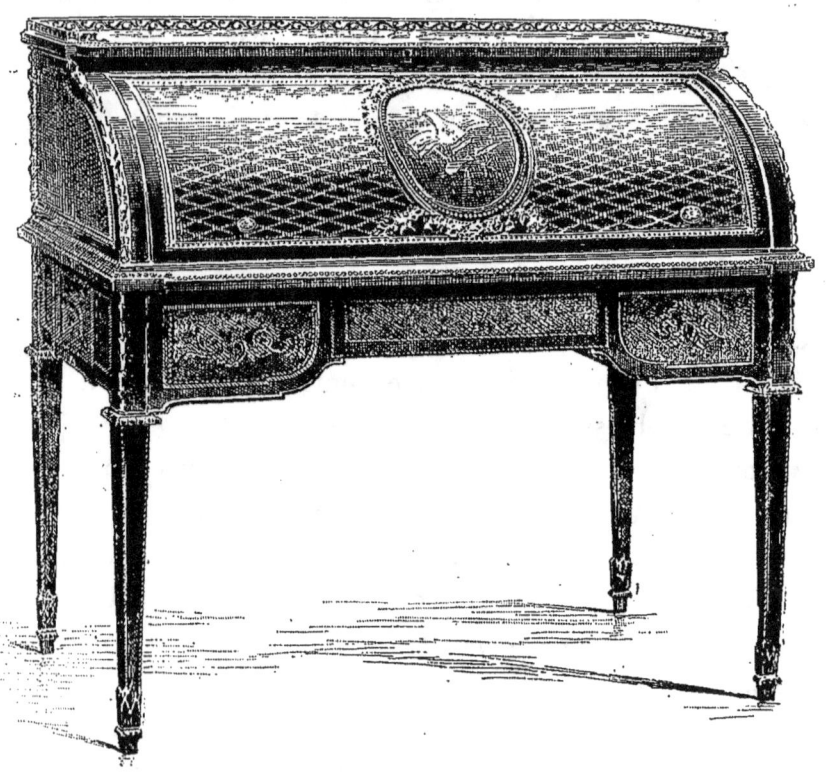

Fig. 79. — Petit bureau style Louis XVI, en marqueterie (Mobilier national).

par-dessus tout un lieu de repos, et que le devoir de ses meubles, qui ont un rapport direct avec notre corps, est de se plier à nos besoins et d'être façonnés selon nos habitudes. Donc, à bois voyant ou sans bois voyant, tous les sièges par nous choisis seront larges, écrasés, abondamment rembourrés et suffisamment élastiques. Ils seront, de plus, non pas collectifs, mais individuels, c'est-à-dire construits pour une seule

personne. Nous admettrons la chaise longue, mais le canapé
sera banni.

Peut-être remarquera-t-on qu'entre tous ces meubles par
nous énumérés, il ne se rencontre pas de toilette. Cette omis-
sion est volontaire, et la raison en est que les ablutions, telles
que les exigent la propreté et l'hygiène, et telles, au reste, que
nos mœurs les commandent, sont incompatibles avec la déco-

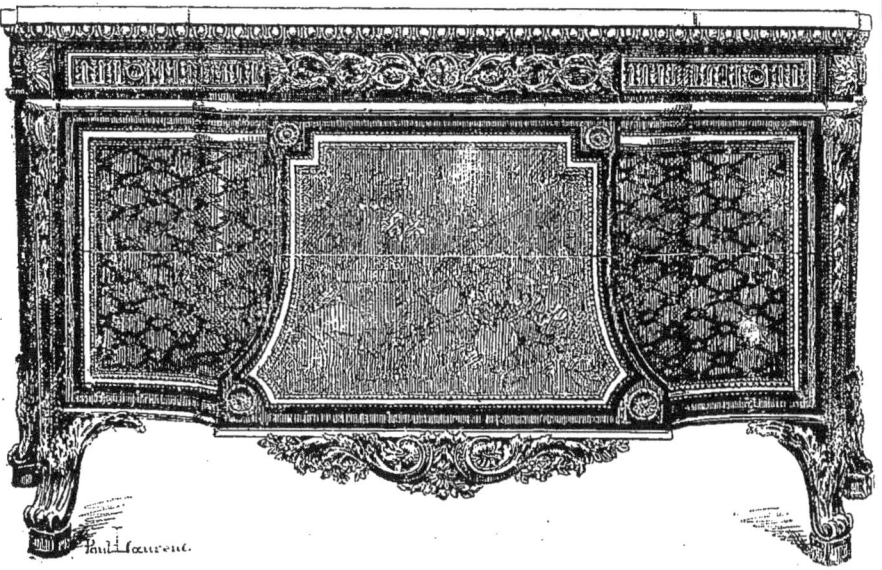

Fig. 80. — Commode de style Louis XVI (Mobilier national).

ration, avec l'ornementation, avec la bonne tenue d'une chambre à coucher. Le soin intime de nos personnes entraîne, en
effet, l'exhibition et la mise en œuvre d'une foule d'ustensiles
dont la forme, obéissant exclusivement à des préoccupations
utilitaires, n'a que fort peu de chose à démêler avec l'art. A
notre avis, tout cet attirail de brocs, de cuvettes, de bols, de
serviettes, de brosses et d'éponges doit être relégué dans un local
spécial, et le cabinet de toilette, dont nous aurons bientôt à nous
occuper, est leur asile naturel, le seul qui leur convienne.

Nous irons même plus loin. Nous nous souviendrons de

la répulsion si marquée qu'éprouvaient les *précieuses* pour tout ce qui sentait le bonnet de nuit. Mme de Rambouillet disait qu'elle ne savait rien de plus ridicule que cet ornement ; Mme de Montausier et Mlle d'Arquenay étaient encore plus déchaînées contre ces malencontreuses parures [1]. Nous prendrons pied sur cet exemple, pour bannir sévèrement de notre chambre tout désordre qui, pendant le jour, pourrait rappeler trop brutalement notre toilette et nos habitudes nocturnes.

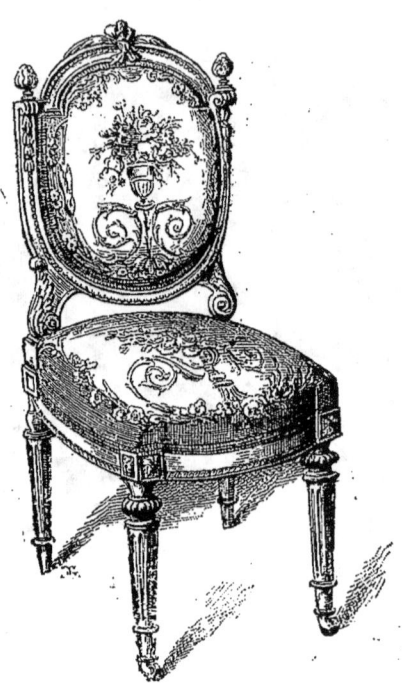

Fig. 81.
Petite chaise de chambre à coucher,
exécutée par M. Ternisien.

Partant de ce même principe, il est un genre de siège que nous exilerons sévèrement de notre présence, quoiqu'il ait tenu une large place dans les chambres à coucher du dernier siècle. C'est cette chaise à laquelle sa forme, évidée au centre, avait fait jadis donner le nom de chaise percée. Nos ancêtres avaient pour elle une estime toute particulière. C'est sur un trône de cette forme que Louis XIV reçut milord Portland, ambassadeur d'Angleterre, « ce qui était une distinction fort grande », dit Saint-Simon [2]. C'est dans la même posture et sur un siège du même genre, que le duc de Vendôme reçut l'évêque de Parme, venant négocier de la paix [3].

Bien loin de sembler insultante, cette révoltante familiarité

1. Voir Tallemant des Réaux, tome II, page 225.
2. *Mémoires*, tome II, page 108.
3. Saint-Simon, *Mémoires*, tome Ier, page 40.

était un sujet d'orgueil pour les grands seigneurs de ce temps. « Le roi redescend chez lui, écrit Dangeau [1], puis passe sur sa chaise percée, où les *grandes entrées* l'ont toujours vu jusqu'à sa grande opération, *ce qui étoit un temps de privance fort commode.* »

Après avoir été honorée, prisée, chantée pendant des siècles, puis déguisée sous les formes les plus variées, jusqu'à prendre l'apparence de l'Encyclopédie, du dictionnaire de Moréri ou d'un problématique et emblématique *Voyage aux Pays-Bas*, la chaise percée a été définitivement bannie de nos demeures. Le dernier siège de cette sorte, ayant quelque chose à démêler avec l'art, qui soit sorti des mains d'un industriel parisien, fut fabriqué par M. Fourdinois pour l'impératrice Eugénie. Cette chaise monocle était destinée au yacht *l'Aigle,* et ce fut un moment délicat, dans la vie de l'éminent artiste, que celui où, seul avec sa souveraine, il lui dévoila, dans son mécanisme ingénieux, le fonctionnement du précieux appareil. A peine avait-il laissé retomber les coussins qui dissimulaient le but de ce meuble utile, qu'un chambellan aimable, empressé, frisé, entra, et voyant les regards de l'impératrice fixés sur le siège en question, se mit, en fin courtisan, à en faire l'éloge. « Alors vous le trouvez à votre goût ? » demanda en souriant la propriétaire de la chaise. L'autre, sans se douter de rien, s'assit, heureux, épanoui, important et, après un moment d'étude et de recueillement : « Parfait, et très confortable, s'écria-t-il, mais pour une seule personne ; pour deux, il serait trop étroit. »

On peut deviner si les rires éclatèrent. L'autre n'y comprit rien, et cet étonnant *quiproquo* fut comme l'oraison funèbre de ce siège, indispensable jadis, mais que nous éloignons aujourd'hui soigneusement de nos yeux et surtout de nos narines.

1. Dangeau, tome II, page 22.

II. LE BOUDOIR

S'il est une pièce intime qui puisse compter parmi les pièces
d'habitation réservées et difficilement accessibles au vulgaire,
c'est bien le boudoir. Cette petite pièce, sous tous les rapports
essentiellement féminine, est une innovation absolument moderne. Malgré cela, et ce n'est pas une de ses moindres sin-
gularités, on ne sait point au juste quelle jolie dame éprouva,
la première, le besoin de cette espèce de retraite et lui donna
le nom qu'elle porte aujourd'hui.

Ce nom même n'est pas sans troubler quelque peu les
amateurs d'étymologies. Le mot boudoir, suivant Littré, dérive
du verbe bouder, et il est « ainsi dit, parce que les dames se
retirent dans leur boudoir quand elles veulent être seules ».
Mais si bouder est une action peu polie, c'est par contre une
action très honnête et surtout fort pudique. Cette solitude, que,
selon notre grand philologue, une jolie femme vient chercher
dans son boudoir, bannit toute idée légère, vaporeuse, indiscrète, à plus forte raison toute supposition inconvenante. Elle
n'offre aucune analogie et ne présente aucun rapport avec les
scènes plus ou moins décolletées dont, suivant tant d'écrivains
passés et présents, les boudoirs, depuis un siècle et demi, auraient
été le théâtre habituel. Car, bien que d'invention récente, le
boudoir possède déjà une histoire relativement ancienne. Il s'est
édifié autour de son nom une petite légende pornographique.
Les romanciers en ont fait une sorte de champ de bataille, où
se dénouent à heure fixe des intrigues plus ou moins savamment
ourdies, alors que, pour les poètes, il est devenu l'asile des Grâces,
des Plaisirs, de l'Amour ; si bien qu'une femme de nos jours,
ayant quelques notions de mythologie, doit se trouver fort embarrassée de faire, à un étranger, les honneurs d'un lieu que l'on

prétend exclusivement consacré à des divinités dont elle doit hautement répudier le culte.

Avec ces allusions fleuries et gracieuses, nous nous trouvons bien loin de ce verbe bouder, origine pourtant certaine du mot boudoir. Après cela, comme le remarque très spirituellement la comtesse de Bradi : « Peut-être qu'observateurs profonds, les romanciers et les poètes auront constaté que les honnêtes femmes ne boudaient point, et par conséquent n'avaient garde de se préparer un réduit destiné à ce genre d'occupation. »

Voilà pour le nom. — Si nous passons maintenant à l'ascendance directe, l'embarras n'est guère moins grand.

On lit, il est vrai, dans les livres anciens, que les reines, les princesses, les hautes et basses châtelaines en quête d'isolement, se retiraient dans leur oratoire et allaient y chercher la solitude et le recueillement. — Certes, cela se rapproche de notre racine et du verbe original bouder. — Mais que trouvons-nous dans ces oratoires ? — Un prie-Dieu, un rétable, un crucifix, un reliquaire. L'origine des boudoirs n'est pas là.

Au dix-septième siècle, le *cabinet* a remplacé l'oratoire. Versailles, dont nous connaissons si minutieusement la distribution, possédait une quantité de *cabinets* et de chambres. Nous avons, dans la résidence royale, le *cabinet* des livres, celui des médailles, celui des agates, celui des chiens, le fameux *cabinet des perruques*, où, le 26 novembre 1744, Louis XV chargeait M. de Maurepas de négocier son raccommodement avec Mᵐᵉ de Châteauroux, négociations amoureuses et diplomatiques que la mort devait rendre inutiles[1], et le non moins célèbre *cabinet des parfums*, supprimé à l'époque des hauts faits de la Brinvilliers.

Mᵐᵉ de Sévigné qui, dans sa longue et tendre correspondance, nous initie à une foule de détails précieux sur la plus haute société de son temps et sur la vie qu'on menait autour

1. Voir les *Mémoires du duc de Luynes*, tome VI, page 163, etc.

d'elle, ne connaît, elle aussi, que les *cabinets* — mot qui, à cette époque, semblait d'une sonorité moins déplaisante et ne prêtait pas, comme de nos jours, à l'amphibologie [1]. Par Tallemant des Réaux, nous savons que l'hôtel de Rambouillet, s'il était abondamment fourni en *cabinets*, se trouvait par contre dépourvu de boudoirs. C'était dans un *cabinet*, tout parfumé par les jasmins du voisinage, que l'on causait le soir, chez Mme de Lafayette. Les *cabinets* avaient alors succédé aux *ruelles*, les boudoirs devaient succéder aux *cabinets*, mais d'une façon incomplète, car la pièce, se dédoublant en quelque sorte, donna naissance à la fois au salon et au boudoir.

Ce dernier, il faut bien le reconnaître, ne jouit pas dès le principe, d'une fort bonne réputation; il faut entendre avec quel gonflement de voix les poètes en parlent :

> Ces temples fastueux qu'on nomme des boudoirs...
> Au dedans, on respire une molle richesse;
> Glaces, tables, sophas, tout parle de tendresse,
> Tout peint la volupté, tout invite au plaisir [2]...

Les prosateurs ne sont guère plus tendres. Marmontel ne

---

1. Il faut avouer que ce mot, employé au pluriel, sonne singulièrement à notre oreille; quand nous trouvons dans Saint-Simon des phrases comme celle-ci : « Il me fit pénétrer par les cabinets, » ou chez Dangeau : « Le roi la reçut dans les cabinets, » ou encore dans les *Mémoires du duc de Luynes* : « Mme la princesse de Conty a soupé une fois dans les cabinets, » notre esprit dérouté juge l'expression inconvenante. De même, quand Alceste cherche

> ... un endroit écarté,

il faut se hâter d'ajouter :

> où d'être homme d'honneur on ait la liberté,

tant il est vrai que les mots changent de valeur avec le temps, et se transforment au point de perdre leur signification première.

2. Voir Mercier, tome VII, page 53. — Gentil Bernard, moins sévère, mais non moins poète, avait écrit sur la porte du sien :

> Habitons ce petit espace,
> Assez grand pour tous nos souhaits :
> Le bonheur tient si peu de place,
> Et ce dieu n'en change jamais.

Voir au reste Bachaumont (*Mémoires secrets*), tome IV, page 133.

s'est point privé de faire indirectement de cette élégante retraite une critique acerbe et même insolente. Le fils Crébillon a osé y installer son fameux *sopha*. Mme de Genlis, à maintes reprises, se montre tout aussi sévère pour se discret asile, et s'étonne même d'entendre « les femmes appeler leur cabinet un boudoir, car ce mot bizarre, nous dit-elle, n'était employé jadis que par les courtisanes[1] ».

Il faut bien reconnaître que certains de ces lointains boudoirs, dont la description est parvenue jusqu'à nous, ne laissent pas que de justifier ces répugnances. Le boudoir de Chantilly, par exemple, où l'on voyait représentées les amours peu voilées de Louis XV et Mme de Pompadour, sous les figures de singes ou de guenons; le boudoir de Bagatelle[2], décoré de peintures voluptueuses par Greuze, Fragonard, Lagrenée, et tapissé de glaces si ingénieusement disposées, que les femmes dont la profession ne consistait pas à poser dans les ateliers n'auraient point osé y pénétrer, si elles avaient pu deviner de quelles indiscrétions ces glaces étaient capables; le boudoir du Palais-Royal[3], orné de représentations mobiles et infâmes, d'autres encore de même acabit ont beaucoup contribué au discrédit particulier dont ont joui et dont jouissent encore les boudoirs. Disons vite, cependant, que celui de Mme de Pompadour et le boudoir de Mlle Duthé, que M. Léopold Double était parvenu à restituer plus ou moins intégralement dans son hôtel, et qui, depuis sa mort, se sont évanouis sous le marteau du commissaire-priseur, étaient loin d'être conçus dans un goût aussi contestable. Le premier, décoré de panneaux en bois sculptés et réchampis gris et or, ne révélait guère le nom de la divinité

1. *Dictionnaire des Etiquettes de la cour*, tome Ier, page 210.
2. Voir sa description dans Bachaumont, tome XV, page 188.
3. Il n'y avait pas, au Palais-Royal, que les boudoirs qui se prêtassent à des représentations lascives. Tous les panneaux de la chambre à coucher du régent étaient en glaces, et cette chambre communiquait par une galerie et un petit escalier avec la rue de Richelieu (*Mémoires de Mme de Genlis*, page 118).

fameuse pour laquelle il avait été exécuté, que par un petit
plafond représentant l'apothéose de la toute-puissante marquise,
œuvre charmante de Boucher, qui ornait jadis le boudoir de
Brimborion. L'autre, celui de la Duthé, était entièrement couvert de peintures de Van Spaendonck, le célèbre miniaturiste.

Qu'on imagine une douzaine de panneaux gris blancs, sur
lesquels l'artiste avait agréablement disposé, au milieu de guir-
landes de roses et de myosotis, des torches enflammées, des
flèches discrètement entrelacées, des carquois et des arcs, des
papillons butinant des fleurs, et des colombes échappées des
grands myrtes de Louveciennes : telle était la décoration de
cette exquise bonbonnière, qui se terminait au fond, par une
alcôve toute tapissée non plus d'oiseaux ni de fleurs, mais de
glaces chargées de répéter, en les multipliant, et les traits et
les charmes de la maîtresse du logis.

Le boudoir de Mlle Adeline, dont Charles Krafft nous a
conservé l'image, était dans un autre style, mais avec un goût
moins heureux, tout aussi réservé. Enfin, un autre boudoir
non moins galant et fort convenable également, c'est celui
dont la comtesse de Bradi nous donne la description suivante :
« Il était entièrement en glaces, sur lesquelles étaient peintes
des touffes de lilas et de roses ; une peluche de soie, fabriquée
exprès à Lyon, et imitant l'herbe émaillée de fleurs, en recou-
vrait les larges divans et le plancher, tandis que des gazes bleues
et blanches irrégulièrement drapées et formant un plafond
transparent ne laissaient pénétrer qu'une lumière semblable à
celle de la lune pendant une nuit vaporeuse d'été. »

Nous avons cru devoir donner la description de ce dernier
boudoir parce que c'est le seul, à notre connaissance, qui ait
été éclairé par un jour d'en haut. Quoique ce mode d'éclairage, plus discret, et qui dérobe entièrement, à la curiosité du
voisinage les événements qui s'accomplissent à l'intérieur du
logis, ait été souvent employé par nos ancêtres, surtout pour

ce qu'ils appelaient leurs « petites maisons », on n'en trouve
presque point d'application dans l'agencement des boudoirs.
Peut-être les mondaines d'alors savaient-elles que le jour venant
d'en haut, en accentuant les traits, donne à la figure une dureté
peu compatible avec le destination de ce lieu tout affable.

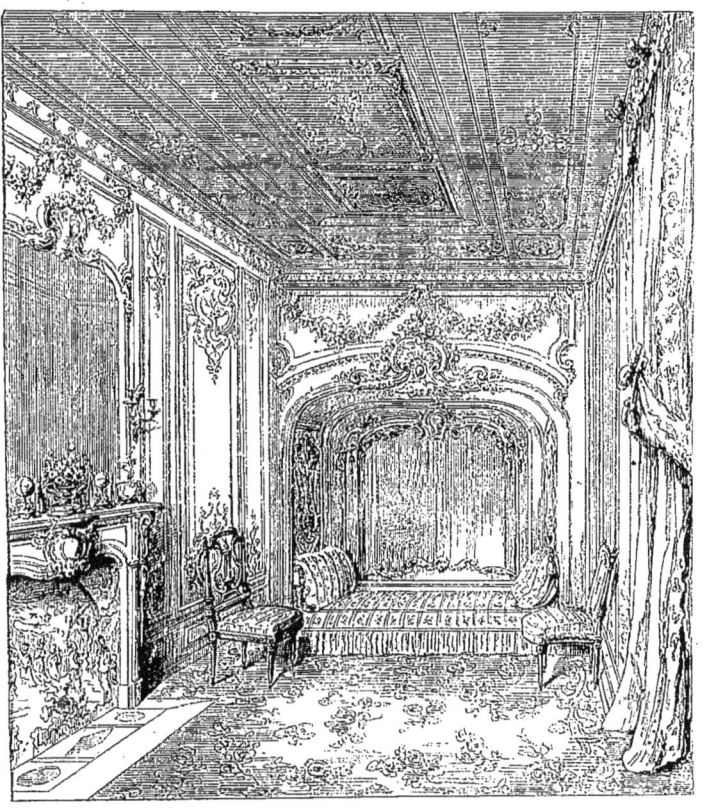

Fig. 82. — Petit boudoir de Mme de Pompadour, tel qu'il avait été restitué
par M. L. Double.

Du reste, aujourd'hui, un pareil éclairage serait absolument hors de saison. Le boudoir est, en effet, devenu de nos
jours une manière de petit salon. Les grâces voluptueuses
et les amours ont déserté ce sanctuaire. Ils se sont enfuis
pour faire place à des divinités plus raisonnables. Toutefois, le nom pèse encore sur la réputation du lieu. Le

boudoir n'a pu, en dépit de sa destination contemporaine, secouer tout à fait le poids de ses origines douteuses. Aucune idée morale ne trouve accès dans ses sept lettres. L'image d'une femme vertueuse, distinguée, réservée, ne s'associe que difficilement avec les pensées toujours un peu troublantes qu'évoque le mot boudoir. On dira de cette femme que sa maison est chaste, on le dira de son lit. Il serait profondément ridicule de parler de son chaste boudoir.

Malgré cela, réduit à son rôle nouveau, le boudoir a sa place marquée dans notre appartement modèle. Il jouera par rapport au petit salon le rôle que ce dernier remplit à

Fig. 83. — Panneau peint par Van Spaendonck (boudoir de la Duthé).

l'égard du grand salon. Il sera, pour la femme, l'équivalent de ce qu'est, pour l'homme, le cabinet de travail. C'est là que la maîtresse de maison pourra venir chercher le recueillement, et aux jours d'ennuis, de migraine, de contrariété, de chagrin, de bouderie, se rendre inaccessible aux profanes. C'est là qu'elle s'enfermera pour écrire, pour recevoir une intime amie, pour écouter ces confidences souvent pénibles qui réclament une solitude à deux, pour achever le roman qu'elle veut lire en cachette. En cas de réclusion volontaire, de maladie un peu longue, le boudoir peut encore rendre d'importants et précieux services.

Ses dimensions en tout cas devront être restreintes. C'est son caractère et son devoir d'être petit. Il devra de plus accepter un plan légèrement allongé, de façon que la pièce étant éclairée par son côté le moins large, l'autre extrémité se trouve assez éloignée du jour, pour demeurer dans une pénombre discrète. Cette pénombre devra être augmentée par le jeu des rideaux et des stores de guipures se combinant de façon à ne laisser passer qu'une lumière mystérieuse.

J'aime un boudoir étroit qu'un petit jour éclaire,

dit Demoustier, et l'on sait si l'auteur des *Lettres à Emilie* était compétent en ces fragiles matières. Les accès, en outre, devront être rares. Une seule fenêtre et une seule porte, afin que jamais le boudoir ne puisse devenir un passage, ni même qu'il laisse penser qu'il le pourrait devenir.

Dans une pièce si petite où tout est à la portée de l'œil et de la main, rien ne doit être négligé ni livré à l'abandon, tout doit être fini, parfait, parachevé. Donc, si l'on suspend des aquarelles ou des tableaux aux murs, ne tolérez point d'ébauches ni d'esquisses, point d'œuvres non plus qui soient largement traitées et qui demandent un recul trop grand pour être sainement appréciées ; mais des miniatures délicates, des morceaux serrés, poussés, auxquels on puisse encore s'intéresser en les ayant à un pied du visage.

Pareillement, comme bronzes pas de grands sujets, pas d'ouvrages sérieux ; mais des petits chefs-d'œuvre de fine ciselure,
des statuettes délicates et frêles, des figurines de Clodion, des
réductions de Falconnet, des japonneries ou des chinoiseries ;
peu ou point de faïences, des porcelaines à profusion ; en un
mot rien qui sente le style ; mais tout ce qui respire le soin,
l'élégance, la délicatesse et l'a-
bandon. Pour les étoffes également, point de grands ramages,
point de sujets surtout ; des
petits dessins, des fines rayures,
des petits bouquets, des fleurs
isolées. Comme tissus, pas de
laine ; uniquement de la soie
et de la soie brochée, moirée,
satinée, brillante, chatoyante,
papillotante, s'encadrant dans
un bois laqué réchampi de
teintes claires, ou dans une
armature dorée. Pas de sièges
vastes et pas de gros meubles.
Tout y doit être mignon,
coquet, délicat, fragile. Des
girandoles de cristal portant
des bougies teintées, une

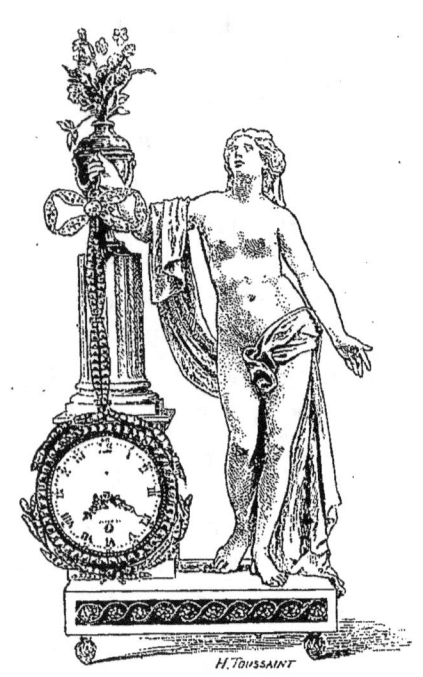

Fig. 84.
Petite pendule en marbre blanc
et bronze doré.

coquette pendule en marbre ou en biscuit, des brûle-parfums,
et, comme meubles importants, un cabinet finement incrusté,
quelque gracieux bonheur-du-jour enrichi de bronzes, d'émaux ou
de porcelaine, comme le fameux secrétaire de Marie-Antoinette.

Tel est le boudoir contemporain, ou du moins tel, à notre
humble avis, il doit être.

Pour en terminer avec cette rapide esquisse, relevons une
particularité intéressante. Le boudoir est une création essentiel-

lement française, restée absolument française, et dont l'équivalent n'existe pas à l'étranger. L'habitation anglaise présente,
elle aussi, cette particularité de nous montrer une pièce qui,
hors de ce pays, est également inconnue. Cette pièce, c'est la
nursery. Quoique l'art soit généralement banni de cet appartement spécial, dont le nom ne prête au reste à aucune équi-
voque, si un troc était possible, on devine de quel côté seraient
nos préférences.... et les vôtres aussi, j'aime à le croire, cher
lecteur.

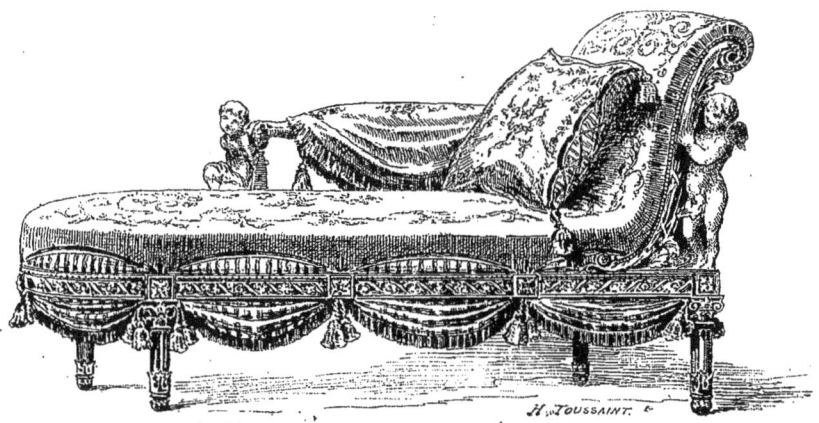

Fig. 85. — Chaise longue pour boudoir, exécutée par M. Fourdinois.

III. LE CABINET DE TOILETTE

« Le rôle d'une jolie femme, écrit Montesquieu, est beaucoup
plus grave qu'on ne le pense. Il n'y a rien de plus sérieux que
ce qui se passe le matin à sa toilette. Un général d'armée
n'emploie pas plus d'attention à placer sa droite ou son corps
de réserve, qu'elle n'en met à poster une mouche, dont elle
espère ou prévoit le succès. » Depuis que l'auteur de l'*Esprit
des lois* a tracé cette phrase moqueuse, les mouches assassines
ont disparu de l'attirail féminin, mais la toilette d'une jolie
femme n'a rien perdu de son importance et de sa gravité, elle

est demeurée un acte de conséquence; ce qu'elle fut toujours au reste, car il nous faut bien reconnaître que la pensée de Montesquieu, quoiqu'elle revête une forme badine, est au fond des plus sérieuses. Croit-on, en effet, que si à toutes les époques du monde la toilette de la femme n'avait point été considérée

Fig. 86. — Miroir de toilette en argent repoussé, exécuté par MM. Bapst et Falize.

comme un fait d'une importance particulière, d'une gravité spéciale, l'histoire aurait pris la peine d'inscrire, avec une aussi minutieuse attention, les différentes transformations par lesquelles est passé un acte en apparence aussi frivole?

Aurait-elle pris soin, cette sévère histoire, de nous faire connaître les cinq cents ânesses qui suivaient partout l'impératrice Poppée pour fournir aux besoins de son bain journalier? Nous aurait-elle révélé l'art exquis avec lequel Cléopâtre rehaussait l'éclat et le pouvoir de ses charmes? Aurait-elle pris la peine d'enregistrer les trois cents coiffures différentes dont la femme de Marc-Aurèle fit parade en dix-neuf années? Aurait-elle autant insisté sur le rôle vengeur que joua la fameuse toilette de la pudique Esther, et poussé l'indiscrétion jusqu'à nous faire savoir que Jézabel, qui fut mangée par des chiens, avait la fâcheuse habitude de mettre du fard?

Ajoutez que les historiens ne sont point seuls à s'occuper d'événements de cette sorte. Il est dans l'antiquité peu d'écrivains, moins encore de poètes, qui n'aient considéré ces délicates matières comme très dignes de leur attention. Il faut voir avec quel sérieux et quelle conviction Philostrate et Œlianus nous affirment que la légendaire Atalante avait les cheveux « naturellement » blonds, sans le secours d'aucun artifice féminin, d'aucune drogue, ni d'aucune teinture — *Non cura quadam muliebri, sive tinctura et medicina.* — Il faut entendre Plaute, Tibulle, Properce, Martial, raisonner sur la toilette et sur les modes, Ovide donner des formules de cosmétiques, et Pline l'Ancien une recette pour faire paraître plus grands les sourcils. Comment être surpris après cela de ce déploiement extraordinaire de personnel que réclamait la toilette d'une grande dame romaine?

Vingt esclaves n'avaient alors d'autre occupation que d'amener à sa perfection la beauté de leur maîtresse, et de la faire briller de tout son éclat. Ciseaux, rasoirs, grattoirs, strigiles, poinçons, étaient mis en œuvre. Vingt brosses pour les dents, les ongles, les sourcils, les cheveux; des peignes de toutes sortes; des savons gaulois, des pâtes, des crèmes, des essences, des parfums de toutes espèces, des extraits de senteur; des pierres ponces oléagineuses pour polir le cou, les bras, les épaules; des fards rouges, blancs et bleus pour simuler les veines; des pommades astringentes ou adoucissantes, des pâtes épilatoires; des fausses nattes, des perruques et de la poudre d'or pour poudrer les cheveux ; des fausses dents et des globes rembourrés dont l'usage se devine : tel était l'arsenal habituel d'une beauté romaine prenant quelque soin de ses attraits. On peut juger, par cette simple énumération, si l'antiquité classique ne doit pas avec raison être regardée comme l'âge d'or de la toilette féminine.

. Nous avons vu au siècle dernier, il est vrai, ce grand acte reprendre, dans la vie des femmes de la haute société, une

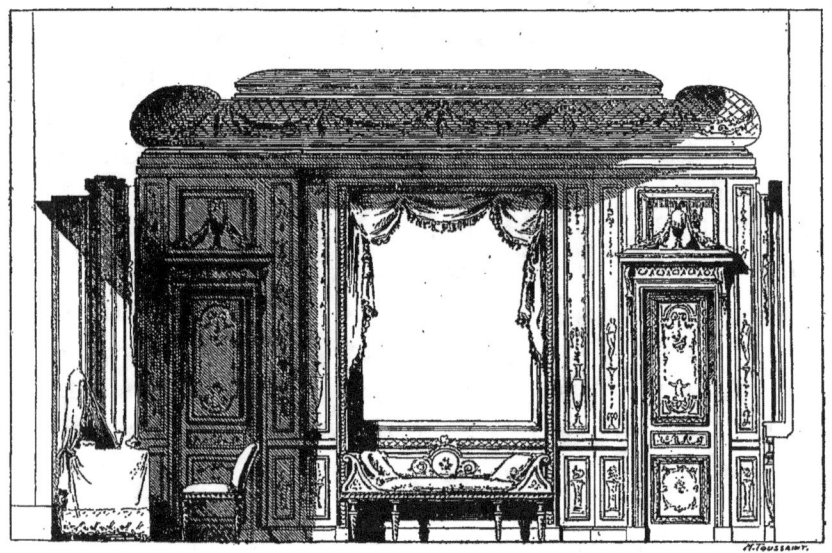

Fig. 87. — Cabinet de toilette au siècle dernier, d'après un dessin de Delafosse.

importance presque aussi considérable et une solennité peut-être plus imposante encore. La toilette fut alors considérée comme une chose si capitale, qu'à Versailles le cabinet de toilette était la seule pièce de tout l'appartement de la reine qui fut « accommodé à la moderne [1] ».

Mais entre ces deux apothéoses de la toilette, quelle nuit obscure que celle de tout ce moyen âge et de cette Renaissance, qui nous paraît si brillante, si resplendissante, et dont cepen-

1. De Luynes, *Mémoires*, tome VII, page 89.

dant la toilette intime et, disons le mot, la propreté fut si
sujette à caution. Franchement, nons avons peine à ne pas
croire à une mystification, quand nous lisons dans un livre du
bon ton et d'excellent conseil, comme les *Lois de la galanterie*

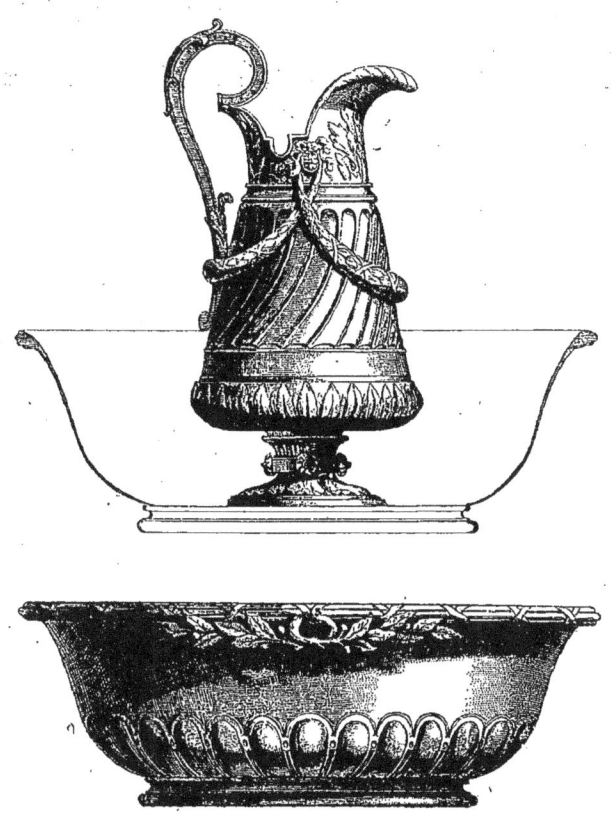

Fig. 88 et 89. — Pot à eau et cuvette en argent repoussé,
exécutés par MM. Bapst et Falize.

française, des phrases dans le goût de celle-ci : « Pour parler
premièrement de ce qui concerne la personne, l'on peut aller
quelquefois chez les baigneurs, pour avoir le corps net, et tous
les jours l'on prendra la peine de se laver les mains avec le
pain d'amande : il faut aussi se laver le visage *presque* aussi

souvent. » Voilà les recommandations que l'on croyait utile de faire, en l'an de grâce 1644, aux plus jolies femmes de ce temps, aux gens du bel air, aux personnages du meilleur monde, et, ce qui est triste à dire, c'est qu'elles n'étaient point superflues. Les bains étaient alors exclusivement affectés aux valétudinaires, et, pour les autres soins de propreté, ils étaient tenus en estime très modérée.

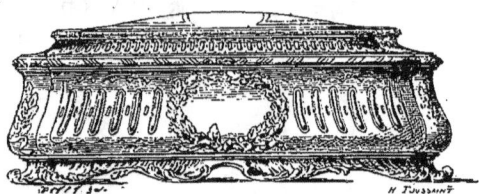

Fig. 90. — Boîte à brosses en argent, exécutée par Germain.

Aujourd'hui, heureusement, les choses ont pris une autre allure. Nous avons fait retour à de plus saines pratiques. Si quelque vaillant roi, comme le grand Henri IV, d'amoureuse mémoire, oubliait, soixante ans durant, de se rincer la bouche et conservait, encore au déclin de sa vie, le parfum de la gousse d'ail, dont, au jour de sa naissance, la main de son aïeul frotta ses lèvres rosées, il est probable qu'il ne rencontrerait plus

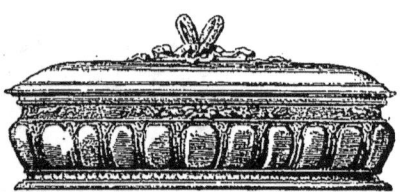

Fig. 91. — Boîte à brosses en argent, exécutée par MM. Bapst et Falize.

Fig. 92. — Boîte à savon en argent.

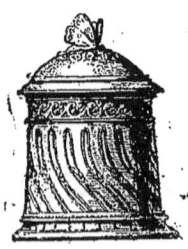

Fig. 93. — Boîte à poudre de riz en argent, exécutée par MM. Bapst et Falize.

guère de Gabrielle pour l'aimer et le servir. Si quelque potentat, à l'instar de Louis XIV, se contentait à son réveil de se curer les ongles, et de se faire enlever, avec un peu d'alcool, la chassie qui agglutine ses paupières, il exciterait, ce nous semble, un invincible dégoût. Enfin, si quelque princesse soignait aussi peu ses mains que Marguerite de Valois, laquelle avouait à ses familiers ne les avoir pas décrassées depuis huit jours, il semblerait douteux que le baise-main pût être regardé comme une faveur insigne.

Sans être aussi minutieux que les antiques Romaines, sans même apporter aux soins de notre personne autant d'apparat qu'au siècle dernier, on peut dire que, grâce aux ablutions qui sont entrées dans nos mœurs et y ont pris une large place, notre temps ne le cède à aucun autre en soins et en propreté.

Notre appartement modèle ne manquera pas d'avoir au moins un cabinet de toilette; et comme l'usage n'est plus de s'habiller en public, d'admettre, à l'instar de Mme de Sévigné, « un Provençal, un Breton, un Bourguignon à sa toilette », ni de se faire friser devant un doge de Gênes, ainsi que le faisait la Dauphine, au dire de Dangeau [1]; comme, à cette gênante promiscuité, ont succédé un mystère plus honnête et une retenue de meilleur aloi, nous placerons un de ces indispensables réduits auprès de chacune de nos chambres. La présence de cette pièce complémentaire, tout à côté de celle où l'on passe la nuit, est d'autant plus indiquée, que nous avons banni de cette dernière pièce, on s'en souvient, tout ce qui pouvait rappeler les ablutions et les soins délicats, dont il est malséant de faire étalage.

Pour ces mêmes raisons, notre cabinet de toilette sera inaccessible. La porte en sera close; personne n'y pourra pénétrer, si ce n'est ceux que leur service ou nos besoins y appellent. « Ne me montrez pas la cuisine ! » s'écriait un gourmet de l'autre siècle. Ne laissez jamais voir votre cabinet de toi-

---

1. Dangeau, tome Ier, page 177.

lette, dirons-nous à une jolie femme. Si déjà il y a quelque
indiscrétion à questionner du regard le précieux arsenal qui
vous sert à paraître plus belle, votre modestie, votre pudeur,
doivent autrement s'offenser de tout coup d'œil donné à un attirail, dont les rapports avec votre personne sont trop intimes
pour ne pas devoir demeurer secrets. Ecoutez plutôt le conseil
du Chantre des *Amours*. « Laissez-moi croire que vous dor-
mez encore, lorsque déjà vous travaillez à votre toilette, s'écrie
le galant Ovide. Vous paraîtrez plus brillante lorsque vous y
aurez mis la dernière main. Pourquoi me faire connaître la
cause à laquelle vous devez la blancheur de votre teint? Que
votre porte demeure fermée, il est une foule de choses que
l'homme n'a pas besoin de connaître; tous ces préparatifs nous
blessent si vous ne les dérobez à nos yeux [1]. » A notre avis,
il est impossible de mieux dire; aussi, sur ce chapitre, Mme de
Genlis est-elle d'accord avec Ovide, et Balzac avec Mme de
Genlis [2].

Mais l'inaccessibilité de cette retraite n'est pas une raison
de négliger son installation et d'abandonner sa décoration au
hasard. Tout d'abord, la prudence nous dicte quelques mesures
préventives. Elle réclame, dans notre cabinet de toilette, une
température élevée. Il faut que nous puissions, au sortir de
notre lit, y pénétrer sans craindre de nous refroidir. Il est indispensable qu'à toute heure du jour et même de la nuit, rentrant
de promenade, revenant du théâtre ou du bal, nous puissions nous y dépouiller de nos vêtements, sans avoir à redouter un rhume ou une fluxion de poitrine. Il est, en outre,
nécessaire que, lorsque, été ou hiver, nous procédons à des
ablutions froides, la chaleur de l'air ambiant aide à la réaction
qui doit suivre immédiatement ces soins hygiéniques.

L'exposition de notre cabinet de toilette se trouve donc tout

1. Ovide, *les Cosmétiques*.
2. Voir les *Etiquettes de la cour* et la *Physiologie du mariage*.

indiquée par cette nécessité première. Il prendra jour au Midi.
Une cheminée disposée au milieu de la pièce, et garnie de
grilles préservatrices, empêchant que le feu puisse se communiquer à nos vêtements, puis des bouches de chaleur ouvrant
près de la croisée, nous permettront d'y maintenir, en toute
saison, une température suffisamment élevée. Ces précautions
sont d'autant plus indispensables, que nos ouvertures doivent
être grandes. Il importe, en effet, que le jour pénètre d'une
façon abondante, et que toutes les parties de notre cabinet se
trouvent largement éclairées. De même, le
soir, nous ne nous contenterons pas d'un foyer
lumineux unique; les ombres lourdes, opaques,
qui en résulteraient, nous empêcheraient de
nous considérer sous tous nos aspects, et pourraient dissimuler à nos yeux quelques détails
négligés ou quelque incorrection fâcheuse dans
notre mise. Des girandoles devront être disposées sur trois, au moins, des parois de la pièce,
et surtout dans le voisinage des glaces, de façon
que la lumière, abondamment reflétée, inonde
tout notre cabinet de ses clartés diffuses.

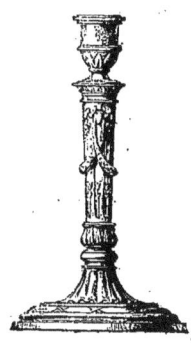

Fig. 94.
Flambeau de toilette
en argent massif,
exécuté par
MM. Bapst et Falize.

Les glaces devront pareillement être nom-
breuses et disposées de manière qu'on puisse s'apercevoir de divers
côtés. L'armoire à glace, que nous avons admise dans notre
chambre à coucher, trouvera également ici sa place, surtout si
elle est à trois battants permettant de se voir de dos et de trois
quarts. Un épais tapis devra garnir le sol afin d'amortir les pas
des femmes de chambre, et pour qu'on puisse poser à terre son
pied déchaussé. Devant la toilette, toutefois, une grande marche
de marbre, on à défaut de marbre une toile cirée, ou encore
une épaisse fourrure permettra de donner aux ablutions toute
l'étendue qu'elles comportent, sans craindre de tacher ou de
pourrir le tapis. Sur la toilette de marbre blanc, pourront

prendre place les pièces variées d'une garniture plus ou moins
belle, plus ou moins précieuse, plus ou moins riche. La porcelaine et l'argenterie pourront y faire alterner leurs reluisances,
et y étaler leurs formes élégantes et souples. Cuvette, pot à eau,
flacons pour les essences; boîtes à parfums, à poudre de riz, à
savons et à brosses; bols variés pour loger les éponges, sont

Fig. 95. — Baignoire en argent massif, dessinée par de Lafosse.

autant de pièces indispensables, qui peuvent devenir des ornements du plus haut prix.

Sur un coin de la toilette, des écrins en velours, des cas-
settes en cristal, un nécessaire en écaille, pourront renfermer
l'attirail de ciseaux, de pinces et de brossettes; et un coussin
de satin ponceau, ou un petit tapis brodé de couleur vive recevra des brosses, peignes et miroirs de main montés en ivoire.
Ce sera là, du reste, la seule note chaude, la seule coloration
éclatante fournie par tout le mobilier. Tentures et meubles, en

effet, devront être, autant que possible, conçus dans des tonalités neutres et grises, afin de laisser à la parure et à l'ajustement tout son éclat naturel [1].

Souvenez-vous, en effet, de ce que nous avons dit jadis de l'action que les couleurs avoisinantes produisent sur le teint et sur le vêtement soit par le contraste, soit par le reflet. Ne risquez donc pas d'obéir à un besoin naturel d'harmonie, qui vous pousserait à mettre d'accord votre figure et votre ajustement avec un entourage dont le caractère serait trop accentué, et de les faire discorder avec tout autre milieu conçu dans un esprit différent et dans des colorations contraires. D'ailleurs, cette réserve dans la coloration n'entraîne pas la pauvreté dans la décoration et dans le style. Votre cabinet pourra revêtir une somptuosité d'autant plus grande, que personne ne devant y être admis, personne ne pourra se choquer d'un luxe qui pourrait sembler outré et déplaisant.

Ainsi, sans pousser les choses à l'excès, sans aller jusqu'à la somptuosité débordante d'une Pompadour, dont le cabinet était tapissé de laques anciens de la plus rare qualité, sans avoir une garniture de toilette aussi richement travaillée que celle de la Dauphine, garniture que la beauté seule du travail sauva de la destruction, ou encore une toilette d'or massif comme celle dont Mme Dubarry tirait vanité, vous pouvez donner libre cours à vos fantaisies les plus coûteuses.

Avec la fin du siècle dernier, les bains trop longtemps négligés redevinrent à la mode. Les seigneurs et les dames du grand monde qui, sous la Régence et le règne de Louis XV, ne possédaient point de salle de bains dans leurs hôtels, mais

---

1. La tenture murale pourra être formée par une natte. — Ce genre de tenture très ancien chez nous, puisqu'il précéda l'emploi des tapisseries (voir Tallemant, tome III, page 314), a cet avantage de ne pas craindre la buée et de résister parfaitement à l'humidité.

allaient chez le fameux Poitevin [1], furent alors pris de l'ostentation des baignoires. On commença de donner audience
au bain. L'abbé de Vermond, ancien précepteur de Marie-
Antoinette, recevait les ministres et les évêques, étant dans
sa baignoire [2]. « Je me baignais beaucoup à Rome, écrit de
son côté Mme de Genlis, et aussitôt que j'étais dans le bain,
on avertissait le cardinal, qui venait avec son neveu causer trois
quarts d'heure avec moi. » On sait que Marat reçut de la
sorte Charlotte Corday, et s'en trouva mal.

Nous suivrons donc cet usage, mais dans ce qu'il a de bon.
Non pas pour donner audience, mais par hygiène, nous aurons un cabinet assez vaste pour qu'il puisse contenir une
baignoire, et servir au besoin de salle de bain; assez long pour
y installer, s'il nous plaît, un appareil à douches; enfin assez
large pour recevoir un sopha et devenir au besoin un lieu de
repos. Théoriquement, nous ne limiterons pas son étendue,
non plus que la quantité et la forme des meubles, dont il vous
plaira de le garnir. Bien mieux, nous vous recommanderons,
chère lectrice, d'y placer une horloge ou un cartel, horloge
ou cartel sonnant les quarts et les sonnant fortement, de façon
à ne pas vous permettre d'oublier que tous vos admirateurs
attendent avec impatience que vous ayez achevé votre toilette,
et que vous redeveniez visible pour eux.

1. *Mémoires de Mme de Genlis,* page 126.
2. *Mémoires de Mme Campan,* page 67.

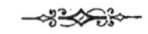

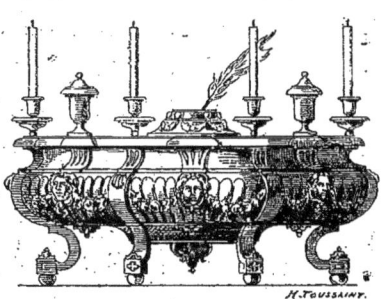

Fig. 96. — Encrier en bronze, d'après Bérain.

IV. LE CABINET DE TRAVAIL

Si le boudoir est, par excellence, le sanctuaire de la maîtresse de maison, le cabinet de travail est le sanctuaire du
maître du logis, — mais un sanctuaire considéré à un point
de vue plus élevé, pris dans une acception plus haute, avec une
signification plus noble, et surtout avec une destination moins
futile.

Puisque sanctuaire il est, il faut qu'il soit approprié,
façonné aux exigences particulières de celui qui en fait son
séjour habituel. Suivant l'âge, le caractère, les aptitudes, la
profession, son caractère doit varier, son aspect doit se transformer. On devra y lire clairement quelles sont nos idées
dominantes, quels sont nos travaux préférés. Il lui faut, en
un mot, porter du haut en bas l'empreinte de nos goûts et la
livrée de notre personne. Il est clair, en effet, que le cabinet
d'un jeune homme ne saurait logiquement ressembler à celui
d'un vieillard. Il est clair également que le cabinet d'un homme
d'affaires doit avoir une autre physionomie que celui d'un
homme de lettres; et que celui d'un architecte ou d'un homme
politique ne doit pas pouvoir être confondu avec le cabinet
d'un homme du monde.

Mais lieu d'étude, de travail, d'entretiens ou même de repos, notre cabinet conservera toujours une apparence un peu sévère. Il affectera une tenue grave, sérieuse, réservée. Il prendra l'aspect d'une pièce retirée, où le recueillement est de mise et non point le plaisir. Qu'on n'aille pas conclure de là, toutefois, que l'ennui visqueux doit suinter le long des murs. Qui dit grave ne dit pas déplaisant, qui dit recueilli ne dit pas morose. Bien loin de là : il importe, au contraire, qu'en dépit

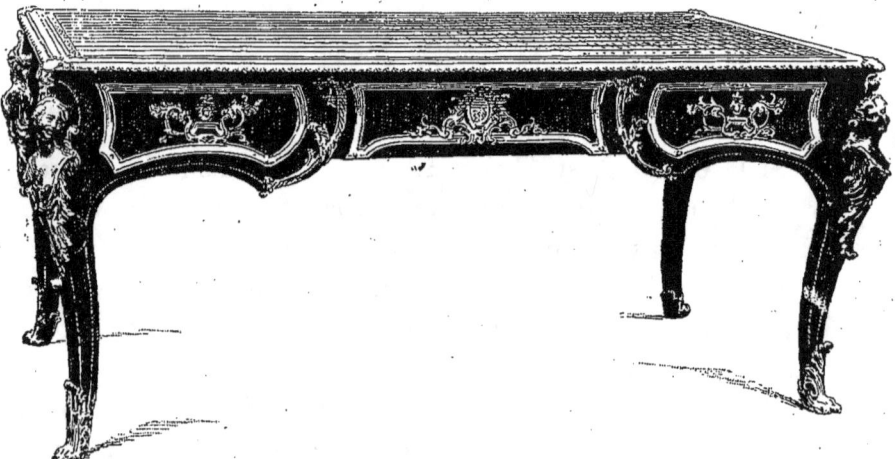

Fig. 97. —Table de travail, style Louis XV (Mobilier national).

de son apparente austérité, ce soit un lieu aimable où l'on aime à s'enfermer, à méditer, à réfléchir; que ce soit, pour nous, une sorte de refuge intime, un port béni, où il nous soit permis de rentrer en possession de nous-même, et où nous puissions répéter avec le bon abbé de Lattaignant :

> J'aime beaucoup mon cabinet.
> Je passe en ce réduit secret
> Plus de la moitié de ma vie...

Faisons donc, à cette retraite aimée, une toilette aussi soignée que possible, aussi magnifique même que bon nous semblera. Prodiguons-lui, s'il nous convient, les tableaux, les statuettes, les armes, les faïences et les émaux. Que toutes ces richesses soient disposées dans un bel ordre, ou dispersées dans ce beau désordre qui est comme l'accompagnement naturel, comme le cadre obligé de toute création, de tout enfantement. Refuser à ces nobles choses la porte de notre cabinet, ce serait, en effet, méconnaître l'influence heureuse que l'art exerce sur notre imagination et sur nos sens ; ce serait nier que la contemplation de ces belles œuvres réjouit les yeux, élève l'esprit et annoblit nos pensées. Prodiguons donc ces trésors, mais préférons toujours la qualité à la quantité. N'oublions jamais qu'un seul chef-d'œuvre vaut mieux que cent morceaux contestables, et que, si l'on juge de notre fortune par le nombre, c'est par le choix qu'on juge de notre goût.

En outre, alors même que la magnificence serait poussée jusqu'à ses dernières limites, bannissons sévèrement tout ce qui est voyant, éclatant, brillant, clinquant, papillotant. Il faut, en effet, que l'œil distrait devine ces beaux objets plutôt qu'il n'en soit obsédé. Il faut qu'il les cherche, et non pas qu'ils s'imposent. Ils ne doivent jamais détourner la pensée de son cours. Il ne faut pas qu'ils la puissent ramener dans le lieu d'où elle s'est envolée, qu'ils la contraignent à tourner dans un cercle restreint, et la claquemurent entre les cloisons qui nous enveloppent.

Toutes ces richesses doivent uniquement constituer un premier plan, superbe si l'on veut, mais discret, dont l'imagination peut sortir sans trop de peine, et, en aucun cas, une barrière qui l'empêcherait d'aller vagabonder dans l' « au-delà », et rappellerait sans cesse notre attention dans un milieu de réalités trop pressantes.

Cette sage subordination, qui donnera à chaque objet sa juste valeur et mettra à son plan chaque pièce décorative de notre cabinet, nous pouvons l'obtenir par un choix judicieux des ouvrages d'art formant notre entourage direct, mais elle résultera surtout d'une heureuse distribution de la lumière.

Pour bien faire comprendre le parti que nous pouvons tirer de son utile concours, supposons un instant qu'il fasse nuit. Vous voulez vous rendre dans votre cabinet pour lire, écrire, travailler, réfléchir, — il n'importe. — A quel genre d'éclairage aurez-vous recours? — Vous prendrez une lampe; fort bien. Mais la munirez-vous d'un de ces verres dépolis en forme de tulipe qui projettent la lumière au plafond? — Non pas, assurément. — La garnirez-vous d'un de ces globes laiteux qui répandent partout une lumière égale et diffuse? — Non pas, encore. Vous choisirez un abat-jour qui concentre la lumière sur votre table, sur les livres, les cahiers, les estampes, les papiers dispersés, et qui laisse tout le reste de la pièce dans une obscurité relative. — Eh bien! pourquoi, en plein jour, ne ferions-nous pas de même?

Pourquoi ne pas combiner l'armature et la disposition de nos rideaux, de façon qu'un rayon intense de lumière vienne tomber sur notre table, alors que tout le reste de la pièce baignera dans une pénombre chaude et vibrante, communiquant à tous les objets qui nous entourent une certaine indécision? Notez que ce résultat est aisé à obtenir.

Quatre-vingt-dix fois sur cent, fenêtres et rideaux, tels que les tapissiers les agencent couramment de nos jours, sont combinés de telle sorte, que l'intensité lumineuse tombe juste au milieu de notre pièce. Accentuons encore cette disposition, en rétrécissant la prise de jour, en la condensant, si je puis dire ainsi, par l'emploi de rideaux sombres, lourds, épais, opaques, et installons notre table de travail juste au milieu de ce rayon lumineux.

Ce faisant, nous approcherons d'autant plus de la solution de notre petit problème, que si notre cabinet, comme cela, du reste, est indispensable, se trouve être un tant soit peu vaste, nous nous trouverons, à peu près à égale distance des tableaux et des objets d'art garnissant les diverses parois de la pièce, position excellente pour qu'aucun d'eux ne vienne, par une prédominance indiscrète, s'imposer à notre attention. Notre table bien posée en belle lumière, il s'agit maintenant de voir quelle place notre siège doit occuper. Une précaution à prendre, c'est que le jour nous vienne autant que possible de gauche à droite. De cette façon, notre main ne nous cachera pas la page blanche sur laquelle court notre plume; en outre,

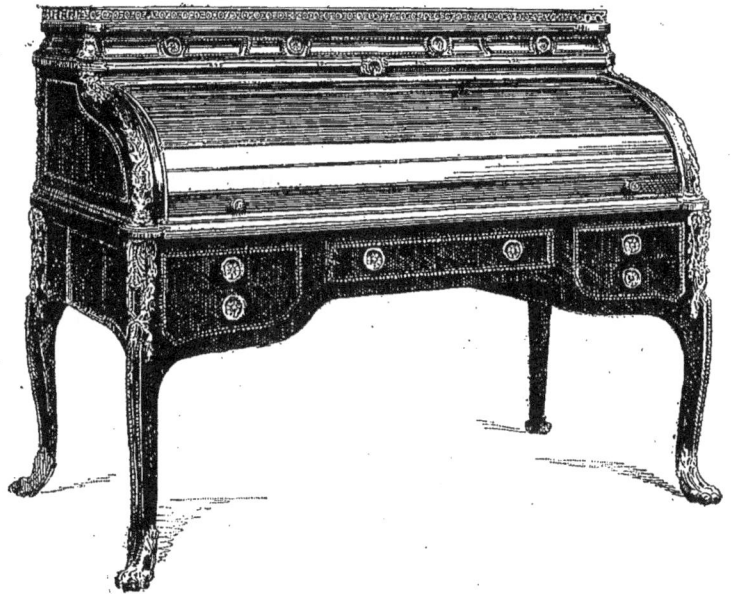

Fig. 98. — Bureau à cylindre, époque Louis XVI (Mobilier national).

la position de notre corps en biais, avec l'épaule gauche légèrement saillante, fera que nos yeux se porteront naturellement sur notre papier, et ne recevront que très indirectement le rayon lumineux parti de la fenêtre.

Une position encore préférable, en été surtout, c'est, lorsque le cabinet comporte deux fenêtres, de poser la table en travers, de façon que le fauteuil soit tourné le dos au jour, et placé au milieu du trumeau. On comprend tout de suite quel parti un homme politique ou un homme d'affaires peut tirer de cette disposition. Les autres sièges, mis en pleine lumière et bien en face du jour, reçoivent les visiteurs, et la clarté, en tombant d'aplomb sur leur visage, nous permet de saisir les moindres impressions que reflètent leurs traits. Vous y lirez la surprise, l'étonnement, la joie, l'ennui, le dépit, le plaisir ou la peine, alors que, placée à contre-jour, dans une ombre protectrice, votre figure échappera à toutes les indiscrètes investigations.

Ici se pose une question : quelle forme doit avoir notre table de travail? Doit-elle être droite ou plane, ou, au contraire, devons-nous préférer un bureau? En principe, nos préférences sont acquises à la table droite. On trouve en elle quelque chose de franc, de sincère, de loyal, qui prévient en sa faveur. Le bureau, au contraire, défendu sur trois de ses faces par une sorte de rempart, et le bureau à cylindre surtout, qui se ferme au départ du maître et enveloppe grâce à son abattant tous les papiers qu'il porte, témoignent d'une certaine méfiance, attestent une crainte des indiscrétions, une suspicion des visiteurs qui nous semblent d'un fàcheux augure.

Mais s'il est permis à l'homme de lettres, dont les écrits aspirent au grand jour, de braver les regards indiscrets, il n'en est pas de même pour l'homme politique, pour le diplomate, ou l'homme d'affaires. appelés à connaître de secrets qui sont ceux de l'État, ou à fouiller des dossiers qui recèlent parfois l'honneur d'une famille. Pour ceux-là, le bureau méfiant est presque une nécessité, et son choix un devoir. Pour tous, en outre, il offre ce grand avantage de préserver nos papiers de la fureur de rangement de nos subalternes. Combien de serviteurs, épris de régularité, et faisant passer les nécessités de travail de leurs maîtres après leur besoin d'épousseter et de ranger, bouleversent, sous prétexte d'y mettre de l'ordre, toutes les lettres, documents, écrits, etc., abandonnés sur une table ouverte.

Pour les autres meubles, nous les laisserons au choix de chacun, et comme forme et comme genre. Nous avons dit que le cabinet devait porter l'empreinte du goût de celui qui l'habite; laissons donc ce goût se manifester en toute liberté. Nous nous bornerons à recommander le plus d'unité possible entre les divers membres de ce mobilier; car quelque liberté d'allure qu'on affecte, il est toujours bon de faire preuve d'une certaine suite dans les idées.

Enfin, le même besoin de recueillement qui nous a fait disposer l'éclairage de notre pièce doit nous faire rechercher également le silence et la tranquillité. Nous éviterons donc, autant que possible, tout malencontreux voisinage qui tendrait à nous distraire ou à nous déranger. Ce sont là, d'ailleurs, des convenances qui s'imposent également à notre chambre à coucher, et, comme l'orientation de notre cabinet doit être choisie au levant, rien ne s'oppose à ce que notre cabinet et notre chambre se trouvent situés l'un à côté de l'autre. Les avantages de ce voisinage sont mêmes considérables dans la pratique. Pouvoir passer de son cabinet dans sa chambre, et de sa chambre dans son cabinet, sans être obligé de traverser une série de pièces froides, vides ou encombrées d'étrangers; avoir sous sa constante surveillance les papiers qu'on abandonne, les livres qu'on laisse ouverts au bon endroit, les lettres commencées, les correspondances auxquelles on veut répondre : certes, ce sont des avantages précieux pour le travailleur toujours pressé.

Toutes ces dispositions, toutes ces recommandations visent surtout, on s'en est aperçu, l'écrivain et l'homme d'étude. Pour les artistes, pour les hommes du monde, qui s'occupent plus spécialement de peinture, d'architecture, de sculpture, leur véritable cabinet est leur atelier, lequel doit remplir des conditions tout autres. Là, en effet, le jour doit être abondant. La lumière claire, limpide, diffuse et non concentrée doit aller s'accrocher à maints détails heureux, et mettre en saillie telle couleur généreuse, telle forme élégante ou tel gracieux contour dont la contemplation peut fournir une inspiration féconde.

V. LA BIBLIOTHÈQUE

Pour l'homme d'étude, pour l'homme de science ou de lettres, une bibliothèque bien conçue, bien distribuée, convenablement pourvue, garnie avec soin, est un instrument utile, nécessaire, indispensable. Elle est le complément inéluctable du cabinet de travail. Ce serait faire injure à l'homme du monde de supposer un seul instant qu'il en peut être autrement pour lui. Les livres, en effet, constituent pour tout esprit cultivé, pour tout homme qui pense et qui réfléchit, une compagnie aimable, sûre, discrète, jamais formaliste, susceptible encore moins, consolatrice aux mauvais jours, aux jours heureux ingénieuse et souriante, ne parlant que lorsqu'on l'interroge et ne s'imposant jamais. De tous temps les grands esprits ont pensé cela.

La constitution d'une bibliothèque toutefois n'est pas une chose aisée. Elle comporte deux actions principales : la première, et de beaucoup la plus importante, consiste dans le choix des livres dont cette bibliothèque doit être formée, la seconde, dans l'agencement du local qui doit renfermer ces mêmes livres.

Le choix des auteurs et des éditions doit dépendre de préoccupations toutes spéciales. Il est même si délicat, que nous l'abandonnerons à l'initiative de chacun de nos lecteurs, laissant le champ libre à ses préférences, et nous ne nous réserverons que l'aménagement du local, sa distribution et son mobilier.

Réduit à ces proportions secondaires, le sujet, au surplus,

est encore assez vaste pour nous retenir quelques instants. Il
a même tenté une foule d'esprits élevés et de cerveaux ins-
truits. Depuis Vitruve et Pline l'Ancien, on pourrait citer plus
de cinquante bibliophiles qui se sont essayés à résoudre les
problèmes qu'il renferme. Nous ne remonterons point toutefois jusqu'à ces autorités. Une bibliothèque contemporaine n'a
que fort peu de choses à démêler avec celles de l'antiquité.
Nous nous bornerons à des conceptions plus modernes.

Le premier point à déterminer dans notre besogne sera
d'arrêter l'exposition de notre bibliothèque. Le Nord est trop
froid ; le Midi trop chaud. Sous peine de transformer notre
local en étuve, il nous faudrait tenir les persiennes fermées le
tiers du jour ; or, notre bibliothèque doit être largement éclairée. L'Ouest, à l'inconvénient d'une chaleur prolongée, funeste
aux boiseries et favorable aux insectes, ajoute celui des vents
humides et pluvieux, et l'humidité est l'ennemie née des livres.
Vitruve recommande de choisir le levant ; Naudé, Caillot,
Nodier, sont du même avis : nous nous déciderons donc pour
l'Est. Ceci fait, nous tâcherons que la pièce, ou les pièces qui
doivent constituer notre bibliothèque soient comprises dans la
partie la plus retirée de la maison, la plus reculée de toute
agitation intérieure et de tout mouvement externe ; car, au besoin
de recueillement, si naturel pour qui lit, parcourt un volume ou
l'étudie, vient se joindre la crainte de la poussière provoquée
par toute agitation, par tout mouvement. Or la poussière est,
après l'humidité, la plus implacable ennemie du livre. Elle
constitue un danger permanent pour la tranche des volumes,
pour leur reliure, sans compter qu'elle favorise, elle aussi, le
développement des insectes.

Les insectes toutefois ne sont pas les seuls dévastateurs avec
lesquels les livres aient à compter. Les rats et les souris sont
également à redouter, et quelques humoristes prétendent que
les emprunteurs le sont encore davantage ; car, avec eux et en

un instant, l'ouvrage entier disparaît. Pour se préserver de ces derniers, Scaliger avait inscrit sur sa porte : « *Ite ad vendentes*, — Allez chez les marchands. » Pixérécourt, ayant sans doute affaire à des emprunteurs moins savants, s'était armé de ce distique qu'il tenait de la complaisance de Nodier :

Tel est le sort de tout livre prêté :
Souvent il est perdu, toujours il est gâté.

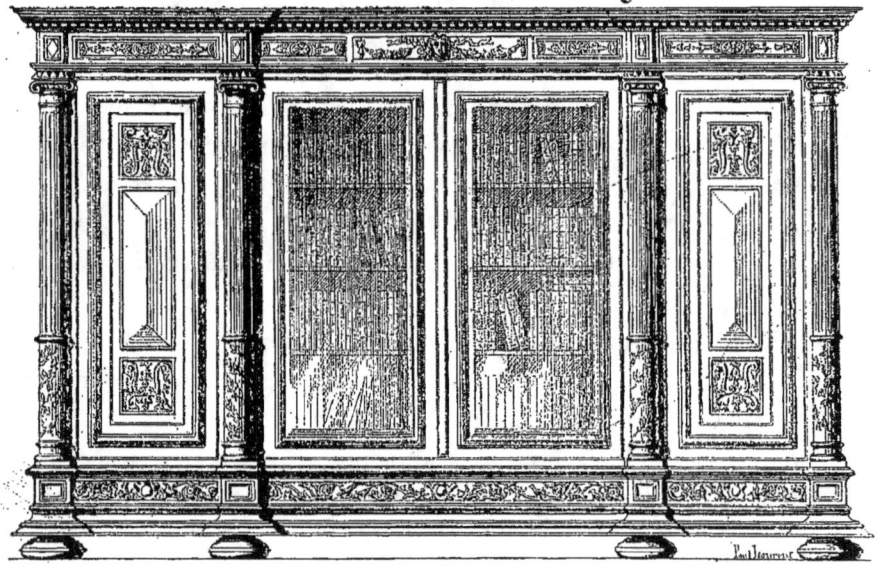

Fig. 99. — Petite bibliothèque basse, en noyer sculpté, exécutée par M. Aug. Godin.

Si vous partagez les idées de Pixérécourt, de Scaliger et de Nodier, vous pourrez, cher lecteur, choisir entre ces deux formules. Contre les autres ennemis, les précautions sont plus faciles. L'humidité, vous vous en garantirez par une bonne exposition, en choisissant une pièce bien sèche, en imbibant, par deux ou trois fois, les murs d'une couche d'huile bouillante, ce qui les empêche de suer, puis, en tenant vos corps de bibliothèque doublés d'un parquet bien joint, à deux centimètres au moins de la muraille. Les insectes, vous les évite-

rez par une aération fréquente, en battant les volumes l'un
contre l'autre, et en les époussetant quatre fois au moins par
an. Enfin, pour les souris et les rats, vous aurez recours aux
engins habituels, souricières, ratières, préparations raticides et
au maître chat, mais en prenant bien garde que ce protecteur
parfois indispensable n'occupe ses loisirs à faire ses griffes sur
le dos des volumes.

Les corps de bibliothèque appliqués contre la muraille
peuvent être fermés par des vitrages, ou simplement ouverts.
Les avantages des glaces protectrices sont considérables. Elles
garantissent, dans une certaine mesure, les volumes de la poussière et des insectes. L'absence de vitrage laisse le livre à la
portée de la main, ce qui est plus commode pour les travail-
leurs. Ajoutons qu'il est avec les bibliothèques, comme avec
le ciel, des accommodements. Les livres de luxe pourront être
serrés dans des casiers fermés, les livres de travail seront de
préférence placés sur des rayons libres. Mais, ouverts ou fermés, il importe que nos corps de bibliothèque soient construits en bois de choix, cèdre, cyprès, ébène, bois de sandal,
ou, si les essences aromatiques paraissent d'un prix excessif,
en chêne bien sec, bien compact, afin de mieux résister aux
insectes.

Autant que possible, si votre local est suffisamment vaste,
évitez le classement sur deux rangs. Il présente de grands inconvénients, et souvent, si vous êtes pressé, il peut vous arriver de compromettre l'équilibre des livres de la première
rangée, en voulant en prendre de la seconde. Les tablettes,
dans tous les cas, devront être espacées de façon qu'il
reste, au-dessus de chaque rangée, un intervalle suffisant pour
que les livres puissent être retirés, sans que le frottement altère
leur reliure.

Nous aurons, en outre, grand soin que les in-folio occupent le rez-de-chaussée de notre bibliothèque, les in-quarto

seront au-dessus, puis viendront les in-octavo et les in-douze.
Cependant, en plus d'une occasion, le classement méthodique
et par sujet nous forcera à réunir des volumes de formats
différents, mais traitant de matière identique. En combinant
habilement ces différences de format, on pourra en tirer des
effets pittoresques. De même pour les reliures. La reliure est
au livre pris individuellement
ce que le corps de bibliothèque est à l'ensemble des volumes. Pour être plus juste, on
pourrait dire que le dernier
est la maison, et la première
l'habit : l'une protège l'indi-
vidu, l'autre la collectivité.
Mais si la reliure a pour but
la conservation du livre, elle
a pour effet l'ornement des
bibliothèques. Toutefois, per-
suadez-vous bien que cet ornement ressort infiniment moins
de la richesse des dorures,
de la finesse des fers, du prix
des matières employées, que
de l'intelligente harmonie qui
doit toujours exister entre le

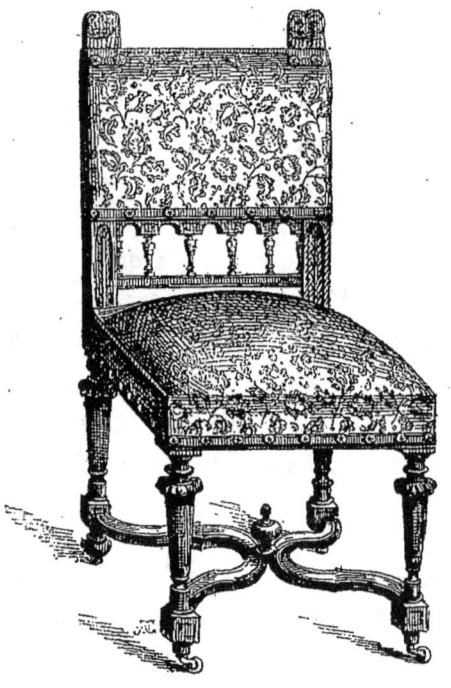

Fig. 100. — Petite chaise de bibliothèque
couverte en cuir estampé.

livre et son costume. La reliure, en effet, doit se conformer
au caractère de l'ouvrage, à son degré de sérieux, à la richesse
de ses illustrations, à sa valeur typographique, à sa rareté,
à son prix. Il est clair que la reliure d'un livre de philosophie
transcendante ne saurait être de même sorte que celle d'un
conte léger et badin, ni la reliure d'un incunable pareille à
celle d'un roman de la bibliothèque Charpentier.

Cette juste appropriation des reliures, par la variété d'aspect qu'elle crée, peut devenir le principal ornement d'une bibliothèque. La multiplicité des couleurs, la plus ou moins grande richesse des dorures, arrivent à former un décor charmant à l'œil, en même temps qu'elles constituent des points de repère précieux qui permettent de découvrir, à première vue, le livre que l'on cherche. Il en est de même pour les livres anciens ; mélangés aux modernes, ils font le meilleur effet. « Une reliure de Derome ou de Padeloup, dit fort judicieusement Tenant de Latour, dans ses *Mémoires d'un bibliophile*, forme en même temps un agréable accord et un heureux contraste avec des reliures plus modernes. » Les vieilles reliures font valoir l'éclat des nouvelles, et celles-ci communiquent à leurs aînées une physionomie vénérable, austère, qui n'est pas sans charme.

Pour compléter l'installation de notre bibliothèque, il nous reste à nous occuper des meubles. Souvenons-nous que nos corps de bibliothèque ne sont qu'un cadre, et que si le cadre doit être digne du tableau qu'il protège, il doit le faire valoir mais ne doit sans aucun cas l'éclipser. Si c'est rendre aux livres un culte de bon aloi, que d'avoir la main à ce qu'ils soient bien logés, encore est-ce leur manquer de respect que de laisser l'attention se concentrer sur leur entourage.

Pour les autres meubles, veillez à ce qu'ils soient rares mais commodes. Quelques sièges de formes variées, confortables et solidement recouverts, pour pouvoir au besoin servir à poser des livres pesants ; des tabourets robustes, des escabeaux à base large, afin qu'on y puisse monter aisément, des marchepieds sur lesquels il soit possible de demeurer perché sans trop de fatigue ; puis, au milieu de la pièce, une large table, solidement bâtie, et pouvant supporter sans fléchir des piles de volumes, tels sont, avec quelques guéridons, les principaux meubles d'une bibliothèque sérieuse.

S'il vous reste de la place au-dessus de vos corps de bibliothèque, décorez-la sévèrement, tapissez-la de cuir, d'étoffe sombre ou de peinture; évitez autant que possible le papier peint, à cause de la colle qui favorise le développement des insectes, enfin couvrez ce fond sévère d'armes, de faïences, de tableaux, si l'emplacement le permet.

Un certain nombre de lettrés établissent leur cabinet au milieu de leur bibliothèque. Certes, on ne peut leur en vouloir de rechercher une compagnie aussi distinguée et qui ne saurait leur être que profitable. Le cabinet de notre excellent ami Sarcey est un modèle ingénieux de ce genre d'installation.

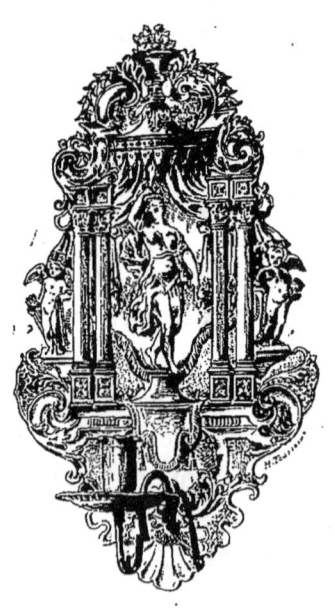

LES PIÈCES ACCESSOIRES

I. LA GALERIE DE TABLEAUX ET LE CABINET DE CURIOSITÉS

 N pénétrant dans le cabinet de curiosités, nous entrons dans un nouvel ordre d'idées. Nous abordons la partie de notre habitation qu'on peut appeler en quelque sorte facultative. Les diverses pièces que nous avons étudiées jusqu'ici étaient obligatoires, au sens le plus strict du mot. On ne conçoit guère, de nos jours, une maison ou un appartement sans une antichambre, sans une salle à manger, sans un ou plusieurs salons, sans un cabinet de travail, et à plus forte raison sans des chambres à coucher plus ou moins nombreuses. On peut, au contraire, parfaitement concevoir une habitation sans galerie de tableaux, sans cabinet de curiosités, sans fumoir, sans salle de billard. Toutes ces pièces achèvent agréablement un logis, le complètent heureusement, mais ne sont, nous le répétons, en aucune façon indispensables.

Si, étant donné l'état de nos mœurs, le fumoir peut être considéré comme éminemment utile, et le billard comme particulièrement hygiénique, il faut bien avouer cependant que le cabinet de curiosités et la galerie de tableaux appartiennent, dans la hiérarchie morale, à un ordre singulièrement plus élevé, et qu'ils sont, en outre, d'une essence plus distinguée. Ajouterons-nous que, de nos jours, ils sont pour le moins autant à la mode ?

C'est présentement, en effet, un besoin presque général que celui de collectionner les œuvres d'art. On pourrait presque dire que cela tourne à la manie. Non pas que nous voulions blâmer l'amour des belles choses ; mais leur réunion réclame

un goût naturel, des études antérieures, des recherches préliminaires, un soin, une prudence, une érudition, qui trop souvent
font défaut à nos collectionneurs mondains. Nous sommes un
peu trop, sous ce rapport comme sous beaucoup d'autres,
enclins à suivre certains exemples, à copier certains modèles,
à nous abandonner au courant du bon ton.

Toutefois par un de ces efforts d'esprit dont les littérateurs
seuls sont capables, nous supposerons que tous les amateurs
qui liront ces lignes sont des connaisseurs parfaits, ennemis
de toute spéculation, experts à souhait, aimant l'art pour lui-
même. C'est pour ceux-là, et pour eux seulement, que nous
allons étudier la construction d'une galerie.

La principale considération dont nous ayons à tenir compte
dans cette opération, c'est l'éclairage. On comprend, en effet,
que sans une lumière franche,
abondante, qui mette
les objets

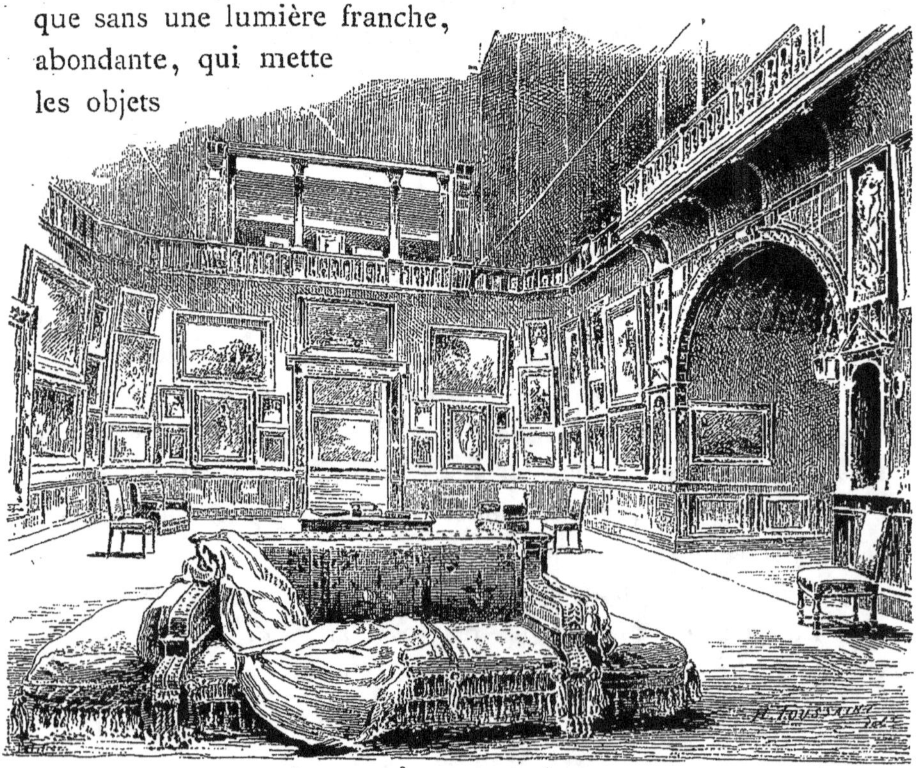

Fig. 101. — Galerie de tableaux de M. V. D. B....., à New-York.

bien en valeur, et qui les fasse ressortir, il n'est pas de galerie possible. Quant à la décoration, elle ne vient qu'en second lieu. Pour le véritable amateur, le cabinet, la galerie, ne constituent qu'une enveloppe. L'objet d'art, statue, émail, ivoire, meuble, orfèvrerie, tableau, domine tellement le reste, que celui-ci doit lui être subordonné.

Si donc un collectionneur, à l'instar de quelques-uns de nos grands amateurs, estime que l'art italien du quinzième siècle prime tous les autres, il ne donnera pas à son cadre la même forme ni le même décor, que s'il place son idéal dans une période antérieure, ou dans le dix-huitième siècle, ou encore que s'il se réfugie dans l'extrême Orient.

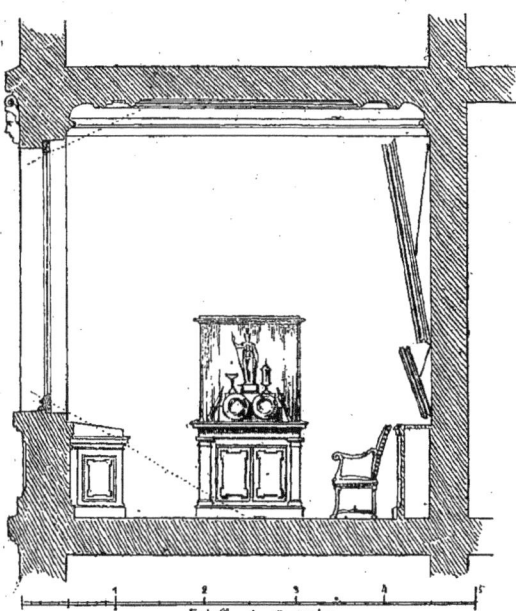

Fig. 102. — Galerie de curiosités (éclairage latéral).

Étant admis, comme conséquence naturelle de ces prémisses, que les questions d'agencement général et d'éclairage sont à peu près les seuls points sur lesquels il nous soit permis de tracer des règles absolues, nous commencerons par faire remarquer qu'il est deux modes d'éclairer les œuvres d'art, et que ces deux modes présentent chacun des avantages spéciaux.

Le premier est l'éclairage latéral, qui convient surtout aux objets s'exprimant par un relief. Ceux-ci sous l'impression d'un jour de côté, unique et fortement accentué, se modèlent avec plus de franchise, que lorsqu'ils sont éclairés de diverses parts, avec des ombres qui se contrarient. C'est pourquoi l'éclairage bilatéral doit être sévèrement proscrit. Par contre, l'éclairage unilatéral exige des ouvertures larges, des baies spacieuses, montant jusqu'à la corniche, de façon que la lumière vienne de haut, et garnies de grandes glaces, de manière que le jour ne soit ni arrêté ni dénaturé au passage. Il faut, en effet, éviter avec soin les rideaux et il convient surtout de ne pas abuser des vitraux de couleur, qui diminuent la puissance du jour; quant aux stores, il n'en est pas besoin, notre pièce devant être exposée au Nord.

Une bonne disposition pour une galerie de grandeur moyenne (quatre mètres de large suffisent le plus souvent) nous paraît être indiquée par notre figure 102. La prise de jour y est aussi vaste que possible. Contre l'appui de la fenêtre est placée une première vitrine qui peut recevoir des plaquettes, des ivoires sculptés, des émaux, des bijoux et d'autres petits objets réclamant une lumière intense, alors que, dans le coffre de cette vitrine, on peut placer les casiers d'un médaillier ou les portefeuilles d'une collection d'estampes. Au milieu de la pièce, une seconde vitrine plus grande, plus haute surtout, toute en glace, abritera les statuettes, les pièces d'orfèvrerie, les terres cuites, les émaux de grande taille, toutes les pièces en un mot qui demandent à être vues sous leurs diverses faces, et dont on pourra ainsi faire le tour. Enfin sur la paroi pleine, les toiles et les panneaux de taille différente, les panoplies, les cadres de toutes sortes recevant une lumière encore intense, mais déjà mitigée et plus discrète, seront bien à leur place et formeront un fond de décor riche et coloré.

Ce mode d'éclairage latéral est le plus usité dans nos habitations à étages multiples. C'est celui, en outre, qui nécessite le moins de dépense; et, l'exposition étant bien choisie, il peut,

en une foule de cas, donner des résultats très satisfaisants. Le
second mode, celui de l'éclairage par en haut, convient mieux
toutefois dans les galeries spécialement affectées aux tableaux.
Il offre, en effet, ce double avantage, en laissant les deux parois
libres, d'augmenter singulièrement l'étendue des surfaces dis-
ponibles; en outre, il évite la suspension à contre-jour de
certains tableaux; enfin le parti pris de lumière qui, dans les
peintures, va tantôt de gauche à droite, et tantôt de droite à
gauche, ne risque plus d'être contrarié par la position de la
toile relativement aux fenêtres, ce qui permet plus de liberté
dans l'ordonnance générale et dans la disposition des ouvrages.

De tous ces avantages réunis, il est résulté qu'on a pris
soin d'éclairer par en haut presque toutes les galeries publiques
et les salles d'exposition de construction récente. Néanmoins,
cet éclairage, qui ordinairement a lieu au moyen d'un plafond
central lumineux, admissible à la rigueur pour un palais ou
pour des hôtels isolés, nous paraît défectueux pour une galerie
d'étendue limitée, établie au centre d'une grande ville et do-
minée par des maisons un peu hautes. De toutes parts, en effet,
viennent se concentrer sur lui la poussière et les détritus
engendrés par le voisinage. Le plafond central lumineux présente également cet inconvénient de laisser tomber le jour
d'aplomb, sur le visiteur d'abord, et ensuite sur le sol qui le
rayonne sur les tableaux. — Cela fatigue les yeux à la longue,
et soumet la peinture à des reflets fâcheux. — Il a enfin ce
grand défaut d'être d'une construction toujours coûteuse. Ce
plafond plat doit être garanti contre la grêle, la neige et la pluie
par une seconde toiture également vitrée, et, entre ces deux
toitures, il faut avoir soin de disposer un grillage, pour empêcher la chute des corps ou des projectiles qui, après avoir
crevé le premier vitrage, pourraient menacer de crever le second.
Or, cette double toiture préservatrice, additionnée de ce grillage,
enlève beaucoup de jour, d'où l'obligation d'augmenter l'étendue

des baies lumineuses. Enfin, par un temps de neige, le plafond plat, protégé par une seconde toiture faiblement inclinée, devient le plus obscur des moyens d'éclairage.

Le procédé que nous nous permettons de recommander à nos lecteurs est infiniment plus simple. Il consiste à construire une

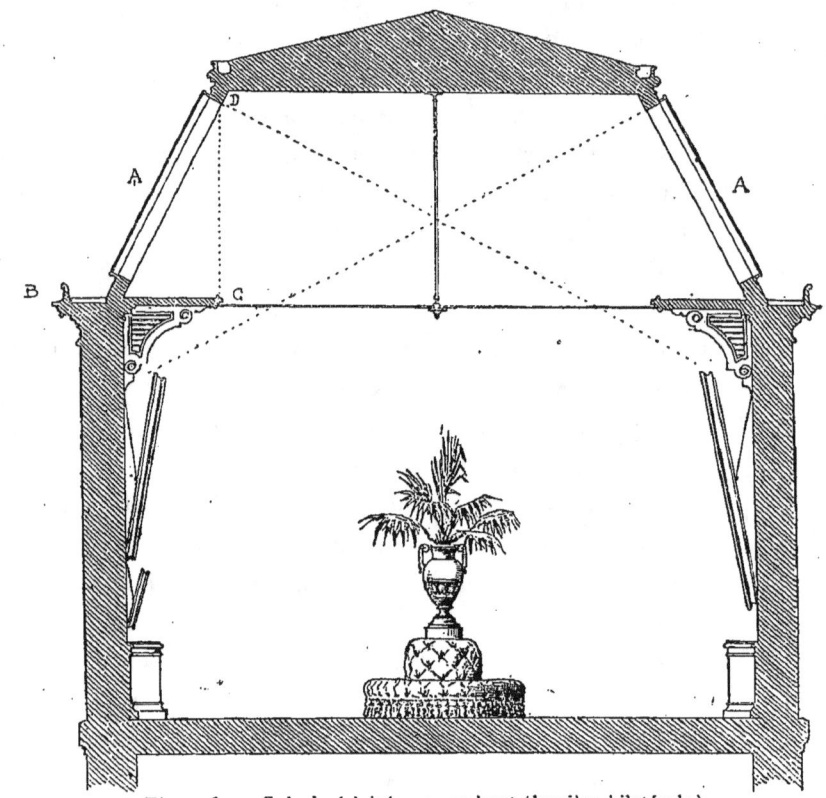

Fig. 103. — Galerie éclairée par en haut (lumière bilatérale).

toiture à pans coupés (voir notre fig. 103) et à vitrer les deux parties inclinées, désignées par la lettre A. De cette façon, le jour entrant de biais frappe, à droite et à gauche, directement sur la paroi du mur opposé, et inonde les tableaux de clartés qui ne leur sont plus renvoyées par le tapis ou reflétées par les mille objets occupant le centre de notre galerie. Les tableaux, dès lors, rayonnent la lumière, au lieu d'être éclairés par un rayonnement. On remarquera, de plus, qu'à la base de la toiture, une console porte un petit chemin, B C, qui protège le mur et les peintures qui y sont accrochées. Qu'un carreau du vitrage vienne à être brisé, l'eau ne risquera plus de tomber directe-

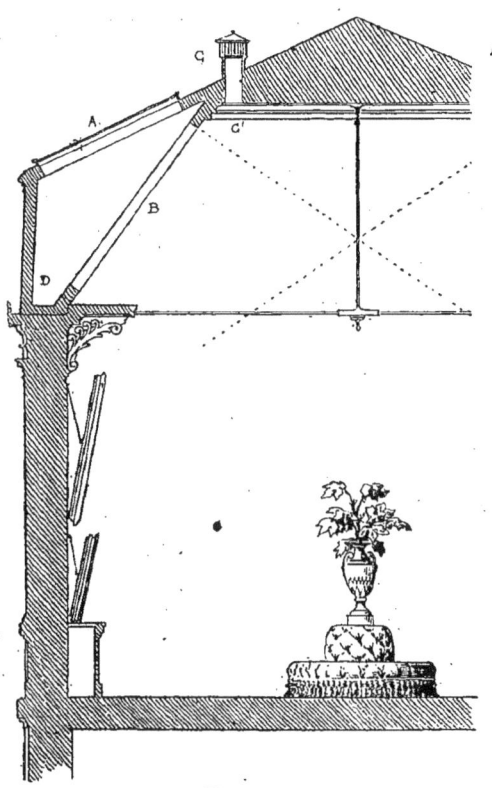

Fig. 104.
Galerie éclairée par en haut, avec double toiture.

ment au milieu de la pièce; elle sera arrêtée par cette saillie, et con- duite dans un chéneau extérieur. En outre ce petit passage permettra de nettoyer facilement le vitrage, et, si besoin est, de le tendre d'un velum [1].

Ainsi, plus de neige, plus de grêle à craindre, plus de chocs à redouter; le seul inconvénient qu'on puisse signaler c'est que, pour une habitation constante, cette toiture vitrée offre une grande surface de refroidissement, et, par conséquent, nécessite des dépenses assez con-

sidérables de chauffage. Ajoutez que la condensation de l'hu- midité qui règne dans la pièce amène parfois la formation d'une sorte de buée qui retire un peu du jour.

Pour remédier à ces inconvénients, on peut avoir recours à la double toiture présentée par notre figure 104. Ce dernier

1. Ce genre de toiture a été expérimenté avec le plus grand succès par un architecte hollandais, M. Leliman, pour le cercle artistique *Arti et Amicitiæ*.

mode, qui régularise la température et évite la condensation de l'humidité, nous paraît prévenir toutes les difficultés, sauf celle tout exceptionnelle de la neige, et reste moins coûteux à établir que la toiture vitrée centrale.

Pour la décoration des murailles, nous l'avons dit, nous nous en rapporterons à la science et au goût des collectionneurs, persuadé qu'ils sauront n'employer dans cette décoration que des teintes chaudes et des couleurs puissantes, capables de mettre en valeur les objets pour lesquels la galerie a été édifiée, et enfin qu'ils sauront constituer pour leurs curiosités et leurs œuvres d'art un encadrement en harmonie avec elles.

II. LE FUMOIR

Ranger le fumoir parmi les pièces accessoires du logis, c'est, nous ne l'ignorons pas, commettre une faute grave aux yeux de beaucoup de personnes. Partout où l'on fume, un fumoir est indispensable. Or, quels sont les pays, les villes, les maisons, les appartements où l'on ne fume pas ? On voit que l'argument ne laisse pas que d'être pressant, d'autant plus que rien n'est plus vrai, plus exact que le premier membre de ce pseudo-dilemme : « Partout où l'on fume, un fumoir est indispensable. »

Il n'est pas, en effet, d'odeur plus pénétrante que celle du tabac, et, à la longue, plus déplaisante et plus insupportable. Entrez le matin dans une chambre où l'on a beaucoup fumé la veille. Une atmosphère âcre, écœurante, vous saisit à la gorge, et vous éprouvez instantanément le besoin de faire renouveler l'air... ou d'en modifier la fâcheuse senteur par un redoublement de fumée et une nouvelle adjonction de nicotine.

Recommencez cet empoisonnement pendant plusieurs jours, pendant des semaines, des mois, des années ; ce n'est plus seulement la pièce où vous fumez qui se trouve infectée, c'est tout l'appartement, c'est la maison entière; car le parfum malencontreux gagne de proche en proche, pénètre les tapis et les rideaux, imbibe les gros meubles, s'incruste jusque dans les recoins les plus cachés, et finit par transformer l'intérieur du logis en une horrible tabagie.

Toutes ces raisons fort éloquentes feraient donc de notre fumoir une pièce utile, nécessaire, indispensable au plus haut point, si l'action de fumer était également indispensable, utile et nécessaire. Mais, n'en déplaise à la Régie, il n'en est pas ainsi. Pendant des milliers d'années, l'humanité s'est passée de pipes et de cigares et, sans vouloir se poser en fauteur de paradoxes, on peut prévoir une époque médiocrement éloignée, où le cigare et la pipe auront perdu une grande partie de leur prestige et de ses inconvénients.

Déjà le cigare n'est plus considéré comme un insigne de bon ton, comme le complément indispensable de la haute vie; il est devenu, pour le plus grand nombre, un simple besoin. Or, on triomphe bien plus facilement d'un besoin que d'une mode. Mais comme le temps où l'on ne fumera plus est peut-être encore bien loin de nous, nous aurons un fumoir, et ce fumoir nous tâcherons de l'installer pas trop loin de la salle à manger, afin qu'on ne puisse pas prendre prétexte de son éloignement pour fumer à table, mais cependant il sera dans une partie suffisamment retirée de notre habitation.

En second lieu, pour pouvoir, même par les plus grands froids, nous débarrasser facilement des nuages opaques, produits par les cigares, notre architecte pratiquera, dans la corniche qui encadre le plafond, quelques ventouses communiquant avec un tuyau d'appel, et s'ouvrant ou se fermant à volonté. Dès que l'air devient moins respirable, dès que le nuage odorant s'épaissit, un cordon prestement tiré ouvre ces ventouses, qu'une main prudente ferme dès que l'air se trouve suffisamment renouvelé. De cette façon, nous obtiendrons une aération toujours satisfaisante, et nous éviterons également que notre fumée ne se répande en trop grande abondance dans le reste de notre habitation.

Un autre reproche, et non le moindre que l'on fait au cigare, c'est de séparer les sexes, et d'entraîner les hommes à faire bande à part, aussitôt le dîner achevé.

Cette accusation est-elle aussi légitime qu'on le prétend ? Pour peu qu'on l'examine de près, on s'aperçoit bien vite qu'elle est pour le moins un tant soit peu exagérée. A une époque, en effet, où cette brûlante habitude ne sévissait point encore dans le grand monde ni même dans le moyen, l'abandon fâcheux, dont les dames se plaignent à si juste titre, était déjà un fait presque accompli. « Lorsqu'on voit dans les salons, écrivait Mme de Genlis, les hommes, laissant les femmes en cercle, s'éloigner d'elles pour se promener dans la chambre afin d'y parler tout bas des affaires de l'État..., que l'on soit à Londres ou à Paris, on peut être assuré qu'il n'y a point de galanterie dans ces villes-là. »

Si cette vénérable dame revenant en ce monde assistait aux dîners qu'on donne de nos jours, elle pousserait assurément des cris plus indignés encore. A la vue des convives supportant impatiemment un repas qui se prolonge, laissant vingt fois, au dessert, tomber la conversation, se montrant distraits, paraissant inquiets et préoccupés, prenant des allures de « corps sans âme », et, dès que la maîtresse de maison a fait remuer sa chaise, se dérobant adroitement, abandonnant les femmes pour aller se réfugier au fumoir, elle ferait certainement comme nous. Elle maudirait le cigare comme jadis elle maudissait la politique. Eh bien ! peut-être aurait-elle tort d'élever ainsi la voix.

Ses reproches, fondés dans le premier cas, le seraient infiniment moins dans le second ; car si le cigare a trouvé une cordiale hospitalité chez nous, les femmes n'y sont point aussi étrangères qu'elles affectent de le paraître.

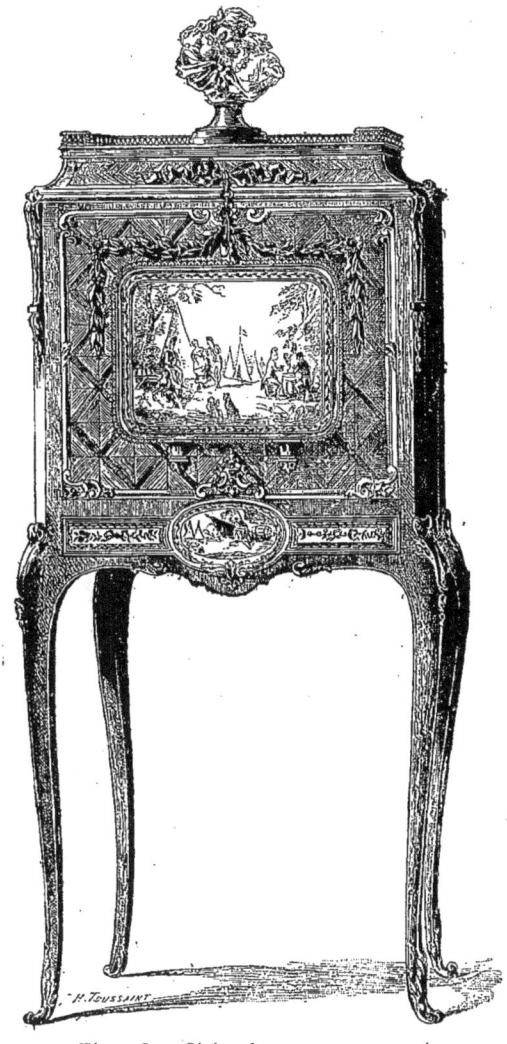

Fig. 105. — Sèche-cigares, en marqueterie.

Qui donc, sous le règne pompeux et guindé de Louis XIV, songeait à donner à la pipe droit de cité dans nos appartements? Quel grand seigneur fumait au dix--septième siècle? — Aucun. On laissait cette déplorable habitude aux suppôts de corps de garde, aux matelots et aux bons Hollandais. Fumer, fi donc! Et cependant, un beau jour, les appartements royaux furent obscurcis par un odorant nuage, le palais de Versailles fut empesté par l'odeur de la pipe. Qui s'était rendu coupable de cette intrusion? Saint-Simon va vous le révéler.

Un soir, nous dit-il, Monseigneur le Dauphin joua tard dans le salon. « En se retirant chez lui, il monta chez les princesses, et les trouva qui fumaient avec des pipes qu'elles avaient envoyé chercher au corps de garde suisse. Monseigneur, qui en vit les suites, leur fit quitter cet exercice; mais la fumée les avait trahies. Le roi leur fit, le lendemain, une rude correction... »

Quelques dames aimables, charmantes, renouvellent aujourd'hui, par dévouement, ce que les princesses de France firent en 1695 par désœuvrement, par curiosité, par ennui. Au moment où le café apparaît sur la table, on les voit, non sans clignement d'yeux, ni sans tousser un peu, tirer quelques bouffées d'une cigarette; ce qui signifie : « Sexe implacable, vous pouvez fumer devant moi, car je suis des vôtres! » Heureusement, ce dévouement est encore exceptionnel, et le plus souvent, la femme se souvient avec raison, qu'un des plus beaux privilèges de son sexe est de ne pas fumer.

Mais cette petite digression nous fait oublier la décoration de notre fumoir. Dans quel esprit la concevrons-nous? — Assurément dans un esprit

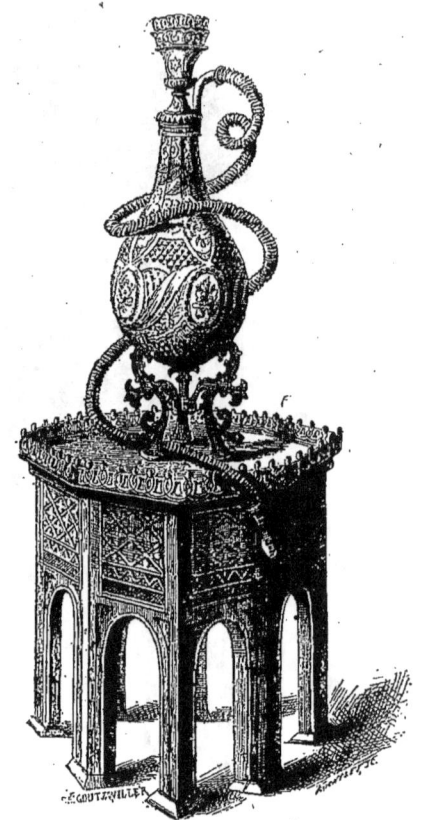

Fig. 106.
Narguilé persan, monté sur un tabouret en marqueterie de nacre.

aussi fantaisiste que possible. Agréables sont les pièces qui n'ont pas d'histoire, on peut leur donner la physionomie que l'on veut. Gardons-nous seulement de tout ce qui rappelle un style précis. Rien de la Renaissance et à plus forte raison du gothique; rien de Louis XIII ni même de Louis XIV, car il serait ridicule d'infliger à un fumoir la livrée d'une époque où l'on ne fumait pas. Demandons plutôt à l'Orient, pays des narguilés et des longues pipes, des fumeurs d'opium, de hatchich et de tabac, une inspiration brillante. S'il est vrai que le cigare nous grise, que ce qui nous enveloppe sente la griserie et la rêverie, que le spectacle qui nous entoure tienne du pays des bayadères et des houris, qu'il prenne un faux air d'antichambre du paradis de Mahomet.

Au point de vue de l'hygiène, aucune conception du reste ne répond mieux à nos *desiderata* que l'architecture orientale et le mobilier qui l'accompagne. Les murs recouverts de faïences ou de peintures vernies ne peuvent s'imprégner des senteurs pénétrantes du tabac. Le plafond divisé en caissons se prête admirablement à l'établissement de ces ventouses dont nous avons parlé. Les vastes fenêtres, inscrites dans les ogives surpassées, permettent une aération facile, pendant que leurs carreaux coloriés produisent, en tamisant le jour, mille reflets brillants au milieu desquels la fumée se joue en spirales multicolores. Les meubles enfin, bas et confortables, invitent au repos, à ce demi-sommeil où l'esprit fatigué de penser se laisse entraîner à flotter dans le monde indécis des rêves.

Donc notre fumoir rappellera l'Orient, mais si par hasard le pays des narguilés vous est antipathique, si vous méprisez ces surfaces brillantes, ces profils ondulés, ces carrelages tapageurs, choisissez tel cadre qui vous plaira, tel style qui vous conviendra, telles couleurs qui vous séduiront le mieux. Car, ne l'oublions pas, vous êtes ici en plein dans le domaine de la fantaisie.

Mais répudiez les tentures lourdes et pesantes; proscrivez les tapisseries aux murs, les rideaux de laine et les portières; évitez comme la peste toutes ces éponges qui se pénètrent des parfums nicotinés; et n'oubliez pas que le cigare, la pipe, la cigarette même, sont bien moins des invités auxquels il s'agit de faire bon accueil, que des hôtes nécessaires aujourd'hui, mais toujours incommodes, que nous devons caserner dans un coin de notre logis, pour qu'ils n'envahissent pas promptement toute notre demeure.

III. LA SALLE DE BILLARD

Nous voici enfin parvenus à la dernière pièce du logis, du moins à la dernière de celles sur lesquelles notre initiative et notre contrôle artistique peuvent s'exercer d'une façon utile et décisive.

Quoique la salle de billard doive être forcément rangée parmi les pièces accessoires, elle a son importance cependant, et, hygiéniquement parlant, cette importance est même assez considérable. Avec nos habitudes modernes, paresseuses, sédentaires, le billard est à peu près le seul exercice qu'on puisse prendre sans quitter son chez soi, et nous sommes bien loin, — non pas par le nombre d'années, mais par nos usages, par nos habitudes, par notre éducation, — du temps où l'on donnait une bonne partie de sa journée à la danse, au manège et à l'escrime, toutes ces distractions actives, qui constituaient ce que l'homme comme il faut appelait alors ses *exercices*, et auxquels il n'aurait voulu manquer pour rien au monde. Déjà, à la fin du siècle dernier, un jeune médecin, dans un mémoire qui fut couronné par l'Académie d'Amiens [1], se plaignait amèrement de l'insouciance, de la nonchalance des Français de son temps et de la mésestime où étaient tombées les distractions violentes, si fort en honneur auprès de nos ancêtres. Aujourd'hui nous avons encore renchéri sur cet alanguissement, et le billard est demeuré à peu près la seule distraction qui rappelle les plaisirs plus actifs des Français du vieux temps.

Ce jeu se généralisa chez nous à la fin du dix-septième siècle,

1. *Mémoire dans lequel on cherche à déterminer quelle influence les mœurs des Français ont sur leur santé*, par M. Maret, docteur en médecine, etc. Amiens, 1772.

au moment où Louis XIV vieilli, ne pouvant plus passer ses journées à forcer les cerfs et les loups, ou à cavalcader à la portière de Mme de Montespan, se vit forcé d'immobiliser son majestueux ennui dans les magnifiques galeries du fastueux Versailles. Pour combattre le sommeil qui l'envahissait après chaque repas, le roi prit l'habitude, sur le conseil de Fagon, de jouer au billard, et, comme il y gagnait toujours, ce qui lui plaisait fort, il chercha bientôt dans ces triomphes faciles l'oubli des défaites plus sérieuses que subissaient au loin nos armées. C'est à ce goût particulier de Louis XIV et au culte dont il l'entoura, que le billard doit ce nom de *noble jeu* qu'il a conservé jusqu'à nos jours. Avec le dix-huitième siècle, cependant, il devint singulièrement plébéien et se répandit un peu partout. S'il lui fut donné place, en effet, jusque dans cette perle de notre architecture de la Renaissance, dans ce château de Gaillon, où l'archevêque de Rouen, sans se préoccuper des anachronismes, lui offrit un généreux asile, par contre, on ne trouva bientôt guère de café ni d'auberge où il n'eût fait son apparition.

Ajoutons qu'à la Cour l'engouement dont il avait joui au temps du roi-soleil se continua sans atteinte sensible. Les femmes mêmes sacrifièrent à ce nouveau plaisir, et Marie-Antoinette se montra l'une de ses adeptes les plus ardentes. Mais pour ces délicates et royales mains, il fallait épuiser l'ingéniosité des artistes de ce temps, et mettre à contribution les matières les plus précieuses. Alors, fait unique dans les fastes du « noble jeu », pour la première fois, et peut-être pour la dernière, on vit une queue de billard qui avait coûté plus de 20,000 écus. « Elle étoit d'ivoire, nous raconte Mme Campan, et faite d'une seule dent d'éléphant. La crosse en étoit d'or, ornée de pierreries et travaillée avec infiniment de goût[1]. »

1. Cette merveille était énfermée dans un étui en maroquin, et la reine attachait à sa conservation un prix si grand qu'elle portait constamment sur elle la clef qui

Sans nous laisser aller à ces prodigalités intempestives, nous essayerons cependant de nous meubler une salle de billard, qui soit à la fois élégante et pratique, bien aménagée pour l'usage auquel nous la destinons, et agréable comme lieu de séjour.

Tout d'abord, nous n'éprouverons point d'embarras sur la forme à donner à notre salle. Le billard est là, meuble principal, qui commande et auquel il faut obéir. Sa figure est celle d'un parallélogramme allongé, notre salle de billard en présentera une semblable.

Pour les dimensions, nous avons également un guide sûr, la pratique du billard n'est possible qu'à condition d'une circulation facile autour de ses quatre bandes. Nous exigerons donc, tout autour de notre meuble central, un passage d'au moins deux mètres cinquante, pour que nos joueurs puissent prendre leurs ébats. Puis, la cheminée occupant une des parois de notre pièce, dans le trumeau situé entre nos fenêtres et sur les autres parois, nous établirons des rangées de banquettes surélevées, de façon à permettre aux spectateurs de dominer la table du billard, et de suivre sans effort les péripéties de la lutte engagée.

Si la forme et les dimensions de notre salle nous sont données par le billard même, celui-ci exercera également une certaine influence sur le choix des couleurs. Le grand drap vert, qu'il déploie juste au milieu de la pièce et en pleine lumière, fournit une note dont il nous est défendu de ne pas tenir compte. Le tapis, l'inévitable tapis qui assourdit le bruit des pas, et permet aux combattants de prendre les poses les plus invraisemblables, sans risquer de s'allonger sur le parquet, le

fermait l'étui. Cependant ces précautions ne devaient point préserver cet objet unique d'un sort aussi cruel qu'immérité. Un jour, la pauvre queue fut rompue par M. de Vaudreuil, qui s'assit pesamment dessus, et ce malheur le fit prendre en grippe par la reine, dont il avait été jusque-là un des principaux favoris.

tapis, qu'il ne nous est permis de proscrire que dans les habitations exclusivement réservées au séjour d'été, doit s'accorder
avec cette note verte parfois un peu criarde et cependant obli-
gatoire, car elle ménage la vue.

Les tentures qui garnissent la muraille doivent pareillement
s'harmoniser avec elle, et, soit par le contraste des complémentaires, soit par une savante dégradation de teintes neutres,
arriver à créer un accord aimable entre le meuble principal,
qui donne sa destination à la pièce, et le cadre qui l'enveloppe.

Pour le choix entre ces deux partis, nous prendrons conseil sur l'intensité du jour. Un point essentiel c'est que notre
table de billard soit particulièrement éclairée; donc si nous
disposons d'un jour suffisant, nous choisirons pour base de
coloration un grenat très soutenu dont les tonalités chaudes
exalteront la nuance du tapis vert; si, au contraire, notre jour
est médiocre, au lieu d'avoir recours aux « complémentaires »,
nous demanderons l'effet désiré aux « harmoniques », et c'est
avec une nuance froide, gris ou vert d'eau, que nous garnirons
nos murailles. Mais cette dernière combinaison ne saurait
être qu'exceptionnelle, car le premier devoir d'une salle de
billard est d'être fortement éclairée.

Voici, cher lecteur, toutes nos pièces décorées et meublées.
Notre tâche est donc achevée, il ne me reste plus qu'à vous
dire adieu, ou plutôt au revoir. Avant de nous séparer, toutefois, je tiens à vous remercier de la patience et de la longani-
mité, dont vous avez fait preuve.

Le sujet était ardu, et la nécessité de faire tenir, en un
nombre limité de pages, une telle quantité de faits et de rai-
sonnements, m'a forcé souvent d'être incomplet et peut-être
même obscur. Mais l'auteur a bonne confiance. Il sait que le

lecteur ingénieux suppléera à ce qui manque dans son ouvrage. Il est convaincu qu'à défaut de la lettre précise, il saura se pénétrer de son esprit; et comme le prudent écolier qui, cherchant « l'âme du licencié Pedro Garcias » sous une pierre, y trouva la bourse du défunt, en cherchant, dans cet *Art dans la Maison*, la raison et la théorie de l'ameublement, le lecteur patient y trouvera, sinon la solution de tous les problèmes qui peuvent se poser, du moins, j'ose l'espérer, plus d'une inspiration heureuse.

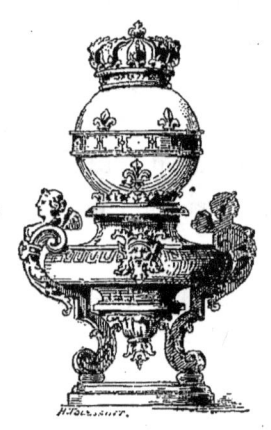

TABLE DES MATIÈRES

DU TOME SECOND

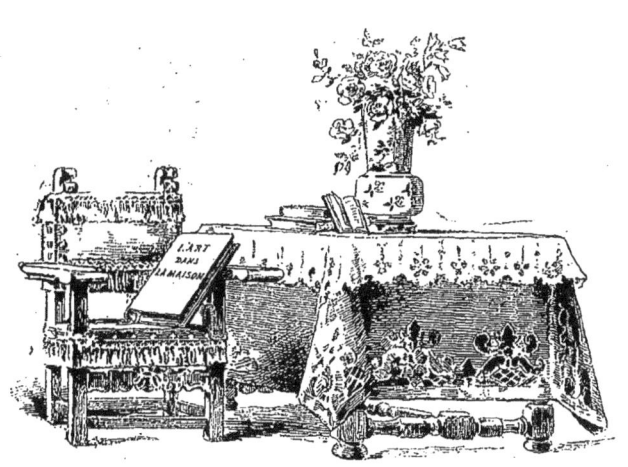

ACHEVÉ D'IMPRIMER

PAR

D. DUMOULIN ET Cie

IMPRIMEURS A PARIS

CE TRENTIÈME JOUR DE MAI

M DCCC LXXXVII

POUR

ÉDOUARD · ROUVEYRE

ÉDITEUR

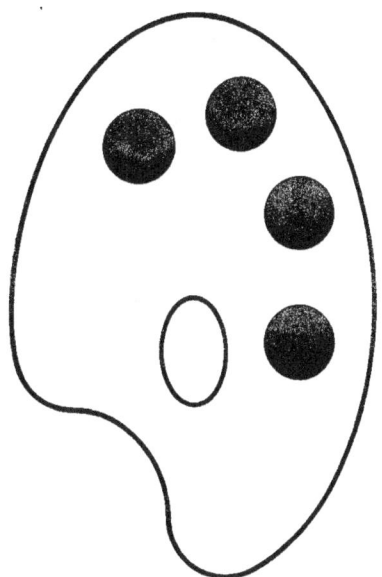

Original en couleur
NF Z 43-120-8

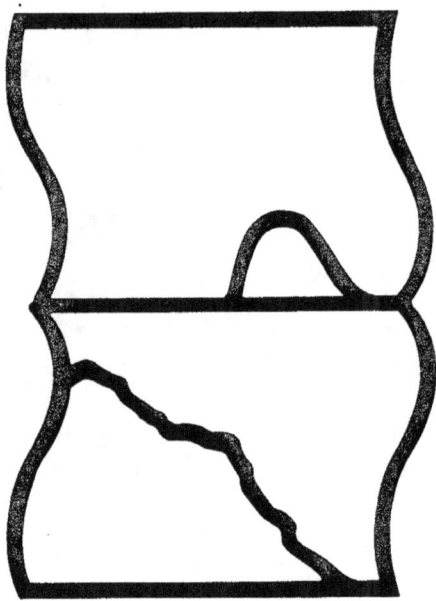

Texte détérioré — reliure défectueuse

NF Z 43-120-11

www.ingramcontent.com/pod-product-compliance
Lightning Source LLC
Chambersburg PA
CBHW071633220526
45469CB00002B/603

* 9 7 8 2 0 1 2 7 2 6 1 6 1 *